La Guerre à droite aura bien lieu

Guillaume Bernard

La Guerre à droite aura bien lieu

Le mouvement dextrogyre

DESCLÉE DE BROUWER

Du même auteur

Les forces politiques françaises, Guillaume Bernard, Éric Duquesnoy, dir., Paris, PUF, 2007.

Mythes et polémiques de l'histoire, Guillaume Bernard, Jean-Pierre Deschodt, dir., Levallois-Perret, Studyrama, 2008-2009, 2 vol.

Les forces syndicales françaises, Guillaume Bernard, Jean-Pierre Deschodt, dir., Paris, PUF, 2010.

Pratiques de la criminologie, Guillaume Bernard, Gérard Lopez, Stamatios Tzitzis, dir., Levallois-Perret, Studyrama, 2010.

Dictionnaire de la politique et de l'administration, Guillaume Bernard, Jean-Pierre Deschodt, Michel Verpeaux, dir., Paris, PUF, 2011.

Dictionnaire de la police et de la justice, Guillaume Bernard, Denise Jolivet, Stamatios Tzitzis, dir., Paris, PUF, 2011.

Introduction à l'histoire du droit et des institutions, Levallois-Perret, Studyrama, 2e éd., 2011.

Les institutions de la France, Guillaume Bernard, et *alii*, Paris, Nathan, nelle éd., 2015.

L'instruction civique pour les nuls, Guillaume Bernard, Frédéric Monera, Paris, First, 2e éd., 2015.

Éditions Desclée de Brouwer
10, rue Mercœur - 75011 Paris
9, espace Méditerranée - 66000 Perpignan

www.editionsddb.fr

ISBN : 978-2-220-08262-2

À ceux qui m'ont transmis la loyauté,
en premier lieu mes parents.

À ceux à qui j'essaie de la léguer,
en particulier mes enfants.

Principales abréviations

AMF : Association des maires de France
CEDH : Cour européenne des droits de l'homme
CNR : Conseil national de la résistance
DLF : Debout la France
EELV : Europe Écoligie les Verts
FDG : Le Front de Gauche
FN : Front national
LGBT : Lesbiennes, Gays, Bi et Trans
LMPT : La manif pour tous
LR : Les républicains
MoDem : Mouvement Démocrate
MRP : Mouvement républicain populaire
ONU : Organisation des nations unies
OTAN : Organisation du traité de l'Atlantique nord
RBM : Rassemblement bleu marine
RPR : Rassemblement pour la République
SIEL : Souveraineté, identité et liberté
UDF : Union pour la démocratie française
UDI : Union des indépendants
UDR : union des démocrates pour la République
UE : Union européenne
UMP : Union pour un mouvement populaire
PC : Parti communiste
PS : Parti socialiste

Ouverture

« Crisologie » : cachez ce réel que les élites ne sauraient voir !

Au cours des temps passés, la crise s'est révélée multiforme : religieuse, institutionnelle, militaire, sanitaire, etc. L'histoire enseigne que la conjonction des crises partielles peut entraîner des bouleversements d'envergure. Or, la France doit faire face, aujourd'hui, à une pluralité de crises. Au moins trois insécurités frappent le pays : une insécurité physique et matérielle (depuis les incivilités jusqu'à la plus violente des criminalités et l'appropriation « maffieuse » ou communautariste de certains territoires) ; une insécurité économique et sociale (globalisation financière, délocalisations, chômage de masse, retraites incertaines) ; une insécurité culturelle (multiculturalisme dû à une immigration de masse non assimilée, déracinement des autochtones en raison de la standardisation économique et culturelle, bouleversement des mœurs).

La conjonction des crises

L'aggravation possible de chacune de ces crises est naturellement anxiogène. La situation a même quelque chose de tragique, car la tentative de résorber une crise est susceptible d'en aggraver une autre. Diminuer le coût du travail, pour augmenter la compétitivité des entreprises, en favorisant l'immigration ? Cela renforce la crise identitaire. Diminuer les dépenses publiques pour alléger les prélèvements obligatoires et donner du souffle à l'activité économique ? Cela risque d'accroître la précarité sociale de certains et de pénaliser la consommation. Etc. Inutile de se voiler la face. Pour sortir de cette conjonction de crises, des choix apparaissent nécessaires : privilégier la résorption de certaines fractures par rapport à d'autres, ce qui impliquera des sacrifices.

Mais la crispation de l'opinion publique vient également de ce que nombre d'hommes politiques relativisent leur importance voire en nient la réalité : l'insécurité des personnes et des biens ne relèverait que du « sentiment », l'insécurité économique et sociale ne serait qu'un signe de fermeture et un manque de confiance dans l'avenir, l'insécurité culturelle ne serait qu'une manifestation de xénophobie ou de passéisme moral.

Bons, voire excellents techniciens, tout particulièrement en sciences juridiques et économiques, les politiques savent traiter des dossiers les uns après les autres, mais sans vision globale, gérer et reproduire un système tant qu'il n'y a pas de bouleversements d'envergure. Mais ils se sont révélés peu capables d'inventivité. Est-ce parce que nombre d'entre eux sont hauts fonctionnaires[1] ? En tout cas, ils sont, à l'évidence, de piètres

1. Pour renouveler la classe politique, plus de 85 % des Français sont favorables à ce que les hauts fonctionnaires soient obligés de démissionner de la fonction publique s'ils obtiennent un mandat électif (une telle mesure ne pourrait que les conduire à réfléchir à

anticipateurs (sur l'enjeu démographique en particulier) et décideurs, car englués dans la culture du compromis et des dosages (notamment à visées électorales), leur interprétation des faits étant dénuée d'enracinement historique et d'élévation philosophique. Il est donc une crise peut-être plus grave encore que celles précédemment évoquées : la sclérose de la pensée qui frappe les élites politiques et intellectuelles.

Prisonnières d'une idéologie matérialiste (comme l'a déjà analysé et dénoncé Alexandre Soljenitsyne[2]), progressiste et constructiviste, elles s'entêtent à ne pas voir l'état réel du pays. Derrière les crises sociales et sociétales couve un affrontement doctrinal, une « guerre culturelle[3] ». Outre qu'elles en sont généralement préservées, l'incapacité des élites à appréhender la multiplicité et l'interaction des crises procède, d'abord, de leur idéologie matérialiste : elles réduisent les dysfonctionnements de la société à un trouble dans le domaine de l'avoir, qu'un retour à la prospérité fera disparaître. Elles ne parviennent pas à identifier la nature profonde des enjeux, à déterminer le dénominateur commun de toutes les frictions. Elles ne saisissent pas qu'il y a, à leur racine, une crise de l'être : incertain quant à sa persistance en tant que puissance industrielle,

---

deux fois avant de s'engager dans une carrière politique alors que celle-ci est, dans les conditions actuelles, sans risque) : cf. Elabe, *Les propositions des Français pour changer la politique*, Enquête pour *RMC* (échantillon de 1 001 personnes), juin 2016.

2. Alexandre Soljenitsyne, *Le déclin du courage, Discours de Harvard, juin 1978*, trad. du russe, Paris, Seuil, 1978.
3. Gaël Brustier, *La guerre culturelle aura bien lieu*, Paris, Fayard-Mille et une nuits, 2013.

militaire ou civilisationnelle, le corps social vit une étape périlleuse et décisive dans son existence. La porosité des frontières de l'espace Schengen, les abandons de souveraineté à l'Union européenne (comme la monnaie), l'explosion de la dette publique, la baisse du niveau scolaire[4] ou encore les émeutes urbaines sont autant de sujets qui illustrent, tant sous l'angle individuel que collectif, la perte des libertés, la dépossession de soi et la dilution de la maîtrise de son destin.

Ensuite, ces élites communient à un sens de l'histoire et croient en un progrès qui serait inéluctable. Par conséquent, les opposants au mariage homosexuel, par exemple, ne seraient que des retardataires que le temps finira par éliminer. Enfin, elles adhèrent à une conception contractualiste de l'ordre social : le peuple n'est pas un donné ayant une identité enracinée dans l'histoire, mais un construit à l'aune de principes idéologiques abstraits. Aussi, quand le peuple réel diffère du peuple idéalisé – lorsqu'il résiste, par exemple, à la transformation de son identité – les politiques s'en détournent-ils avec dégoût. N'est-ce pas là le sens de l'analyse électorale de *Terra nova* à propos des couches populaires[5] ? À l'ordinaire mépris des élites pour le « beauf » s'ajoute donc un déni du réel. Cet entêtement intellectualiste les conduit à vouloir exclure du cercle des « experts » ceux qui

4. Organisation de Coopération et de Développement Économiques, *Principaux résultats de l'enquête PISA 2012*, s. l. [Paris], 2014 ; Jean-Paul Brighelli, *La fabrique du crétin, La mort programmée de l'école*, Paris, Jean-Claude Gawsewitch, 2005.

5. Bruno Jeanbart, Olivier Ferrand, rapporteurs, *Gauche : quelle majorité électorale pour 2012 ?*, Paris, Terra nova, s. d.

proposent une analyse dissidente. Ainsi, Éric Zemmour[6] s'est-il vu ravaler du rang de journaliste à celui de polémiste.

L'absence de marge de manœuvre

Nombre de citoyens considèrent que le personnel politique n'a pas conscience des dangers qui pèsent sur leur mode de vie (qu'ils entendent conserver) et leur niveau de vie (qui se dégrade). La distorsion entre le peuple et ses élites est de plus en plus palpable tant dans les enquêtes d'opinion qu'à l'occasion des élections (persistance d'une forte abstention même si elle recule parfois quelque peu comme aux européennes de 2014[7], progression du populisme).

Quatre principaux facteurs expliquent la force inhabituelle de l'actuelle exaspération des Français. Premièrement, du point de vue sociologique, la conjonction de catégories socio-professionnelles jusqu'ici distinctes voire opposées (ouvriers, agriculteurs, employés et chefs de petites et moyennes entreprises notamment artisanales) : la paupérisation économique, le déclassement social et la

6. Éric Zemmour, *Le suicide français*, Paris, Albin Michel, 2014.

7. Un très intéressant sondage réalisé à l'occasion des élections européennes de 2014 a permis d'établir que les abstentionnistes voteraient comme ceux qui se déplacent aux urnes, ce qui montre qu'ils ne sont pas dénués d'idées politiques mais qu'ils se méfient des partis : Ifop, *Que voteraient les abstentionnistes aux élections européennes ?*, Enquête pour *Valeurs actuelles* (échantillon de 1 638 personnes), mai 2014.

relégation spatiale dans la « France périphérique[8] » commencent à les rendre solidaires. Les classes moyennes se sentent fiscalement persécutées et perdent l'espoir de l'ascension sociale pour la génération suivante, ce qui grossit fortement les rangs des mécontents. Deuxièmement, sous l'angle institutionnel, l'affaiblissement des partis politiques et des groupes d'influences (Églises, syndicats[9]), la dé-légitimation des élites : la contestation qui gronde n'est pas canalisée, comme jadis, par des corps intermédiaires susceptibles de la brider par stratégie ou par idéologie. Troisièmement, d'un point de vue politique, les gouvernants ne disposent plus de soupapes de sécurité pour apaiser les angoisses et les colères : ils n'ont plus les moyens de lâcher du lest financier (comme lors des accords de Matignon de 1936 ou de Grenelle de 1968) ; quant aux mesures politiquement symboliques (comme la loi Taubira de 2013), elles clivent fortement le pays tout en ne satisfaisant pas ceux qui veulent toujours plus. Quatrièmement, sous l'angle idéologique, l'absence de philosophie de substitution permettant d'offrir des lendemains qui chantent (le libéralisme en 1789, le marxisme en 1917) : les idéologies modernes sont épuisées et peinent à se renouveler.

---

8. Christophe Guilluy, *Fractures françaises* [2010], Paris, Flammarion, 2013 ; du même auteur : *La France périphérique, Comment on a sacrifié les classes populaires*, Paris, Flammarion, 2014.
9. Guillaume Bernard, Jean-Pierre Deschodt, dir., *Les forces syndicales françaises*, Paris, PUF, 2010.

Une France en marche vers l'insurrection ?

Ainsi, sauf retournement de situation, la défiance ne peut-elle *a priori* qu'inexorablement augmenter et la docilité que progressivement s'effacer. Dans une période de perte de confiance des Français vis-à-vis des partis, il ne peut y avoir de renouveau politique qu'enraciné dans la réalité sociale du pays : les enquêtes de victimisation révèlent qu'il y a trois fois plus de crimes et délits que de plaintes déposées ; la « France périphérique » qui pâtit de la mondialisation rassemble 60 % de la population ; les trois quarts des Français considèrent que ce sont aux immigrés de s'adapter au pays d'accueil et non à la France de faciliter leur intégration, etc.

L'expérience montre que, lorsque la confiance des citoyens dans le personnel politique disparaît à cause de l'impuissance ou de l'inconséquence de leurs mesures, la légitimité du pouvoir se rétrécit. Et, de la défiance à l'insurrection remettant en cause les institutions supposées représentatives, il peut n'y avoir qu'un pas. Par le passé, des régimes se sont effondrés en quelques jours en 1830 ou en 1848. Il ne fallut que quelques semaines, en mai 1958, pour la IVe République. Il serait intellectuellement bien imprudent de prophétiser une révolution. Car les mouvements de contestation sont, aujourd'hui, partiels et divisés. Mais il suffit d'un événement, même anodin, pour coaguler les mécontentements et révéler leur unité. Qu'elle arbore des drapeaux roses de « La manif pour tous » (LMPT), des bonnets rouges de la révolte contre l'écotaxe, c'est le même type de colère qui s'est levée ces dernières années contre les promesses électorales sans lendemain et la condescendance des « bien-pensants ». Les huées qui ont accompagné les cérémonies officielles supposées rendre hommage aux victimes du terrorisme islamiste[10] à Nice relèvent de la même exaspération contre l'aveuglement des élites.

Il y a dans tous ces phénomènes une réaction similaire contre l'idéalisme idéologique et le constructivisme social. Même si cette convergence doctrinale n'est pas encore consciemment formulée et psychologiquement intégrée, cela révèle qu'il existe un pays réel ayant vécu en marge de la *doxa* officielle et qui est en passe de se réveiller de son anesthésie idéologique.

Une odeur de fin de règne

La crise plurielle que traverse la France a conduit au retour en force de l'enjeu doctrinal : face à un avenir grandement incertain, une importante partie de l'opinion publique est en recherche de sens. Si le régime n'est pas forcément en danger, la recomposition du paysage politique, organisationnel et doctrinal, est en cours. Les rapports de force intellectuels se modifient : la domination de l'idéologie moderne des élites est ébranlée par la pensée classique qui se déploie à nouveau dans le corps social.

10. Sur la lutte anti-terroriste, cf. : Marc Trévidic, *Au cœur de l'antiterrorisme*, Paris, Jean-Claude Lattès, 2011 ; du même auteur : *Terroristes, Les sept piliers de la déraison*, Paris, Jean-Claude Lattès, 2012.

Sous cet angle, le cycle de la toute-puissante modernité semble s'achever. Pour autant, la fin chaotique de ce monde n'est pas l'annonce d'un saut dans l'inconnu ni celle d'un grand vide. Même si elle est encore loin d'être partagée par tous, la philosophie classique renaît et se réaffirme dans tous les domaines de la politique : famille, économie, identité nationale, construction européenne, etc. La pression politique s'est inversée : voici venu le temps du « mouvement dextrogyre ».

Chapitre 1

La mutation des rapports de force politiques

Liée non seulement aux idéologies en présence, mais aussi aux rapports de force électoraux, la géographie de la politique est fluctuante. L'analyse du spectre politique nécessite de prendre en considération les tendances qui sont souvent plus significatives que les positions supposées acquises.

Des résultats en trompe-l'œil et des victoires à la Pyrrhus

Depuis 2012 (la victoire de la gauche à la présidentielle et aux législatives subséquentes), plusieurs élections se sont déroulées en France. Les modes de scrutin[1] peuvent avoir un effet déformant. Or, comme ils ont varié à l'occasion des dernières consultations – majoritaire (pour les départementales), mixte c'est-à-dire proportionnel avec une prime majoritaire (pour les municipales et les régionales), proportionnel (pour les européennes) –, il semble possible d'établir un panorama réaliste des rapports de force entre les différentes familles

1. Gérard-David Desrameaux, *Droit électoral*, Levallois-Perret, Studyrama, 2013.

et organisations politiques[2]. Les enseignements tirés de ces scrutins sont tous convergents.

Pour un scrutin local, les électeurs de la majorité préfèrent se positionner en fonction des enjeux locaux, tandis que ceux de l'opposition sont plus motivés par des questions nationales (cet aspect des choses étant encore plus vrai pour les électeurs du Front National). Le camp vainqueur d'une élection l'est plus par rejet de l'autre que par une adhésion franche et massive à ses candidats et à ses propositions. Il n'y a plus d'adhésion pérenne des électeurs envers un camp politique, mais une succession de votes sanction. Les attentats de janvier (*Charlie hebdo*) et de novembre (Bataclan) 2015 n'ont pas constitué un tournant politique : ils n'ont fait qu'accélérer les logiques à l'œuvre depuis des années. Ils n'ont pas bouleversé les rapports de force mais ont amplifié les tendances.

Le Front National[3] est la force politique en progression, non seulement en pourcentages, mais également en nombre de suffrages exprimés. Aux élections européennes, le FN est arrivé en tête (avec près de 25 %). Mais ce qui est surtout significatif, ce sont les écarts entre les différentes formations politiques (quatre points entre le FN et la droite, sept points entre celle-ci et la gauche) : la droite a avoisiné 21 % (moins 7 points par rapport à 2009), le Parti Socialiste 14 % (en recul de

2. Jérôme Sainte-Marie, *Le nouvel ordre démocratique*, Paris, Éditions du Moment, 2015.

3. Parmi les assez nombreuses études sur le FN, cf. en particulier Pascal Perrineau, *La France au Front, Essai sur l'avenir du Front national*, Paris Fayard, 2014.

2,5 points). Aux régionales de 2015, le FN a gagné, entre les deux tours, environ 800 000 voix et dépassé de 400 000 son précédent record de la présidentielle de 2012. Cependant, malgré tous ses efforts de normalisation, un « cordon sanitaire » est toujours instrumentalisé contre lui, ce qui diminue ses chances d'obtenir des mandats lorsque l'élection se déroule avec un scrutin majoritaire ou mixte.

La droite modérée et le centre ont profité de l'effet de balancier qui veut que l'opposition, au niveau national, gagne les élections locales intermédiaires, ce qui lui sert de tremplin pour la reconquête de l'exécutif national. Cependant, il n'a pas joué à plein : ainsi, les résultats, pour ce qui concerne la couleur des exécutifs régionaux, sont-ils mi-figue mi-raisin et ressemblent, quant à leur équilibre, à ceux de 1998 : en métropole (hormis le cas de la Corse), la gauche obtient cinq régions, la droite sept (dont deux avec le retrait de la liste PS[4]). L'alliance de la droite modérée et du centre n'a donc pas atteint le score de neuf régions qui était son objectif. Cette contre-performance fut même marquée d'importants revers comme dans la grande région issue de la fusion du Languedoc-Roussillon et de Midi-Pyrénées (Occitanie) puisqu'elle est arrivée en troisième position à moins de 22 %. Ce sont les listes d'union de la droite modérée et du centre, menées par ceux qui, à tort ou à raison, sont apparus comme étant les plus à droite, qui s'en sont le mieux sorties (comme en Auvergne-Rhône-Alpes).

4. Ifop, *« Retrait républicain » ou maintien de la gauche au 2nd tour : quels enseignements tirer des précédents scrutins ?*, Focus n° 132, novembre 2015.

À l'inverse, les listes menées par des leaders du centre ont été battues (Centre-Val de Loire, Bourgogne-Franche-Comté) ou n'ont gagné que de justesse (moins de 0,5 point d'avance en Normandie). De manière plus générale, la droite modérée et le centre n'ont pas suscité depuis 2012 l'enthousiasme ; elles ont plus bénéficié du recul de la gauche (très fort aux municipales) que de leur propre poussée.

Le repli du PS s'est manifesté d'une manière très franche aux municipales de 2014. Sa défaite a été extrêmement lourde parce qu'elle a, en grande partie, mis fin à des décennies de « socialisme municipal ». Même si son revers n'a pas été aussi important que celui de la droite en 1977 (qui avait annoncé l'alternance nationale de 1981), l'impact symbolique a été fort et a, en partie, entraîné sa défaite aux élections qui ont suivi. Plus de 150 villes de 9 000 habitants et plus ont basculé de gauche à droite ou au centre-droit : Limoges, Toulouse, Pau, Tours, Caen, etc. Le PS qui, avant ces élections, gérait 55 % de ces communes, n'en contrôle désormais que 38 %. La gauche a cependant évité des défaites symboliques (à Paris, Lyon, Lille, Nantes, Rennes, Strasbourg), pour l'essentiel de grandes villes mondialisées que les classes populaires (hormis celles qui bénéficient de logements sociaux) ont dû quitter ou voulu fuir. La gauche gagne même certaines villes, comme Douai ou Avignon (dans des cas de triangulaires avec la droite modérée et le FN), mais ses victoires locales ont naturellement été éclipsées par les résultats nationaux. Le Parti Communiste (PC), qui tenait encore un peu grâce à son réseau de mairies, a continué sur la pente de la disparition, prenant de plein fouet le revers du PS auquel il s'était allié : il a conservé, *in extremis*, Villeneuve-Saint-Georges (face à une alliance DVD-FN), mais il a perdu Villejuif et Bobigny. À part quelques exceptions (comme la victoire d'une liste écologiste aux municipales à Grenoble), la déroute du PS n'a pas profité aux autres forces politiques de gauche, en particulier le FdG (Front de Gauche) et EELV (Europe Écologie les Verts) : elles se sont notamment effondrées au premier tour des régionales (et, face au « danger » de l'extrême droite, leurs électeurs se sont très correctement reportés sur le PS au second tour). Ce contexte d'un avenir bouché pour l'extrême gauche explique en grande partie la radicalisation (par désespoir) de son expression politique : les « zadistes[5] » de Notre-Dame-des-Landes, les « bobos[6] » de Nuit debout.

La tripolarisation et l'inéluctable « grande coalition » ?

De clairement multi-partisan et bipolaire (plusieurs partis réunis en deux pôles) jusque dans les années 1980, le paysage politique français est lentement devenu tripolaire avec la montée en puissance du Front national depuis une trentaine d'années. Malgré deux graves crises (scission à la fin des années 1990 et siphonage de ses voix en 2007), le FN a survécu, s'est renforcé et enraciné dans le paysage politique. Les velléités de faire du courant

5. De « ZAD » : « zone à défendre ».
6. L'expression signifie « bourgeois bohèmes ».

écologiste une force neutre (candidature d'Antoine Waechter à la présidentielle de 1988) ont fait long feu : EELV est clairement un parti de gauche qui oscille entre l'alliance avec le PS et la surenchère à gauche.

Le spectre politique est désormais structuré en trois blocs de forces à peu près égales : gauches et écologistes, centre et droite modérée, Front national. Celle de ces trois forces qui sera absente du second tour de la prochaine présidentielle, l'élection qui structure le plus le paysage politique français (et où seuls deux candidats sont finalistes), entrera vraisemblablement en crise et, à terme, sera susceptible d'imploser (l'aile gauche du PS rejoignant le FdG, l'aile droite de LR cherchant à s'entendre d'une manière ou d'une autre avec le FN). Mais, la présidentielle n'est qu'une première étape. Car il faudra ensuite au nouveau chef de l'État obtenir une majorité parlementaire. Or, avec un spectre politique structuré en trois blocs, il n'est pas certain que le « phénomène majoritaire » (qui veut qu'un président nouvellement élu obtienne une majorité de députés qui lui soit inféodée[7]) se réalise comme jusqu'à présent[8]. Si ni la droite ni la gauche modérées n'ont, à elles seules, de majorité, elles devront se résoudre à tisser des alliances. Elles seront susceptibles de s'entendre sur le modèle de la « grande coalition » à l'allemande (où chrétiens-démocrates et sociaux-démocrates forment ensemble un gouvernement). Dans ces conditions, le spectre politique se

7. Arnaud Folch, Guillaume Perrault, *Les présidents de la République pour les nuls*, Paris, First, 2011.

8. OpinionWay, La lettre de l'opinion, *Législatives 2017 : vers une recomposition inédite*, s. l. [Paris], s. d. [juin 2016], 9 p.

transformera à nouveau avec, d'un côté, l'alliance droite-gauche (amputée de dissidents) et, de l'autre, le FN. Ce dernier n'attend que cela : être l'un des deux pôles du spectre politique.

Dans les interactions du système partisan, le FN est, pour l'heure, la force la moins fragile (à la condition qu'il se qualifie pour le second tour de la présidentielle). Le PS perd de son audience, mais il est encore en capacité de s'imposer aux autres forces de gauche : affaiblir les écologistes en les divisant, éliminer les candidatures parasites (en offrant des portefeuilles ministériels à certains courants) et décrédibiliser celles qui persisteraient (Jean-Luc Mélenchon) en faisant du chantage au « 21 avril ». En segmentant le discours, il lui est possible d'élargir son spectre électoral en cherchant à capter des électeurs du centre par une rhétorique sociale-libérale (représentée entre autres par Emmanuel Macron). Somme toute, même si François Hollande est extrêmement bas dans les sondages, le PS a un espace politique plus dégagé que celui de la droite.

Quant à l'UDI et au MoDem, les deux partis du centre, ils fantasment sur leur rôle de pivot dans une « grande coalition » (tant il est vrai que François Bayrou en est comme l'incarnation vivante[9], l'émergence d'Emmanuel Macron venant toutefois parasiter son positionnement). Ils espèrent un retour (même provisoire, comme la tripolarisation) du centrisme à la française des IIIe et IVe Républiques. Ils tablent sur le fait que les camps de droite et de gauche ne sont pas unis : le FdG essaie de

9. Ifop, *L'image de François Bayrou*, Enquête pour *Sud Ouest dimanche* (échantillon de 1 005 personnes), septembre 2013.

concurrencer le PS, le FN ampute la droite d'une partie de son espace politique. Dans ces conditions, un gouvernement ne pourrait être constitué que par une coalition penchant vers le centre et peut-être même susceptible de déborder sur les deux côtés de l'échiquier politique. Le « ni droite ni gauche » du centrisme, c'est en fait un « et la droite et la gauche » mais à condition qu'elles soient modérées.

C'est la droite modérée qui se retrouve dans la position la plus délicate, car contrainte de batailler sur deux fronts. Elle est prise en étau entre, d'un côté, une partie de la gauche qui essaie de se renouveler avec un discours social-libéral et, de l'autre, le FN qui amplifie son audience. La voilà condamnée à une stratégie du grand écart pour empêcher, d'une part, un parti du centre de basculer vers la gauche (comme le MoDem l'a fait au second tour de la présidentielle 2012) et, d'autre part, l'hémorragie de ses électeurs de droite « décomplexée » vers le FN. Cela risque de ne satisfaire idéologiquement personne (en laissant au FN le monopole d'une combinaison programmatique alliant souverainisme, protectionnisme et identitarisme), même si le fort rejet de la gauche doit *a priori* permettre à ce courant d'emporter la prochaine présidentielle.

Du « Front républicain » moribond au « plafond de verre » effrité

Le « Front républicain » n'est plus qu'une incantation tournant quasiment à vide. D'abord, parce que les échecs de la classe politique étant de plus en plus flagrants, il lui est devenu délicat de donner des leçons de « morale ». Ensuite, parce que la défiance des électeurs vis-à-vis des partis relativise l'impact des consignes de vote.

Alors que l'homme politique professionnel raisonne en fonction des intérêts des appareils, l'électeur analyse la situation en termes de proximités. Le discours de la droite modérée expliquant que le FN est son principal ennemi est devenu inaudible pour une grande partie de ses sympathisants. Si des alliances de la droite modérée et du FN sont rejetées par une majorité des Français, elles sont désirées par une part très importantes des sympathisants des deux formations (plus au FN que chez LR) : en fonction des enquêtes, il y a entre 40 et 50 % des sympathisants de la droite modérée[10] qui sont favorables à des accords (désistements voire alliances, au moins au niveau local) avec le FN. Il est certain que la porosité entre les deux électorats est grande ainsi que les convergences idéologiques : elles sont moins visibles dans le domaine économique (notamment sur la sortie de l'euro) encore que toutes les tendances de la droite préconisent la diminution des charges pesant sur les entreprises, que sur les questions d'immigration et d'insécurité[11]. Aussi,

---

10. La proportion est même montée jusqu'à 55 % en 2014 : - Ifop, *Les souhaits d'alliance aux élections locales entre l'UMP et le FN*, Enquête pour *Atlantico* (échantillon de 466 sympathisants de l'UMP et de 279 du Front national), mars 2014. Il faut relever que cette proportion est naturellement susceptible de diminuer au fur et à mesure que des électeurs de droite modérée basculent vers le FN.

11. Ifop, *L'adhésion à différentes mesures des sympathisants de l'UMP et du Front national*, Enquête pour *Le Figaro magazine* (échantillon

tout en continuant à refuser des alliances avec le FN, la droite modérée a abandonné (à partir de 2011) la stratégie du « Front républicain » pour glisser vers le « ni-ni » : ni alliance avec le FN, ni collusion avec la gauche contre le FN. Une telle position confine à une forme de nihilisme, à un aveu d'incapacité à déterminer de qui l'on est le moins éloigné. En même temps, elle est une rupture de type buissonienne d'avec la position de la droite modérée depuis le milieu des années 1980 (des alliances avaient eu lieu auparavant, comme à Dreux en 1983 où Jean-Pierre Stirbois avait fait émerger le FN de l'anonymat, mais avaient été, il est vrai, très peu nombreuses).

Le FN, quant à lui, déclare souhaiter des alliances avec la droite modérée parce qu'elles permettraient de faire voler en éclat le « cordon sanitaire » qui l'exclut du champ politique consensuel. Mais, dans le même mouvement, il les craint pour deux raisons : d'une part, le risque de voir certains de ses cadres et élus être attirés, par capillarité, hors de son giron (ce fut le cas de Jacques Peyrat qui, tout en professant les mêmes idées, devint sous une autre étiquette maire de Nice et sénateur) et, d'autre part, le risque de perdre sa spécificité de formation « hors système ». Dans le fond, le fait que la droite modérée ne souhaite pas trouver de *modus vivendi* lui

---

de 477 sympathisants de l'UMP et de 397 du Front national), avril 2015 ; Harris interactive, *Qu'est-ce qu'être de droite aujourd'hui ?*, Enquête pour *Valeurs actuelles* (échantillon de 1 873 personnes), mars 2016 ; Ifop, *Les priorités de l'électorat de la droite et du centre*, Enquête pour *Atlantico* (échantillon de 1 231 personnes), mars 2016.

convient plutôt en le laissant prospérer sous ses propres couleurs, les élargissements auxquels il procède dans le cadre du RBM (Rassemblement Bleu Marine), dirigé par maître Gilbert Collard, ou par la présence à ses côtés du SIEL (Souveraineté, Identité et Libertés), présidé par Karim Ouchikh qui n'hésite pas à être critique sur la stratégie du FN, étant somme toute assez limités.

Cela place toutefois le FN dans une position inconfortable en limitant ses succès. Jusqu'à présent, il s'est montré, dans la plupart des cas, incapable de gagner seul contre toutes les autres formations politiques, non seulement dans le cadre d'un duel mais également d'une triangulaire. Ce « plafond de verre » s'effrite cependant peu à peu. En certains endroits, la droite nationale est clairement dominante. Aux municipales de 2014, elle a obtenu une majorité de suffrages dès le premier tour dans deux communes : le FN l'a emporté à Hénin-Beaumont, la Ligue du Sud à Orange, ville administrée par Jacques Bompard depuis 1995. Au second tour, le FN a emporté une dizaine de villes de tailles assez différentes mais pas forcément celles qui étaient les plus envisagées (tout en progressant, il a connu des échecs à Forbach, Saint-Gilles, Perpignan, Tarascon, Brignoles). Ce sont, par exemple, Beaucaire, Fréjus, Villers-Cotterêts, Hayange ou encore une mairie de secteur à Marseille (le 7e) qui sont tombés dans son escarcelle. Mais ses résultats en nombre d'élus sont encore sans commune mesure avec les suffrages obtenus, même s'ils atteignent des scores très élevés (aux départementales, le FN a obtenu au second tour entre 48, 5 et 49, 9 % dans une trentaine de cantons). Mais, alors qu'il est arrivé en tête de manière globale et, en particulier, dans six régions (sur treize métropolitaines) au soir du premier tour, il n'en a gagné aucune.

Il n'empêche que le FN est la force politique qui monte. La chose est d'autant plus vraie que, même s'il perd dans un second tour, il progresse désormais la plupart du temps en nombre de suffrages : alors qu'auparavant le FN stagnait (le cas archétypique étant la présidentielle de 2002) ou reculait quasiment systématiquement, il dispose désormais d'une réserve de voix.

Les progressions et les fragilités du « premier parti » de France

Le FN commence à s'installer dans la position (qu'il revendique) de « premier parti » de France (pratiquement un tiers de l'électorat) ; il est arrivé en tête aux européennes de 2014, dans près de la moitié des départements (46 sur 101) ainsi qu'au premier tour des régionales de 2015. Mais, être le premier parti suppose une stabilité des résultats et une généralisation de l'implantation. Depuis quelques années, ce parti ne connaît plus de résultats en dents de scie : élections après élections, non seulement il se maintient mais il progresse. Du point de vue géographique, il existe encore une différence en fonction d'une ligne Le Havre-Perpignan : les résultats de ce parti sont plus importants à l'est qu'à l'ouest. Mais ils ont grimpé partout d'un cran. Désormais (aux régionales de 2015), le FN est au moins aux alentours de 20 %, ce qui signifie qu'il n'y a plus de territoire entièrement rétif au vote FN. À l'ouest, il y a donc eu du nouveau… et le vote FN se « nationalise ».

Le parti s'institutionnalise et se professionnalise grâce aux élus locaux qu'il a engrangés (même si certains partent) aux municipales, départementales et régionales. Cependant, il manque encore cruellement de cadres. Il est vrai qu'il est encore difficile d'assumer socialement un tel engagement. Ainsi, même s'il a réussi à présenter près de 600 listes (dont 420 environ dans des villes de plus de 9 000 habitants), le FN a été absent de la moitié des villes de plus de 10 000 habitants où, dans certaines, il avait atteint 30 % à la présidentielle de 2007. Ces municipales ont d'ailleurs révélé l'évolution de l'implantation sociogéographique du FN[12]. Naturellement, il est surtout présent là où ses résultats électoraux sont les plus importants : Paca, Languedoc-Roussillon, Nord-Pas de Calais. Cependant, le FN semble désormais dans l'incapacité de présenter des listes dans les communes de banlieues des grandes métropoles, là où une forte pression migratoire depuis une vingtaine d'années a changé les données démographiques. Une partie de la population a, quand elle en a les moyens, fui ces territoires. L'influence du FN s'est donc déplacée vers les petites et moyennes villes de province et vers ce qu'il est convenu d'appeler le péri-urbain.

12. Ifop, *Les listes FN aux municipales : un révélateur de l'implantation militante et de l'audience électorale du parti*, Focus n° 106, mars 2014.

Le FN convainc toujours plus les jeunes[13] que les vieux, les hommes que les femmes, les CSP - que les CSP + (aux européennes de 2014, il a recueilli le vote d'environ 35 % des employés et de 45 % des ouvriers). Mais, ces généralités ne sont plus aussi vraies qu'auparavant. Ce sont les 25-35 ans et les plus de 65 ans qui votent le moins FN, mais si ce parti fait de très hauts scores parmi les 18-24 ans, il en fait aussi parmi les 40-65, sans doute parmi les personnes plus inquiètes quant à leur avenir et celui de leurs enfants. Par ailleurs, les CSP + ne sont pas toujours hostiles au FN : il semble qu'elles votent plus facilement pour lui dans le Sud-Est. Quant aux femmes, qui étaient rétives au FN, elles sont en passe d'avoir un vote en sa faveur, du moins dans le Nord, de moins en moins différent de celui des hommes. Ainsi, l'électorat FN tend-il à se lisser et le vote pour ce parti se répand-il dans les diverses catégories sociales.

Longtemps, la difficulté du FN a été de cristalliser son électorat constitué de différentes strates (venues de la droite depuis la décennie 1980 et de la gauche à partir des années 1990) plus ou moins stables comme en témoignent ses résultats électoraux fluctuants (progressions suivies de chutes). Or, les électeurs FN semblent se fidéliser d'élections en élections et devenir moins volatiles (même s'ils sont plus friables dans l'Ouest et en Île-de-France qu'ailleurs) comme en témoignent les scores

13. Ifop, *Les jeunes et l'élection présidentielle de 2017 à un an du scrutin*, Enquête pour l'*ANACEJ* (échantillon de 1 202 personnes), mai 2016.

de ce parti en progression dans les municipalités qu'il administre depuis 2014[14].

Les faux mystères du vote FN

Le vote FN n'est plus tabou. Des digues psychologiques ont sauté. Mais le bulletin en faveur de ce parti signifie-t-il un réel soutien à ses propositions ou simplement une contestation des autres formations politiques ? Il est, en fait, assez difficile de démêler ce qui relève de la protestation et ce qui appartient à l'adhésion. Elles sont intimement liées : le FN a d'abord capitalisé sur le rejet des autres organisations puis s'est consolidé grâce à un phénomène d'approbation de son programme. Au sein de l'électorat FN, la progression de l'adhésion est, ces dernières années, certaine : si seulement la moitié des électeurs du FN il y a encore quelque temps souhaitaient vraiment l'arrivée au pouvoir de son candidat à la présidentielle, ils sont maintenant une écrasante majorité (85 %). Quand il vote pour le FN, l'électeur ne se détourne plus seulement des autres partis, il fait un choix positif (du moins sur certains thèmes : l'immigration, l'insécurité, la construction européenne).

De manière générale, il est certain que le vote aux extrêmes est plus protestataire que celui qui se porte sur les partis modérés. Cela dit, est-il vraiment crédible de

14. Ifop, *Le regard des habitants des communes FN un an après les élections municipales*, Enquête pour *iTELE*, *Sud radio* et *Paris Match* (échantillon de 911 personnes pour chacune des villes), mars 2015.

penser que les électeurs qui votent pour un parti préconisant le libéralisme ont attentivement lu Adam Smith ou que ceux qui se prononcent pour la social-démocratie ont une vision précise de l'œuvre de John Maynard Keynes ? Ainsi, l'opposition entre vote protestataire et vote d'adhésion mérite-t-elle d'être très fortement relativisée. Dans tout scrutin, il y a des électeurs qui ne se prononcent pas du tout en fonction des programmes. Comment d'ailleurs le leur reprocher puisque le mandat impératif est prohibé ? Cela dit, dans tous les courants d'opinion, la plupart des électeurs adhèrent, même de manière quelque peu imprécise, à quelques grands principes. À l'extrême gauche, c'est l'internationalisme et l'égalitarisme. Pour la gauche modérée, c'est la redistribution sociale et le progressisme éthique. Dans le cadre de la droite modérée, c'est l'État gendarme et le libre-échange. Pour la droite radicale, c'est le protectionnisme et la préférence nationale.

Dans le vote en faveur du FN, il y a la combinaison d'un vote de réaction et d'un vote de prévention. Le premier est celui des personnes qui vivent une ou plusieurs insécurités (économique[15], culturelle, etc.) : par ce vote, elles entendent, ne serait-ce que symboliquement, manifester une résistance. Le second est celui des personnes qui ont réussi à échapper à ces insécurités (par exemple en fuyant certains lieux) ou qui ne les connaissent pas (mais les déplorent pour les autres et les craignent pour eux-mêmes) : par ce vote, elles espèrent les conjurer. Ce second type de vote explique que le FN puisse faire de hauts scores dans des circonscrip-

15. Ifop, *Les fermetures de sites industriels : quel impact sur le vote FN ?*, Focus n° 100, novembre 2013.

tions qui ne connaissent pas ou peu l'immigration. C'est ainsi que les scores du FN se sont développés dans le péri-urbain et le monde rural où s'est en outre développé un sentiment d'abandon très profond en raison notamment du démaillage du service public[16].

La sociologie politique a distingué plusieurs facteurs explicatifs du vote[17]. Au sein des variables socio-économiques, c'est le patrimoine qui est le plus prégnant. Ainsi, dans chaque catégorie sociale, il y a des personnes qui sont « naturellement » inclines à voter à droite ou à gauche ; ce qui détermine le vote à droite, c'est la possession d'un patrimoine (et non les hauts revenus, comme l'illustre le phénomène « Bobo »). Il va de soi que le patrimoine n'est pas le seul élément qui détermine le vote, même s'il est puissant. Or, ce que le populisme a parfaitement compris, c'est que le patrimoine n'est pas seulement matériel, mais aussi immatériel : c'est la culture, la langue, l'histoire. Il est donc capable de rallier des personnes inquiètes non seulement pour leur patrimoine matériel (à travers la question du niveau de vie), mais aussi pour leur patrimoine immatériel (c'est-à-dire pour leur mode de vie)[18]. Un parti de type populiste comme le FN peut donc capter des voix non seulement à droite, mais aussi à gauche[19] : nombre

16. Ifop, *L'influence de l'isolement et de l'absence de services et de commerces de proximité sur le vote FN en milieu rural*, Focus n° 135, mars 2016.

17. Nona Mayer, Pascal Perrineau, *Les comportements politiques*, Paris, Armand Colin, 1992.

18. Dominique Reynié, *Populismes, La pente fatale*, Paris, Plon, 2011.

19. Harris interactive, *Vote au premier tour de l'élection présidentielle de 2012 selon la proximité syndicale*, Enquête pour *Liaisons*

d'électeurs peuvent considérer que, matériellement démunis, ils n'ont comme protection que la patrie et que, face à la mondialisation et au multiculturalisme, leur identité est un bien méritant d'être préservé. Le « petit blanc » se considère délaissé par la gauche parce qu'il est blanc et par la droite parce qu'il est pauvre[20]. Résultat ? Soit il s'abstient (le vote blanc n'étant pas comptabilisé parmi les suffrages exprimés, cela ne pousse pas à se rendre aux urnes quand l'offre politique ne satisfait pas[21]), soit il vote de plus en plus souvent FN.

L'hypothétique émergence de la droite « hors les murs »

Nombre de propositions du FN (autorité de l'État[22], limitation de l'immigration, politique ferme en matière d'insécurité) sont majoritaires dans l'opinion publique lorsqu'elles sont évoquées en aveugle, c'est-à-dire sans

---

sociales quotidien (échantillon de 2 935 personnes), avril 2012.

20. Aymeric Patricot, *Les petits Blancs, Un voyage dans la France d'en bas,* Paris, Plein Jour, 2013.

21. Les Français se déclarent d'autant plus favorables au vote obligatoire si le vote blanc était comptabilisé parmi les suffrages exprimés : Harris interactive, *Le regard des Français sur le vote obligatoire comme moyen de favoriser l'engagement citoyen,* Enquête pour la *Fondation Jean Jaurès* (échantillon de 1 322 personnes), avril 2015.

22. 72 % des Français (et plus de 85 % des sympathisants LR et FN) pensent que l'État et les pouvoirs publics ne font pas preuve de suffisamment d'autorité : Ifop, *Les Français et l'autorité de l'État,* Enquête pour *Valeurs actuelles* (échantillon de 1 002 personnes), septembre 2015.

identification partisane ; mais elles font l'objet d'un rejet à partir du moment où elles sont marquées de l'étiquette du parti[23]. Les Français semblent désirer la mise en œuvre de certaines mesures préconisées par le FN mais pas son arrivée au pouvoir. Psychologiquement parlant, ce qui est quelque peu incohérent du point de vue de la logique trouve une explication. Les Français sont, dans leur immense majorité, restés sourds au discours du FN pendant des décennies. Prenant conscience qu'un certain nombre de ses diagnostics n'étaient pas totalement farfelus (effet délétère de l'immigration sur le lien social, construction européenne technocratique), porter ce parti au pouvoir serait reconnaître une sorte d'aveuglement et d'entêtement. L'arrivée au pouvoir des idées du FN (du moins sur l'immigration et l'insécurité) serait plus confortable pour les électeurs si elles n'étaient pas incarnées par les personnalités de ce parti mais par d'autres[24].

L'idée de la droite « hors les murs » vient de là : ce n'est pas seulement un créneau politique faisant le pont entre LR et le FN et empiétant sur chacun d'eux, c'est aussi la constatation d'un nécessaire renouvellement des figures incarnant les idées de droite. Sauf à ce qu'une

---

23. TNS Sofres, *Baromètre d'image du Front national*, Enquête pour *Le Monde*, *France info* et *Canal +* (échantillon de 1 003 personnes), février 2016 ; Harris interactive, *Qu'est-ce qu'être de droite aujourd'hui ?*, Enquête pour *Valeurs actuelles* (échantillon de 1 873 personnes), mars 2016.

24. Odoxa, *Et si le FN arrivait au pouvoir ?*, Enquête pour *CQFD* sur *iTELE* (échantillon de 1 008 personnes), mars 2015 : l'arrivée du FN au pouvoir fait peur à un peu plus de 50 % des Français, mais moins de 40 % parmi les sympathisants de la droite.

immense campagne de supplication (comme l'opération « Vos couleurs ») ne conduise à une candidature « hors les murs » pour 2017 (au bénéfice d'un Éric Zemmour[25] ou d'un Philippe de Villiers, pourtant en retraite de la politique active), il est raisonnable de penser que ce courant n'émergera véritablement qu'après un échec de Marine Le Pen à la présidentielle. L'une des conditions de la réussite d'une mouvance nouvelle de ce type sera, sans aucun doute, de réunir des personnalités et des militants venant des deux bords de son espace politique, d'être un lieu de rassemblement des droites et non une ligne Maginot entre elles, de consister en un instrument de décloisonnement à l'image de ce qu'a réussi à faire Robert Ménard pour les municipales à Béziers (rassembler différents partis tout en n'étant dépendant d'aucun d'eux). Ceci explique pourquoi la ligne de Nicolas Dupont-Aignan (à la tête de Debout La France) qui, d'un côté, a rompu avec la droite modérée et, de l'autre, se refuse à des convergences avec le FN, n'arrive pas à vraiment émerger : elle fait perdurer le spectre politique tel qu'il existe et ne le renouvelle pas.

25. Geoffroy Lejeune, *Une élection ordinaire*, Paris, Ring, 2015.

Chapitre 2

Splendeurs et misères des stratégies électorales

La coupure des hommes politiques d'avec le reste des citoyens a plusieurs origines. Parmi elles, il ne faut pas négliger, outre une certaine endogamie, la professionnalisation du personnel politique qui finit par ne connaître la réalité du pays que par l'intermédiaire de statistiques désincarnées. Ce décalage existe même au sein des partis où les militants amateurs (que la science politique[1] qualifie parfois de naïfs) sont utilisés plus que respectés par les élus professionnels (les cyniques). Tout cela explique pourquoi les stratégies électorales des partis échappent à nombre des électeurs. Or, la vie politique ne s'explique pas seulement par la volonté des politiques de défendre des idées; elle témoigne aussi de manœuvres, parfois bien éloignées du bien commun, visant à obtenir pour un parti (ou un clan en son sein) des mandats rémunérateurs.

Tous les candidats de droite comme de gauche espèrent un second tour de la prochaine présidentielle les opposant au FN. Tablant sur l'entente des électeurs modérés, ils sont persuadés de l'emporter. Leur conviction est confortée par presque toutes les enquêtes d'opinion

1. Pour un manuel récent de science politique, cf. Gérard-David Desrameaux, Alexandre Desrameaux, *Introduction à la science politique*, Levallois-Perret, Studyrama, 2015.

et il est aujourd'hui assez vraisemblable qu'il en sera ainsi. Mais cette certitude est aussi quelque peu présomptueuse. Car rien n'est jamais écrit d'avance et les pronostics peuvent s'avérer erronés. Le choix des électeurs se fait, dans des circonstances données, par comparaison entre les différentes offres concrètement envisageables et non par rapport à un idéal hypothétiquement incarné. L'arrivée du FN au pouvoir est une possibilité ; à l'heure actuelle, ce n'est pas le scénario le plus probable, mais il est envisageable. Il sème d'ailleurs un vent de panique dans la classe politique. Ainsi, Malek Boutih (PS) a-t-il pu faire des déclarations effarantes au cours de l'émission « Mots croisés » sur *France 2* (le 7 octobre 2013) et lancer des menaces anti-démocratiques à peine dissimulées : « Même si vous [le FN] gagnez [...] on ne se laissera pas faire. »

Le faux-semblant démocratique des primaires

Malgré leur unité théorique, les partis politiques sont divisés en courants plus ou moins hostiles aussi bien pour des questions d'idées que de carrières personnelles (raison moins noble que la précédente mais souvent plus réelle). Une élection primaire permet sinon de contraindre tous les membres d'un parti de soutenir avec enthousiasme et loyauté le candidat désigné, du moins de neutraliser les « barons » et d'empêcher la pluralité des candidatures issues d'une même organisation (comme ce fut le cas en 1995 avec Jacques Chirac et Édouard

Balladur). En réunissant plusieurs partis, elle permet d'éliminer les candidatures parasites et d'essayer d'éviter le traumatisme vécu par le PS en 2002 : être absent du second tour de la présidentielle. Lionel Jospin était, en effet, arrivé en troisième position au soir du premier tour en raison, d'abord, de sa mauvaise campagne (il l'avait axée sur le second tour avant d'avoir passé le premier) et, ensuite, de la multiplication des candidatures à gauche (Christiane Taubira, Jean-Pierre Chevènement entre autres) et de l'éparpillement des voix.

Une procédure réunissant plusieurs partis est cependant quelque peu hypocrite. Les poids électoraux très disparates entre les organisations participant à une primaire relativisent l'aspect démocratique d'une telle procédure : la désignation d'un candidat issu d'un petit parti est peu probable. Si les organisations de taille modeste ont, dans un régime à dominante parlementaire, un poids surdimensionné par rapport à leur représentativité électorale (elles sont les partis charnières permettant de constituer une majorité de coalition), elles jouent dans une primaire le rôle de caution et de faire-valoir. Ne fut-ce pas le cas de Jean-Michel Baylet, président du Parti radical de gauche, à la primaire socialiste en 2011 ? Aucun parti politique d'envergure ne peut envisager de ne pas être représenté au premier tour de la présidentielle : c'est l'élection majeure en France, celle où la participation est la plus forte, celle où les rapports de force nationaux entre les partis s'établissent.

La primaire ouverte (où sont appelées à se prononcer toutes les personnes déclarant partager les idées du camp concerné), par opposition à une primaire fermée (c'est-à-dire réservée aux seuls adhérents), permet de dissimuler que les partis politiques qui disposent pourtant du quasi-monopole de la désignation des candidats aux élections ont très peu d'adhérents et ne sont nullement représentatifs du corps électoral. Elle emporte aussi une conséquence d'importance : elle relativise l'impact du principe « monarchique ». Le chef du parti (président, premier secrétaire, etc.) n'est plus le candidat naturel à la présidentielle ; même s'il contrôle l'appareil, il n'est pas certain d'être désigné : telle est la situation de Nicolas Sarkozy en 2016.

L'expérience française d'une primaire pour la présidentielle est extrêmement limitée (socialiste en 2011, « républicaine » et centriste en 2016). De la pratique et des enquêtes d'opinion, il est cependant possible de tirer quelques enseignements :

– certains candidats à la candidature se servent de la primaire pour asseoir leur visibilité politique sans espérer être effectivement le vainqueur de la procédure (Arnaud Montebourg) : ils espèrent peser suffisamment pour « vendre » leur ralliement et pouvoir briguer des investitures ou des postes, notamment des portefeuilles ministériels (Manuel Valls) ;
– les « gros » candidats ont peu de divergences programmatiques (Martine Aubry, François Hollande, Ségolène Royal) ; c'est surtout en fonction de leurs positionnements symboliques (centriste pour Alain Juppé, syncrétique pour Nicolas Sarkozy qui tout en ayant renié la « ligne Buisson » essaye tout de même de la reproduire par saillies) et de leurs personnalités qu'ils sont départagés notamment par les médias. Les

spécificités idéologiques sont surtout perceptibles parmi les « petits » candidats. C'est, par exemple, le cas de Jean-Frédéric Poisson, le président du Parti chrétien-démocrate, candidat à la primaire de la droite de 2016, qui affiche sereinement ses valeurs catholiques sociales ;

– les électeurs potentiels de la primaire cherchent un candidat qui est supposé assurer à leur camp la victoire la plus facile. Les résultats dépendent en grande partie du corps électoral (assez aléatoire) qui se mobilise : plus il est « ouvert » (c'est-à-dire au-delà des militants et des sympathisants les plus convaincus), moins il est susceptible d'être favorable aux candidats considérés comme « marqués » (par des idées, par un passé, etc.).

De même que l'actuel président de la République a été élu grâce au rejet du sortant, il n'est pas inenvisageable qu'il entraîne dans sa chute Nicolas Sarkozy[2] (dont le flou de la ligne politique vient de trop de revirements) : les électeurs de la primaire peuvent désirer éviter un *remake* de 2012. À cela s'ajoute que revenir en politique au tout premier plan pour un ancien président de la République est chose délicate ; après 1981, Valéry Giscard d'Estaing a continué sa carrière politique mais n'est jamais redevenu présidentiable. Si Nicolas Sarkozy arrivait à être de nouveau candidat, ce serait une première.

Les citoyens qui font l'effort de se déplacer pour une élection primaire cherchent une sorte de champion,

2. Samuel Pruvot, *Le mystère Sarkozy*, Paris, Le Rocher, 2016.

l'incarnation d'un courant. Alain Juppé, qui caracole en tête dans les sondages, peut donc avoir contre lui d'apparaître comme trop apprécié par une partie de la gauche, trop compatible avec elle (il a d'ailleurs annoncé qu'il n'était pas opposé à la « grande coalition »). En outre, il s'avère que le favori d'une élection longtemps avant qu'elle ne se déroule n'en a jamais été le vainqueur (Édouard Balladur en 1995, Lionel Jospin en 2002). Voilà pourquoi il ne faut sans doute pas négliger les autres candidats qui pourraient faire des scores supérieurs à ceux qui sont annoncés.

En tout cas, étant donné que le PS en général et François Hollande[3] en particulier (vraisemblable candidat à sa réélection) sont vraiment très bas dans les enquêtes d'opinion, la primaire de la droite modérée et du centre a cela d'intéressant (mais aussi de frustrant) qu'elle est susceptible de désigner par avance le vainqueur de la prochaine présidentielle.

La droite modérée : éparpillée « façon puzzle »

Comparé à d'autres pays (États-Unis et Royaume-Uni en tête), le système partisan français est marqué par une assez grande instabilité des dénominations des partis : à droite, c'est régulièrement la valse des étiquettes. Nombre d'éléments expliquent ce phénomène. Mais deux peuvent être mis en exergue : d'une part, l'indécision

3. François Bazin, *Les ombres d'un Président*, Paris, Plon, 2015.

doctrinale (beaucoup de partis n'ont pas d'identité forte) et, d'autre part, l'influence et l'intérêt de certaines personnalités (les partis étant devenus des écuries électorales, en particulier pour la présidentielle).

Dans la seconde moitié des années 1970, deux partis ont été créés sur la droite du spectre politique : le RPR-Rassemblement pour la République), sur la base de l'UDR (Union des Démocrates pour la République), et l'UDF (Union pour la Démocratie Française) pour assurer une base électorale au président de la République d'alors, Valéry Giscard d'Estaing. À tort (du point de vue doctrinal) ou à raison (sous l'angle de la continuité électorale), le RPR est longtemps apparu comme un parti gaulliste ; cela explique en partie que l'UDF ait pu rassembler à la fois des centristes, plutôt libéraux, et des personnes beaucoup plus à droite mais non-gaullistes. En 2002, la mise en place de l'UMP a définitivement tourné la page du gaullisme partisan : le discours de la droite modérée sur la construction européenne s'est entièrement inversé (dans la personne même de Jacques Chirac) entre l'appel de Cochin de 1978 et le référendum de 2005. En outre, cette organisation a été une tentative de création d'un parti unique à droite rassemblant toutes les tendances (hormis celle de la droite nationale) issues du RPR et de l'UDF. Si les centristes ont quelque peu repris leur indépendance (l'UDI), il y a toujours dans l'UMP (rebaptisée LR en 2015) une pluralité de courants aux poids assez déséquilibrés : les libéraux, les démocrates-chrétiens et les néo-gaullistes.

Ce sont les premiers qui dominent d'une manière quasiment hégémonique. Les seconds n'ont jamais réussi à retrouver le poids qu'avait eu le MRP sous la IVe République, ce parti ayant disparu à cause de la guerre d'Algérie, sa principale figure, George Bidault, le successeur de Jean Moulin à la tête du CNR, ayant pris fait et cause pour l'Algérie française, ce qui lui valut de passer plusieurs années en exil jusqu'en 1968[4]. Quant au gaullisme, à part chez certaines personnalités (comme Henri Guaino) et parmi les électeurs les plus âgés, il n'est plus en tant que tel un critère d'identification et de classification dominant. En revanche, un certain nombre d'enjeux liés au gaullisme historique sont toujours d'actualité et peuvent être clivants au sein de la droite (ou entre les droites), soit pour rassembler (à propos de la défense de la souveraineté nationale), soit pour continuer à diviser (comme sur le souvenir de l'abandon des départements d'Algérie).

Réunir une pluralité de sensibilités permet de capter différents segments électoraux, mais peut également conduire à des incohérences doctrinales et même à une implosion lorsque les divergences sont trop profondes. Cependant, la classification des courants au sein de la droite modérée est d'autant plus délicate que la quasi-totalité des personnalités nationales susceptibles de les incarner font montre de peu d'entrain pour la conceptualisation. Elles craignent que cela ne leur donne une image trop clivante. Elles prennent donc surtout des postures. Et qui plus est changeantes. La constance dans les convictions ne semble pas être une grande préoccupation de nombre d'hommes politiques. Ceux-ci se positionnent

4. Georges Bidault, *D'une résistance l'autre*, Paris, Les presses du siècle, Paris, 1965.

donc plus en fonction d'intérêts de carrière qu'en raison d'enjeux doctrinaux clairement identifiés. Leurs engagements découlent surtout des rapports de force entre chapelles et de la nécessité de se différencier pour exister médiatiquement. La confusion est accrue par le fait que les différentes écuries (pour les élections internes, pour la primaire) sont idéologiquement hétéroclites : soutiens et ralliements s'expliquent autant par des amitiés personnelles ou la géographie des implantations électorales que par des convergences programmatiques.

Pour résumer, la droite modérée est traversée par une triple fracture interne qui est d'ordre sociologique, idéologique et stratégique. Sociologiquement parlant, la distorsion entre le « peuple de droite » et ses élites s'est explicitement manifestée à l'occasion du référendum sur le TCE (Traité établissant une constitution pour l'Europe) en 2005 et sur la loi Taubira en 2013. Sous l'angle idéologique, la droite est traversée par une opposition entre ceux qui adoubent l'idée de progrès (non seulement dans le domaine de l'avoir mais aussi dans celui de l'être) et ceux qui restent plus attachés aux traditions (comme l'enracinement historique). Ainsi, les partisans de l'assimilation s'opposent-ils aux défenseurs de l'intégration (favorisant le multiculturalisme voire le communautarisme), les souverainistes divergent-ils des européistes, etc. Enfin, du point de vue stratégique, la droite « d'en haut » refuse catégoriquement des alliances avec le FN tandis qu'une part importante de la droite « d'en bas » envisage des ententes voire les souhaite.

En théorie, il y a deux principales manières de rassembler différentes familles idéologico-politiques ayant des divergences parfois profondes : soit déterminer le « plus petit dénominateur commun » (PPDC) et s'y tenir exclusivement, soit tenter une synthèse plus étendue mais étant susceptible de contenir des incohérences. La droite modérée a toujours balancé entre ces deux options et continue à le faire. Alors que c'est la motion la plus droitière qui était arrivée en tête lors des élections internes de 2012, la droite modérée s'est, depuis, globalement recentrée, comme en témoignent les européennes de 2014 où le courant souverainiste a été évincé quasiment entièrement. Cela témoigne d'une double préoccupation : d'une part, en l'arrimant à elle, empêcher le centre de basculer ou de s'allier à la gauche (qui s'affiche de plus en plus libérale et donc compatible avec lui) et, d'autre part, assurer sa présence au second tour de la présidentielle en additionnant les voix de la droite et du centre afin d'éviter à tout prix un « 21 avril » à l'envers. Or, cela augmente le risque de voir une partie de l'électorat de droite basculer vers le FN. Opportunité que ce parti n'exploite à l'évidence pas entièrement.

Une professionnalisation de la communication

Il est certain que la communication du FN s'est assagie. La crise migratoire et les attentats islamistes obligent les médias à traiter et les politiques à prendre position sur les sujets de l'immigration et de l'insécurité. Ces deux thèmes ont toujours été les fers de lance du discours FN. Ce parti apparaît donc comme le plus légitime sur ces questions. En outre, après le semi-échec des « Rendez-vous de Béziers », le FN considère qu'il n'y aura pas, en 2017 du moins, de candidat de la droite « hors les murs ». Pour ces deux raisons, la direction du FN considère ne pas avoir besoin de faire de la surenchère.

À cela s'ajoute une vraisemblable professionnalisation de la stratégie où il est possible de retrouver des relents des techniques de Gérard Colé[5] et de Jacques Pilhan[6], les inventeurs de la communication politique[7] pour François Mitterrand. Les objectifs de Marine Le Pen semblent être les suivants :

– incarner la sagesse : le bon sens et le réalisme n'ont pas besoin d'excès. La « France apaisée » de Marine Le Pen ressemble à la « Force tranquille » (1981) ou la « France unie » (1988) de François Mitterrand. La présidente du FN veut témoigner d'une énergie contenue parce que profonde et intérieure. Elle veut, peut-être aussi, ne pas trop promettre pour ne pas décevoir ;
– provoquer le désir : pour être entendu, il faut être attendu. Les prises de parole de Marine Le Pen ne sont donc pas tous azimuts mais sélectionnées, ne serait-ce que pour se donner une stature de chef

5. Gérard Colé, *Le conseiller du Prince*, Neuilly-sur-Seine, Michel Lafon, 1999.

6. Jacques Pilhan, entretien avec, « L'écriture médiatique », in *Le Débat*, novembre-décembre 1995, n° 87, p. 3-24; pour une biographie de ce personnage : François Bazin, *Le sorcier de l'Élysée, L'histoire secrète de Jacques Pilhan*, Paris, Plon, 2009.

7. Michaël Moreau, Aurore Gorius, *Les gourous de la com', Trente ans de manipulations politiques et économiques*, Paris, La Découverte, 2011 ; des mêmes auteurs : *Les gourous de la com' dérapent*, Paris, Fayard, 2016.

d'État. Elle intervient plutôt à la fin du processus médiatique pour laisser les autres politiques être brouillons et s'épuiser sur le sujet. Être dans la conclusion donne de la force au discours et le rend plus facilement mémorisable ;
– utiliser l'évidence : les prises de parole de Marine Le Pen cherchent plus à montrer que les faits donnent raison au FN qu'à faire une démonstration intellectualisante ; elle veut faire ressentir ses idées tout en exploitant l'efficacité du message « indirect » (les autres parlent de moi, prennent position par rapport à moi) qui peut être plus puissant que le message « direct » (je parle) ;
– jouer sur les contrastes : elle entend cesser d'être associée à l'idée de l'exploitation de la peur et des divisions pour représenter le sang-froid et la capacité à voir l'avenir avec optimisme.

Il est assez paradoxal de constater que plus le FN se « normalise » pour se fondre dans le système institutionnel, plus son fonctionnement interne semble devenir dirigiste, le respect de la « ligne » devenant prégnant et laissant peu de liberté de pensée et d'expression à ses militants et même à ses cadres. Il y a sans doute là une partie de l'explication du départ du géopoliticien Aymeric Chauprade[8]. Il est certain que le FN traverse une crise de croissance qui, si elle n'obère pas pour l'heure ses résultats, provoque des frictions comme en témoigne l'affrontement public en mai 2016 entre deux conseillers

8. Aymeric CHAUPRADE, *Géopolitique, Contrastes et changements dans l'histoire*, Paris, Ellipses, 3e éd., 2007.

régionaux, l'un, Sophie Montel, cautionnant l'avortement, l'autre, Pascal Gannat, refusant de le banaliser.

Crise de croissance et querelles stratégiques

Le FN a toujours été un rassemblement de diverses sensibilités mais qui étaient unies, d'un côté, par un discours partagé sur ses sujets fondamentaux (immigration, insécurité) et, de l'autre, par une lutte commune dans l'adversité. L'incontestable progression du FN n'a pas jugulé les divergences mais les a comme exacerbées étant donné que ce parti n'arrive pas à faire encore suffisamment d'élus pour que cela compense des distorsions internes : les postes rémunérés ne sont pas assez nombreux pour que tous les courants puissent y trouver leur compte. Outre des divergences de conceptions, il y a dans les affrontements entre personnalités des velléités d'autonomie pour les uns (Marion Maréchal-Le Pen) ou d'autorité pour les autres (Florian Philippot).

Les querelles ont tourné au tragi-comique en 2015 lorsque la « dédiabolisation » (ayant pour objectif de faire coïncider la progression des idées du FN avec le vote en sa faveur) a atteint Jean-Marie Le Pen en personne parce que considéré comme le principal repoussoir. Son éviction (toujours inachevée d'ailleurs) devait être le symbole du parachèvement de cette orientation. Le « Menhir » s'est alors retrouvé dans la position de l'arroseur arrosé. Car il fut en grande partie à l'origine de cette stratégie en facilitant, lors du congrès de Tours en janvier 2011, la prise du pouvoir de sa fille contre l'universitaire Bruno Gollnisch. Par le passé, il n'avait lui-même pas hésité à mener (ou à laisser se développer) des luttes internes[9] et à pratiquer (ou à laisser s'organiser) des purges[10]. Cela dit, le rapport investissement-résultat semble dans cette affaire ne pas avoir été parfaitement maîtrisé. L'élimination du président d'honneur du FN ne semble que très faiblement bénéfique au parti : pour les électeurs qui n'ont jamais eu l'intention de voter pour lui, la mise au rancart de Jean-Marie Le Pen n'a qu'un impact faible[11]. À l'inverse, sa semi-retraite servait de paratonnerre : la foudre du « système » pouvait continuer à s'abattre sur lui tandis que le parti engrangeait des voix.

En fait, le jusqu'au-boutisme du « clan Philippot » – ne se contentant pas qu'il soit affirmé que les déclarations du président d'honneur n'engageaient que lui mais exigeant sa mise à l'écart du parti qu'il avait contribué à fonder au début de la décennie 1970 – révèle les oppositions sur les questions stratégiques au sein de l'appareil. Cette guerre des clans est attisée par la progression fulgurante de nouveaux venus au détriment de militants

9. Sur les conflits internes au FN, il est possible de consulter les ouvrages suivants : Nicolas Lebourg, Joseph Beauregard, *Dans l'ombre des Le Pen, Une histoire des numéros 2 du FN*, Paris, Nouveau monde éd., 2012 ; Valérie Igounet, *Le Front national de 1972 à nos jours, Le parti, les hommes, les idées*, Paris, Seuil, 2014.

10. Nombre de déçus (comme la figure historique du FN Roger Holeindre) et d'épurés ont rejoint le Parti de la France (Pdf) dirigé par Carl Lang, un ancien secrétaire général du parti.

11. Ifop, *Les Français et l'exclusion de Jean-Marie Le Pen du Front national*, Enquête pour *Le Figaro* (échantillon de 963 personnes), août 2015.

aguerris ayant pu pâtir, dans leur vie amicale et professionnelle, de leur engagement politique et qui se voient écartés des responsabilités et des mandats. En outre, la transformation du ton et des priorités du discours du FN sous l'influence de nouveaux venus (bien après 2002), n'ayant nullement contribué à la construction et à l'émergence du mouvement, froisse les historiques du parti. D'ailleurs, seule la moitié des adhérents ont participé au scrutin interne de juillet 2015 sur la modification des statuts (devant faciliter l'éviction du patriarche), ce qui est un signe de la diffusion de l'aigreur au sein du parti. Il n'y a, cependant, pas eu de scission de grande ampleur et les tentatives de constitutions de listes dissidentes aux régionales de décembre 2015 furent quasiment inexistantes. Par rapport à 1998-1999, la situation s'est inversée : les promoteurs de la scission mégrétiste (du nom de Bruno Mégret alors délégué général du FN) pensaient qu'il était impossible de faire gagner leur parti sans la mettre en œuvre ; presque vingt ans plus tard, ceux qui auraient pu envisager d'en faire une ne pouvaient être motivés que par la volonté inverse, celle d'empêcher le FN de progresser. On ne se fait pas *seppuku*[12] si près du but.

Mais la crise interne de 2015 a peut-être révélé (il s'agit d'une hypothèse) quelque chose de fondamental sur les divergences de vues entre le père et la fille quant à l'objectif du combat politique. Il est couramment affirmé que Jean-Marie Le Pen n'a jamais voulu du pouvoir et qu'il aurait même tout fait pour s'en prémunir.

12. Synonyme de « hara-kiri ».

Or, s'il n'a jamais voulu que le FN s'impose vraiment pour sauver un « système » honni (d'où son parfait désintérêt pour l'enracinement local), c'est peut-être parce qu'il concevait l'engagement électoral comme un simple moyen (parmi d'autres) pour avoir une existence politique et non comme une fin en soi. Il est possible que la véritable fonction du FN ait été, pour lui, civilisationnelle : éveiller les consciences pour, une fois le régime effondré (à l'instar d'une IVe République où, en 1956, une majorité d'électeurs s'étaient prononcés pour des partis qui lui étaient hostiles), recueillir le pouvoir et bâtir alors un « ordre nouveau ». La quintessence du FN ne serait donc pas celle d'un parti gestionnaire (qui, comme les autres, pourrait se discréditer étant donné la gravité de la situation, notamment l'écrasante dette publique) mais d'une force de type révolutionnaire. Après lui, l'homme providentiel devait être… sa fille. La voir se « normaliser » pour devenir un supplétif du « système », la voir comme convertie au mirage de l'exercice bureaucratique du pouvoir a donné au conflit entre eux son caractère pathétique allant bien au-delà du seul drame familial.

La mise sur la touche du patriarche a toutefois permis de débarrasser les opposants au « clan Philippot » de l'accusation infamante de cautionner les « dérapages » du « Menhir ». Les enjeux doctrinaux et stratégiques n'en sont, dès lors, que plus clairs. Pour les uns, le parti ne peut progresser qu'à la condition d'adapter son discours : le FN « historique » serait limité et n'aurait pas la capacité d'augmenter ses résultats électoraux sur la base de ses seuls fondamentaux. Ainsi, le basculement d'électeurs de gauche en sa faveur est-il interprété comme le résultat de l'inflexion sociale de son discours. Pour les autres, la progression du FN s'explique par la rencontre des circonstances historiques et de sa doctrine traditionnelle ; le parti n'aurait donc nullement besoin de transformer son logiciel puisque les faits lui donneraient chaque jour de plus en plus raison. Le comportement des électeurs se prononçant en sa faveur est interprété comme étant éminemment rationnel et non purement utilitariste : tous, tant ceux venant de la gauche (après généralement une période d'abstention, sorte de sas de décontamination) que de la droite, se rallieraient à ses positions classiques sur l'immigration, l'insécurité et la construction européenne. Ce qui brouille la compréhension de cette fracture interne, c'est que, contrairement à ce qui pourrait être pensé, ce sont les premiers (pour simplifier, l'actuelle direction), favorables à la « normalisation », qui espèrent que le FN arrive seul au pouvoir (d'où la quête des transfuges), tandis que ce sont les seconds, plus « orthodoxes », qui souhaitent tisser des alliances tout en cherchant à ce que le FN soit dominant. Jusqu'à la présidentielle de 2017, ces rapports de force ne se modifieront sans doute pas. Mais ils seront susceptibles d'être bouleversés si Marine Le Pen n'arrivait pas à être présente au second tour et à y obtenir au moins un très haut score (au moins 45 % des suffrages).

Changement de contexte et « gauchisation » du FN ?

L'inflexion du discours du néo-FN, plus social et étatiste, a pu déconcerter. Nombre de commentateurs se sont alors engouffrés dans le thème de la « gauchisation » du parti sous la direction de Marine Le Pen. Mais est-ce aussi évident que cela ? Si le FN s'est toujours fait le pourfendeur de la bureaucratie (aspect qu'il semble quelque peu nuancer de nos jours pour ne pas heurter un potentiel électorat de fonctionnaires) et le défenseur de la baisse des charges pesant sur les entreprises, il ne s'était jamais fait le défenseur de l'idéologie libérale prise dans sa globalité. Il ne suffit pas d'être anti-libéral pour être de gauche. Si tel était le cas, le catholicisme social en serait, ce qui n'est assurément pas le cas.

Il semble donc qu'il y ait comme un télescopage chronologique dans l'interprétation de la doctrine du FN car n'est pas pris en compte le changement de contexte historique. Rangé résolument dans le camp de l'Ouest contre celui de l'Est, le FN des années 1980, dénonçant l'accroissement du poids des prélèvements obligatoires, est aujourd'hui interprété comme ayant été philosophiquement libéral alors qu'il était avant tout anticommuniste. Or, depuis l'effondrement du régime soviétique et la généralisation à tous les domaines d'une mondialisation incontrôlée, le front du combat s'est, pour le FN, inversé. Pour ce parti, la défense du service public et la promotion d'un État protecteur est une réponse au sentiment d'abandon de la population rurale et péri-urbaine ;

il ne signifie pas pour autant l'adoption de la solution collectiviste.

Il est cependant certain que le FN développe désormais une rhétorique aux accents jacobins (afin d'intégrer le concert « républicain ») qui est nouvelle. Cela l'a conduit à abandonner certains points de programme sans doute jugés trop « réactionnaires » par l'actuelle direction du parti (chèque-scolaire, salaire maternel, dénonciation ferme des avortements de masse). Dans le fond, si le FN se gauchise, ce n'est pas parce qu'il ne serait plus économiquement libéral (il ne l'a jamais été), mais parce qu'il tend à le devenir sur le plan sociétal. Voilà le FN de nouveau en chasse sur les terres de gauche : tandis que le père avait rallié une partie des électeurs du PC, la fille cherche à conquérir une partie de la clientèle du PS. Dans cette bataille pour récupérer cet électorat, le principal concurrent du FN est, bien entendu, le FdG. Ce dernier est handicapé par deux obstacles : d'une part, la décrédibilisation historique du communisme et, d'autre part, son internationalisme qui heurte les « petites gens » confrontées à l'insécurité culturelle (immigration) et sociale (mondialisation économique). Pour le FN, cette quête a sa limite car elle risque de bloquer le basculement en sa faveur d'une partie de l'électorat de droite qui, pourtant, partage peu avec le centre et beaucoup plus avec lui. L'avenir du FN en tant que parti de gouvernement dépendra de sa capacité à capter, fidéliser et faire cohabiter des électorats aux sensibilités pouvant être dissonantes. C'est en tout cas son objectif.

Un pari « bonapartiste » : entre risque et réalisme

Les politiques qui espèrent un duel contre le FN ont-ils oublié le précédent de 1848, l'écrasante victoire de Louis-Napoléon Bonaparte ? Par la conjonction d'électorats des deux bords, il balaya tous ses adversaires en recueillant près de 75 % des suffrages exprimés représentant plus de 50 % des inscrits[13].

Certes, les circonstances sont différentes et l'histoire ne se renouvelle jamais à l'identique. Il est donc peu probable que le FN obtienne de tels scores et le frontisme du XXIe siècle n'est pas identifiable au bonapartisme du XIXe. Cependant, la coalition des électorats en faveur du FN ressemble fortement à celle qui donna la victoire à Bonaparte. Le vote en sa faveur fut populaire et en réaction aux élites. Il rassembla des électorats disparates voire antagonistes (monarchistes et républicains). Une partie de la droite vota pour Bonaparte par peur du désordre social. Une partie de la gauche le fit parce qu'il avait été l'un des premiers politiques à s'être vraiment intéressé au paupérisme[14] ; elle le fit d'autant plus qu'elle voulut se venger des journées de juin où les républicains modérés avaient fauché la contestation sociale. Le vote bonapartiste se cristallisa sur un nom connu de tous autant qu'en

---

13. Frédéric SALMON, *Atlas électoral de la France, 1848-2001*, Paris, Seuil, 2001. Sur la transformation du régime de la IIe République en IInd Empire, cf. Hervé ROBERT, *Le second Empire, Métamorphose ou reniement* ?, La Roche-sur-Yon, PU de l'ICES, 2011.
14. Louis-Napoléon BONAPARTE, *Extinction du paupérisme*, Paris, Pagnerre, 1844.

faveur d'un programme. Ce fut un vote plutôt rural (aujourd'hui la « France périphérique ») contre le monde urbain (de nos jours les centres mondialisés). Sa répartition géographique fut inégale, mais son aspect massif dans certaines régions compensa son retrait dans d'autres, l'Ouest en particulier. Enfin, le vote bonapartiste s'exprima plutôt dans les territoires les plus déchristianisés où l'émiettement social était susceptible de se ressentir plus qu'ailleurs, où le déracinement et le sentiment de dépossession de soi sont actuellement palpables.

Comparaison n'est pas raison, mais le parallélisme est tout de même significatif. Il concerne les caractéristiques sociales (vote populaire) et géographiques (plutôt l'Est que l'Ouest encore que la Provence qui vote très fortement FN n'avait pas soutenu Bonaparte). Cela regarde aussi les motivations du vote : contre l'insécurité sociale et pour un enracinement culturel. Le FN n'a sans doute pas sciemment bâti sa stratégie sur le modèle bonapartiste. Mais la coïncidence-convergence est troublante. Elle peut, en tout cas, expliquer pourquoi Marine Le Pen fait la sourde oreille aux sirènes (aussi bien internes qu'externes à son parti) lui demandant d'infléchir son discours pour prendre en compte les proximités doctrinales et les porosités partisanes, en un mot pour se focaliser sur la conquête de l'espace politique à droite faisant le pont entre le FN et LR. À l'image du bonapartisme qui était originairement de gauche et glissa sur la droite du spectre politique, le FN mariniste se présente comme n'étant idéologiquement ni de droite ni de gauche.

Or, dans la conjoncture actuelle, ce parti prend un risque réel car il laisse inoccupé un créneau électoral, orphelin depuis l'abandon par la droite de la « ligne Buisson », mais qui ne restera pas éternellement désincarné : une partie des électeurs de droite qui se prononcent en sa faveur faute de mieux sera alors susceptible de s'égailler. Il est vrai que, de manière globale, la droite légitimiste se refusa à Bonaparte tandis que la droite libérale le soutint, orléanisme et bonapartisme communiant dans le même héritage révolutionnaire. Mais aujourd'hui, il n'est pas certain que l'électorat de droite modérée se contente du libéralisme sociétal du néo-FN en oubliant sa tendance à une forme d'étatisme économique et social néo-colbertiste. Le FN n'aurait-il pas plus de cohérence à chercher la captation de l'électorat catholique par une défense de la sociabilité naturelle où les thèmes de la famille, de l'entreprise et de la nation convergent ?

En tout cas, la direction du parti semble persuadée d'être capable de compenser d'éventuelles pertes à droite par des gains à gauche (en particulier dans le Nord et l'Est de la France[15]). Il est vrai qu'aux européennes de 2014, l'électorat du FN de la présidentielle de 2012 ne s'est mobilisé que pour moitié ; pour atteindre son score, près de 25 %, ce parti a donc capté des voix de droite (14 % des électeurs de Nicolas Sarkozy du premier tour de 2012) mais aussi de gauche (7 % venant de Mélenchon et 6 % de Hollande).

---

15. Ifop, *Front du Nord, Front du Sud,* Focus n° 92, août 2013.

L'inflexion du ton du FN vers une forme de dirigisme (sans pour autant aller jusqu'au collectivisme) au détriment de la subsidiarité semble d'une utilité et d'une efficacité relatives. L'électorat de gauche qui le rallie ne le fait pas fondamentalement pour son discours économique. D'ailleurs, celui qui se porta sur Louis-Napoléon n'avait pas été rebuté par un programme en faveur de la famille, de la liberté de l'enseignement, de la propriété privée ou de la diminution des impôts et du nombre des agents publics. Quant au reste de l'électorat de gauche, il demeure hostile au FN parce qu'attaché à une vision internationaliste (mondialisation culturelle, approfondissement de la construction européenne) que ce parti combat. Au final, ce qui semble être le pari « bonapartiste » de Marine Le Pen n'apparaît pas irréaliste (il n'est pas inenvisageable qu'elle gagne la présidentielle) mais il est, dans l'état actuel des choses, encore loin d'être gagné (en particulier dans sa capacité à obtenir une majorité parlementaire pour gouverner).

Chapitre 3

Catholiques en politique : *lobby or not to be*

À partir de l'automne 2012 (et des réunions de Saint-Sulpice), mais surtout en 2013, le mouvement de « La Manif Pour Tous » (LMPT) a réveillé de l'indécision militante « la France bien élevée[1] », peu encline à s'investir dans l'activisme politique.

Le douloureux réveil des catholiques

Mais, à l'occasion de cet engagement, bien des manifestants ont fait une triple découverte.

1. Nombre d'élus, censés les représenter, ne partagent pas leurs convictions profondes sur les mœurs et la bioéthique : sur bien des points, le clivage politique ne passe pas entre la droite et la gauche mais, de manière sinueuse, au sein de la première.
2. Le positionnement sur l'échiquier politique dépend du discours effectivement tenu mais aussi des rapports de force partisans et des représentations symboliques : il est possible d'être considéré comme extrême sans être pour autant extrémiste.

---

1. Gabrielle Cluzel, *Méfiez-vous de la France bien élevée* !, Paris, Mordicus, 2013.

3. Quand elles œuvrent pour la salubrité et la tranquillité publiques, les forces de l'ordre servent d'abord le régime en place : s'il y va de l'intérêt des gouvernants, elles peuvent réprimer des manifestants pacifiques plus violemment que des émeutiers.

Ce constat bien amer a favorisé l'émergence d'une conscience politique. Brimés par la carence du débat public, les manifestants ont accepté, en raison de l'importance de l'enjeu, de mettre leurs spécificités de côté pour assurer l'unité et l'ampleur du rassemblement. Ils ont assumé la cohabitation et le rapprochement de diverses tendances politiques (démocrate-chrétienne, conservatrice, catholique sociale, réactionnaire) et de différentes sensibilités confessionnelles (progressiste et traditionaliste). Cela explique pourquoi aucune de ces tendances ne peut revendiquer et capter à son seul profit l'intégralité de la mobilisation. Pour autant, celle-ci n'a-t-elle été qu'une auberge espagnole ou existe-t-il un dénominateur commun ? Il semble bien que, dans sa globalité, la mouvance LMPT relève typiquement du populisme[2].

Un phénomène de type populiste

Le populisme, néologisme apparu à la fin du XIXe siècle, a d'abord désigné des mouvements politiques russe et américain dont la rhétorique était antilibérale et anti

2. Pour une analyse du populisme, cf. not. Chantal Delsol, *Populisme, Les demeurés de l'histoire*, Paris, Le Rocher, 2015.

élitiste[3]. Par la suite, dans l'entre-deux-guerres, le populisme s'incarna dans un courant littéraire mettant en exergue l'intérêt sociologique et la beauté artistique des mœurs du peuple. Ainsi, loin d'être assimilable à la démagogie, le populisme peut-il être défini comme une préférence pour tout ce qui est propre au peuple auquel on appartient. *Popularis* ne signifie-t-il pas, à la fois, qui émane du peuple et qui lui est dévoué ? De nos jours, les mouvements populistes qui se développent, depuis une vingtaine d'années, en Europe et aux États-Unis, mettent l'accent, d'une part, sur la déconnexion entre l'idéologie officielle « politiquement correcte » et la vie sociale réelle et, d'autre part, sur l'influence disproportionnée de certains *lobbys* sur le pouvoir. Le populisme réintroduit donc dans le débat politique l'antique distinction, pouvant dégénérer en opposition, entre légitimité et légalité.

Or, quatre éléments typiques du populisme caractérisent le mouvement LMPT :

1. du point de vue de l'action politique, il s'est constitué à partir de la base, indépendamment (malgré les tentatives de récupération politique) et en opposition à certaines élites, en particulier intellectuelles ;
2. du point de vue des mécanismes institutionnels, il a été amené à revendiquer l'exercice de la souveraineté populaire (référendum) contre la démocratie

3. Jean-Pierre Deschodt, « Un curieux mouvement semi-socialiste », in *Populismes, l'envers de la démocratie,* Marie-Claude Esposito, Alain Laquièze, Christine Manigand, dir., Paris, Vendémiaire, 2012, p. 35-43.

représentative, le risque d'une discordance entre gouvernés et gouvernants étant devenu flagrant ;
3. du point de vue de la sociabilité, il s'est fait le défenseur de l'identité du corps social en tant qu'il est un tout contre la juxtaposition d'identités partielles voire communautaristes ; sans formation philosophique nécessairement précise, les manifestants se sont, instinctivement, faits les partisans de la sociabilité naturelle qui veut, contre le contractualisme, que les corps sociaux (comme la famille) existent en eux-mêmes et donc que la volonté des personnes (l'engagement matrimonial, par exemple) serve à s'y inscrire et non à les créer artificiellement ;
4. du point de vue de la fonction programmatique, il a agi pour la protection de celui qui, dans une relation d'altérité, est le plus faible, pour la défense de la dignité de la personne contre sa chosification. De même que le populisme économique milite pour la protection de la main-d'œuvre dans les relations du travail, le mouvement LMPT ne s'est pas levé contre des individus (les homosexuels) mais pour la défense de l'enfant face à certains désirs désordonnés d'adultes.

À l'évidence, la nature populiste de ce mouvement a échappé tant aux pouvoirs publics qu'aux formations partisanes. Sur la base d'une interprétation légaliste de la politique, ils ont réduit cette mobilisation à une « émotion cléricale » (selon l'expression de Jean-Pierre Deschodt) ; ils se sont persuadés qu'elle ne pouvait pas – sans le mot d'ordre d'une autorité supérieure, en l'occurrence ecclésiastique – s'amplifier entre janvier et mars 2013, perdurer ensuite et même se renouveler (les Veilleurs et les Sentinelles[4]). En la réduisant à une « panique morale », ils n'ont pas compris que le mouvement LMPT était une manifestation de la « révolution conservatrice » (anti Mai 1968) qui dénonce, par exemple, les méfaits du féminisme[5] et qui gagne les esprits[6]. Si les catholiques ont constitué l'essentiel des manifestants, la mobilisation est allée bien au-delà des pratiquants[7]. L'audience des idées souvent qualifiées de « conservatrices » dépasse un milieu sociologiquement déterminé par sa tradition religieuse. La Manif pour tous (au sens large) a traduit la suspicion d'une partie grandissante de l'opinion publique envers les évolutions libertaires sur les questions de mœurs et de bioéthique. Il faut cependant noter que l'ampleur de ce mouvement (en comparaison des mobilisations restreintes contre l'avortement à l'occasion de la « Marche pour la vie ») a révélé une forme d'hypocrisie bourgeoise : un avortement peut être socialement

---

4. Raphaël Stainville, Vincent Trémolet de Villers, *Et la France se réveilla, Enquête sur la révolution des valeurs*, Paris, Toucan, 2013 ; Henrik Lindell, *Les veilleurs, Enquête sur une résistance*, Paris, Salvator, 2014.
5. Eugénie Bastié, *Adieu mademoiselle, La défaite des femmes*, Paris, Cerf, 2016 ; Gabrielle Cluzel, *Adieu Simone !, Les dernières heures du féminisme*, Paris, Le Centurion, 2016.
6. Gaël Brustier, *Le mai 68 conservateur, Que restera-t-il de La manif pour tous ?*, Paris, Cerf, 2014.
7. Ifop, *L'audience de la Manif pour tous*, Enquête pour *Atlantico* (échantillon de 1 004 personnes), octobre 2014, p. 5 : presque un tiers des Français se sont dits proches des valeurs et idées défendues par LMPT (31 %), c'est-à-dire plus du double du poids électoral théorique que représentent les catholiques pratiquants réguliers dans le corps électoral global.

dissimulé tandis qu'un mariage homosexuel doit être assumé publiquement. En tout cas, ces manifestants ne se firent pas les parangons d'un jugement moralisateur, expression d'un augustinisme politique qui fait absorber le temporel par le spirituel sous prétexte de la supériorité des enjeux du second sur les premiers. Ils prirent la défense de principes de droit naturel (classique) qui, s'ils peuvent être confirmés par la théologie, n'en relèvent pas moins, d'abord, de la philosophie.

Confinées dans une vision matérialiste du lien social, les élites politiques ont assimilé cet engagement à une « peur bourgeoise » devant naturellement s'éteindre soit en raison de nécessités financières (coût des déplacements), soit par le biais d'un compromis politique (recul gouvernemental sur les questions de PMA et de GPA). Or, si ce sont les classes moyennes qui ont fourni le gros des bataillons, la mobilisation n'en était pas moins « transclassiste » et l'incarnation du tissu social réel.

Le piège de l'entrisme

C'est parce qu'il a correspondu à l'exaspération et au besoin d'action des « gens normaux » que le mouvement LMPT a émergé. C'est en restant enraciné dans le peuple qu'il aurait pu se maintenir et progresser. La capacité de LMPT à se développer dépendait non seulement de son refus de toute compromission avec l'ensemble des partis politiques, mais aussi de sa transformation en un *lobby*.

Or, s'imaginer qu'il était plus facile d'obtenir la reconnaissance de ses revendications en intégrant un parti, c'était méconnaître le fonctionnement cynique de la vie politique. Hormis le cas de peu de personnalités (nationales ou locales), un candidat a besoin, pour être élu, d'une étiquette. Dans un scrutin de liste, un parti a d'ailleurs intérêt à rassembler des représentants des différents segments politiques pour capter plusieurs types d'électeurs. Mais, une fois le mandat obtenu, le « piège » se referme. Car, pour être réélu, il est nécessaire d'obtenir à nouveau l'investiture du parti : celle-ci n'est alors accordée que dans la mesure où un bémol est mis aux idées considérées à tort ou à raison comme trop « clivantes ».

L'unité et la dynamique de LMPT ont été en grande partie ruinées sinon par l'ambition du moins par la naïveté de certains de ses cadres et militants qui ont cru de bonne stratégie de faire de l'entrisme (Sens commun) dans un parti politique (Les Républicains). Vu le nombre restreint d'investitures et infinitésimal d'élus obtenus, vu surtout les reniements qu'ils ont dû accepter au nom de la discipline de vote (par exemple sur le « pass contraception » dans le budget des régions), l'échec est patent. C'est peut-être cette amère constatation qui a conduit la direction de Sens commun à se lancer à corps perdu (en oubliant les engagements de « la droite que nous voulons » qui ne devait faire aucun compromis sur les valeurs) dans les combinaisons politiciennes : soutenir un supposé présidentiable (François Fillon) en délaissant un « candidat de témoignage » (Jean-Frédéric Poisson). Du slogan « On ne lâche rien » de LMPT, certains dirigeants de ce parti n'en sont arrivés qu'à être « lâches pour rien ». Car que peut, en 2017, espérer leur organisation ? Une poignée de circonscriptions législatives (moins de dix sur 577) et un éventuel portefeuille ministériel noyé dans une équipe gouvernementale ne partageant globalement pas les mêmes orientations. Pour peser, cela va être compliqué... Reste que, en dehors de ce naufrage, LMPT a été le témoignage d'une résurrection politique des catholiques.

Le tropisme droitier des catholiques

Cependant, les catholiques peuvent-ils être une force capable d'influencer la politique[8] ? La question peut paraître déplacée pour la France, pays de tradition catholique s'il en est. Et pourtant, la sociologie électorale conduit à une certaine circonspection[9].

L'électorat catholique présente deux faiblesses. Si 90 % des Français se déclaraient catholiques en 1905, ils étaient 80 % au milieu des années 1960 pour n'être plus que 64 % en 2010. Les messalisants (c'est-à-dire les catholiques assistant chaque semaine à la messe dominicale) étaient encore 20 % de la population au début des années 1970 ; ils sont environ 5 % aujourd'hui. Il est généralement estimé que les catholiques pratiquants

8. Pour des enquêtes récentes, cf. Marc Baudriller, *Les réseaux cathos, Politique, société, économie, culture*, Paris, Robert Laffont, 2011 ; Yann Raison du Cleuziou, *Qui sont les cathos aujourd'hui ?*, Paris, DDB, 2014.

9. Guillaume Bernard, « Une exigence politique : questions sociétales et enjeux électoraux », in *Le mariage et la loi : Protéger l'enfant*, sous la dir. de G. Drago, Ch. Eoche-Duval, G. de Vries, Paris, Institut Famille & République, 2016, p. 133-144.

(ceux qui assistent une fois par mois à la messe) représentent un peu moins de 15 % du corps électoral. Numériquement, les catholiques quelque peu engagés sont, désormais, en France une minorité politique[10].

Mais surtout, la faiblesse politique des catholiques vient de ce que leur vote est extrêmement prévisible : il est, *a priori*, déterminé. En effet, parmi les facteurs explicatifs du vote, l'attachement aux valeurs morales et l'enracinement culturel sont sans doute parmi les plus prégnants. Alors que le comportement électoral des catholiques non-pratiquants est quasiment identique à celui du reste de la population, les catholiques pratiquants votent très nettement plus à droite que la moyenne nationale, leur centre de gravité se situant au sein de la droite modérée. Seul un quart des catholiques pratiquants réguliers et un tiers des occasionnels se disent proches de la gauche modérée. À l'inverse, ceux des électeurs qui se définissent comme sans religion ainsi que les musulmans[11] préfèrent massivement la gauche : ils ont été respectivement 70 et 86 % à voter pour François Hollande au second tour de la présidentielle de 2012 (soit 18 et 34 points de plus que le score national du candidat du PS). Les partis politiques ne craignent donc pas les catholiques en général et les pratiquants en particulier.

---

10. Jérôme Fourquet, Hervé Le Bras, *La religion dévoilée, Nouvelle géographie du catholicisme*, préf. d'E. Todd, Paris, Fondation Jean Jaurès, 2014 ; Ifop, *Qui sont les catholiques aujourd'hui ?*, Enquête pour *Pèlerin magazine* (échantillon de 2 450 personnes), avril 2015.

11. Ifop, *Le vote des musulmans à l'élection présidentielle*, Focus n° 88, juillet 2013.

Pour la gauche, ils ne sont que des rétrogrades minoritaires. Pour la droite, ils sont un électorat acquis envers lequel il n'est nul besoin de tenir d'éventuelles promesses pour obtenir ses suffrages.

S'il est une minorité, l'électorat catholique pratiquant est cependant indispensable à l'une des forces politiques de droite pour l'emporter ; il ne fait pas l'élection à lui seul mais il peut empêcher la victoire s'il fait défaut. C'est sous cet angle que les catholiques peuvent avoir encore un poids électoral non négligeable. Or, il commence à se libérer de son déterminisme sociologique. Alors qu'il a longtemps été réfractaire au FN, l'électorat catholique pratiquant se radicalise et vote de plus en plus pour cette formation. Si moins de 5 % des catholiques pratiquants votaient FN dans les années 1990, ils sont maintenant 20 %, score qui est encore inférieur aux résultats nationaux de ce parti[12]. La droitisation des catholiques pratiquants est encore plus nette parmi les moins de 35 ans[13]. La conscience de ces jeunes d'appartenir à une minorité et leur engagement catholique par choix et non par simple habitude fait d'eux un électorat aux tendances plus identitaires que chez leurs aînés ; le discours du FN trouve donc parmi eux plus d'écho.

De manière générale, l'électorat de droite est moins libéral que celui de gauche, les catholiques pratiquants étant les moins libéraux de tous les électeurs. Or, il est

12. Ifop, *Le vote des catholiques aux élections européennes*, Enquête pour *La Croix* (échantillon de 3 373 personnes), mai 2014.

13. Ifop, *Le vote des catholiques au premier tour de l'élection présidentielle*, Enquête pour la *Fondation de service politique* et *Famille Chrétienne* (échantillon de 3 007 personnes), avril 2012.

possible d'observer, depuis quelques années, un durcissement de leurs positions sociétales[14]. Entre 2009 et 2014, la proportion des catholiques pratiquants considérant que l'Église doit défendre et affirmer ses valeurs même si elles sont en décalage avec les changements sociétaux a progressé de 5 points pour ce qui concerne l'homosexualité, de 9 points pour la contraception et de 18 points pour l'avortement[15]. Il y a, là, une dynamique qui illustre le « mouvement dextrogyre ». Plus ferme dans ses positions, cet électorat est de plus en plus susceptible de varier en fonction de l'offre politique.

Au final, que peuvent espérer faire les catholiques dans le cadre des élections ? Ne pouvant emporter à eux seuls un scrutin, ils sont en mesure de le faire basculer. Ils ne peuvent espérer peser sur la politique qu'à la condition de devenir un électorat flottant, c'est-à-dire susceptible de changer sa participation (vote ou abstention) ainsi que son bulletin (blanc ou exprimé) en fonction des enjeux (circonstances) et de l'offre (candidats, programmes). Leur poids ne sera pris en considération que le jour où de possibles faux « amis » ne seront plus certains d'obtenir leurs suffrages sous prétexte d'un « ennemi » commun.

14. Ifop, *La position souhaitée de l'Église catholique sur différents sujets*, Enquête pour *Sud Ouest dimanche* (échantillon de 1 556 personnes), mars 2013.

15. Ifop, *Les catholiques aujourd'hui*, Enquête pour *Atlantico* (échantillon de 1 761 personnes), octobre 2014.

La porte étroite d'un combat

Mais, outre leur faiblesse électorale, les catholiques doivent être également conscients de leur division idéologique. À moins de préconiser l'augustinisme politique (pouvant être tout aussi progressiste que conservateur), les divisions politiques entre catholiques sont, d'une certaine manière, inéluctables. Or, il arrive que ces dissonances se transforment en hostilité voire en haine lorsqu'elles sont faussement pensées comme étant de nature religieuse alors qu'elles ne s'appuient que sur des divergences d'ordre philosophique. Les quasi-anathèmes lancés par les « purs » contre les « tièdes » ou les « ouverts » contre les « fermés » lors, par exemple, des mobilisations contre des spectacles anti-chrétiens (comme la pièce de Romeo Castellucci, *Sur le concept du visage du Fils de Dieu,* à l'hiver 2011-2012) sont révélateurs de cet état d'esprit confondant loi morale et droit naturel.

La pratique d'une même religion ne conduit pas à une pensée politique unique. La supériorité (en raison de sa finalité plus haute) du spirituel ne fait pas disparaître le temporel; dans l'ordre naturel des choses, le politique dispose de sa propre légitimité. Il existe nombre de questions politiques qui ne sont en rien conditionnées par la foi et ne sont pas tranchées par le dogme. Elles sont donc susceptibles d'être disputées entre catholiques. Le principe de subsidiarité exclut que soit fixée, *a priori* et de manière définitive, la répartition des compétences entre les corps sociaux. De même, le régime politique n'est, du point de vue catholique, qu'un moyen destiné à la réalisation du bien commun : en fonction des lieux ou des temps, sa légitimité est donc susceptible de varier. Si, pour certains enjeux, l'adhésion à la position de l'Église est indispensable pour être pleinement catholique (par exemple la protection de l'innocence et donc le refus de l'avortement), d'autres problèmes (comme celui de la peine de mort) sont laissés à la prudente appréciation du fidèle. Pour ces dernières questions, ceux qui chercheraient à imposer leur position à leurs frères dans la foi par un *diktat* religieux, et non à les en persuader par une argumentation rationnelle, confondent les domaines spirituel et temporel.

Par conséquent, des mesures politiques peuvent être compatibles avec le catholicisme tandis que d'autres ne le sont pas. Mais, il n'existe pas de programme politique (global) catholique. Un parti catho est, au mieux, un fantasme, au pire, une escroquerie. La politique, art du possible, ne relève pas du manichéisme ; elle ne consiste pas à choisir entre le bien et le mal, mais à établir des préférences (hiérarchie des enjeux, ordre des priorités). Ainsi, même si elles occupent une place éminemment importante, les questions de mœurs et de bioéthique ne sont-elles pas toute la politique. Se focaliser sur elles, en ignorant les autres tensions, en particulier culturelles, qui traversent la société et frappent les plus faibles, notamment économiquement, de ses concitoyens, ne permet-il pas de se donner bonne conscience à moindres frais ?

Se résigner à être plus craints qu'aimés

Les catholiques doivent humblement admettre que, d'une part, ils peuvent être divisés sur certaines questions et que, d'autre part, ils ne sauraient réduire la politique aux seuls enjeux qui les unissent. Cependant, ils peuvent sérieusement envisager d'influencer la politique en faisant l'effort de s'organiser en authentiques et professionnels groupes de pression thématiques. Indépendamment de leurs possibles préférences partisanes, cela permettrait aux catholiques de s'accorder ensemble (et avec d'autres) sur des questions précises pour œuvrer, en catholiques, au bien commun.

S'ils veulent investir le champ politique, les catholiques doivent psychologiquement intégrer le fait que les hommes politiques professionnels ne respectent que la force pouvant leur porter préjudice. Leur déception voire leur exaspération, malgré des mobilisations de masse, n'auront aucun impact s'ils restent un électorat captif.

Même s'il est préférable d'être aimé plutôt que craint, les catholiques ne doivent pas répugner à mettre un moyen efficace au service de leurs valeurs en s'organisant en *lobbys* n'ayant strictement aucun état d'âme électoral : tous les partis sans exclusive sont, à la fois, des interlocuteurs et des cibles. S'ils réussissent à convaincre le personnel politique, tant mieux. Mais s'ils n'y parviennent pas, ils doivent être prêts à s'imposer en devenant un électorat flottant apportant soutien ou faisant défection en masse. Sans cela, leur combat sera voué à l'échec car leurs principes apparaîtront comme toujours négociables.

Chapitre 4
La fin d'un monde : le mouvement dextrogyre

Au brouillage des repères idéologiques s'ajoute une défiance croissante envers les élites. Comment le paysage politique français est-il en train d'évoluer ? Analyser les forces politiques suppose de combiner deux plans : d'une part, le positionnement des partis les uns vis-à-vis des autres et, d'autre part, les enjeux doctrinaux. Aucune organisation politique n'existe indépendamment des autres ; elle est inscrite dans un jeu d'interactions produit par différents facteurs comme la confrontation des idées, les mouvements sociaux ou encore l'impact des modes de scrutin. La décrédibilisation des uns (promesses électorales non tenues, échec d'une mesure) profite aux autres et entraîne généralement l'alternance.

La redéfinition récurrente du clivage droite-gauche

L'habitude a été prise d'analyser la vie politique[1] selon le clivage droite-gauche. Celui-ci s'est cristallisé, dans le contexte de l'affrontement Est-Ouest, avec la Ve République, sous l'influence du mode de scrutin

1. Jean-François Sirinelli, dir., *Dictionnaire historique de la vie politique française au XXe siècle*, Paris, PUF, 2003.

présidentiel (suffrage universel direct, élection où ne peuvent être présents au second tour que deux candidats) et du phénomène majoritaire législatif concomitant (le président de la République nouvellement élu obtient une majorité à son service à l'Assemblée nationale)[2]. La détermination de la frontière entre les deux camps avait été, sous les régimes parlementaires des IIIe et IVe Républiques, plus floue : les modérés étaient plus susceptibles de gouverner ensemble que de s'allier avec les extrêmes de leurs camps. Cependant, la distinction de la droite et de la gauche s'émousse graduellement dans l'opinion publique depuis le milieu de la décennie 1980 : une majorité de Français ne fait plus confiance ni à la droite ni à la gauche pour gouverner, ce qui conduit à considérer le clivage comme dépassé. Pour autant, ce système de classement est psychologiquement intégré par les électeurs puisque, très majoritairement, ils acceptent toujours de se positionner à droite ou à gauche. Comment expliquer ce qui semble être une incohérence ?

Cela tient au fait que le critère utilisé pour distinguer les deux camps n'est plus efficient. Il est vrai que les lignes de fracture dans le système partisan ont évolué[3]. Au XIXe siècle (jusqu'à la mise en place de la IIIe République

---

2. Pour un ouvrage de droit constitutionnel récent : Bertrand PAUVERT, *Droit constitutionnel*, Levallois-Perret, Studyrama, 6e éd., 2015.
3. Sur cette question, il sera permis de renvoyer à notre étude : Guillaume BERNARD, « Un clivage pertinent ?, Permanences et évolutions de la droite et de la gauche », in *Les forces politiques françaises*, Guillaume BERNARD, Éric DUQUESNOY, dir., Paris, PUF, 2007, p. 197-218.

entre 1875 et 1879), le régime politique permettait de distinguer la droite (favorable à un exécutif fort) et la gauche (partisane d'un régime parlementaire). Au XXe siècle (jusqu'à la fin des Trente glorieuses dans le milieu des années 1970), l'étendue de la fonction de la puissance publique a servi de curseur, la droite limitant le rôle de l'État aux fonctions régaliennes tandis que la gauche favorisait son intervention économique et sociale.

Or, depuis une trentaine d'années, les forces communistes se sont effondrées tandis que le parti socialiste a, officieusement, fait son Bad-Godesberg (le congrès du parti social-démocrate allemand qui adhère officiellement à l'économie de marché et à la démocratie représentative). Le critère économique n'est donc plus significatif pour distinguer droite et gauche : entre le socialisme et le libéralisme (en passant par la social-démocratie et le social-libéralisme), les différences sont plus de degré que de nature. Libéralisme et socialisme reposent tous deux sur la même hypothèse (moderne) du pacte social, le premier affirmant que les individus doivent avoir la priorité parce que, sans eux, il n'y aurait pas de société, le second considérant que cette dernière, constituée par l'addition des individus, doit l'emporter sur ceux-ci puisque le tout est plus grand que les parties.

C'est désormais dans un autre domaine que droite et gauche peuvent être véritablement distinguées : dans la lignée de Mai 1968, elles s'opposent sur les questions identitaires (immigration, multiculturalisme) et civilisationnelles (mœurs, bioéthique). Ainsi les corps sociaux sont-ils des manifestations d'un ordre naturel des choses supérieur à l'homme (position classique) ou des constructions artificielles produites exclusivement par la volonté humaine (vision moderne) ? L'affrontement entre ces deux philosophies – le réalisme et l'idéalisme –, que d'aucuns auraient pu croire dépassé et relégué aux oubliettes de l'histoire, est de nouveau crucial.

L'aporie du « ni droite ni gauche »

La ligne de fracture du clivage droite-gauche a évolué par le passé ; elle a encore muté depuis la décennie 1990 (chute du régime soviétique, approfondissement du mondialisme, nouvelle émergence d'un islamisme conquérant). Par conséquent, dire que cette distinction n'existerait plus, c'est feindre de croire qu'il ne peut être fondé que sur une référence économique. Or, puisque l'essentiel de la gauche s'est rallié au marché[4], le clivage s'est sous cet angle évidemment émoussé. Mais il persiste sur la base d'un autre enjeu : l'alternative philosophique entre les sociabilités naturelle et artificielle. Or, celle-ci concerne aussi bien l'Europe ou la nation que la famille. Focaliser le débat politique sur l'opposition (très réelle) entre souverainisme et mondialisme, comme essaye de le faire le FN, relève sans doute de la stratégie politique : essayer de rassembler à son profit le camp disparate du « non » au référendum de 2005. Mais c'est aussi prendre le risque de l'incohérence du discours quand sont développées, de concert, des positions plutôt classiques en

4. Sur les valeurs défendues par les personnes s'auto-situant à gauche : cf. Ifop, *Être de gauche aujourd'hui*, Enquête pour *L'Humanité* (échantillon de 868 personnes), septembre 2015.

matière d'ordre public (immigration) et modernes, en l'occurrence libérales, dans le domaine de l'ordre social (bioéthique).

Si le slogan « ni droite ni gauche » s'applique au spectre électoral, il est assez facile d'en comprendre le sens : le rejet des partis politiques traditionnels qui ont dirigé (alternativement ou en cohabitation) le pays depuis plusieurs décennies tout en cherchant à mettre hors-jeu le FN. En revanche, si cette expression est appliquée à la doctrine ou au programme, elle est plus qu'ambiguë. Comment un parti peut-il renoncer à incarner et occuper un espace politique précis ? Comment peut-il se définir non par lui-même (la « vraie » droite par exemple, ou la droite nationale) mais par rapport aux autres et de manière purement négative ? La formule pourrait être très contre-productive pour lui si le FN laissait inoccupé l'espace politique faisant le pont entre lui et LR.

L'inversion du sinistrisme

Quand René Rémond publia son célèbre ouvrage sur *La droite française* en 1954[5], les trois courants qu'il avait identifiés (droites contre-révolutionnaire, bonapartiste

5. René Rémond, *La droite française de 1815 à nos jours, Continuité et diversité d'une tradition politique*, Paris, Aubier, 1954 ; réédition enrichie avec un titre passé au pluriel : *Les droites en France*, Paris, Aubier, 4e éd., 1982. Plus récemment encore, René Rémond est revenu sur les critiques adressées à sa thèse et sur son actualité (*Les droites aujourd'hui*, Paris, Seuil, 2007). Cf. égal. Jean-François Sirinelli, dir., *Histoire des droites en France*, Paris, Gallimard, 1992, 3 vol.

et orléaniste[6]) étaient effectivement classés à droite : le contexte de l'affrontement Est-Ouest faisait de l'orléano-libéralisme un courant à droite dans le spectre politique ; de même l'impuissance de la IVe République (qui devait en théorie rompre avec le régime d'assemblée de la IIIe mais, en pratique, le continuait[7]), plaçait aussi le bonaparto-gaullisme dans le camp de droite. Cependant, le fait que l'orléanisme[8] et le bonapartisme[9] aient fini par être considérés comme des courants classés à droite ne suffit pas, comme l'ont expliqué Frédéric Bluche et Stéphane Rials, pour faire d'eux des forces ontologiquement de droite[10]. À leur origine, ils incarnaient des centres qui ont peu à peu glissé vers la droite : le bonapartisme était un centre par synthèse (des idées révolutionnaires et conservatrices), l'orléanisme était un centre par rejet des extrêmes (républicains et légitimistes[11]).

---

6. La plus connue des classifications de la droite est celle de René Rémond. Des travaux du Cevipof (le centre de recherche sur la vie politique française de Sciences-Po Paris) utilisent la répartition suivante : droite religieuse, droite protestataire, droite libérale. Sur les différents courants de la gauche, l'ouvrage d'envergure le plus récent est celui de Jacques JULLIARD, *Les gauches françaises, Histoire, politique et imaginaire, 1762-2012*, Paris, Flammarion, 2012 : cet auteur distingue quatre gauches : libérale, jacobine, collectiviste et libertaire.
7. Pascal CAUCHY, *La IVe République*, Paris, PUF, 2004.
8. Hervé ROBERT, *L'orléanisme*, Paris, PUF, 1992.
9. Thierry LENTZ, *Napoléon et la France*, Paris, Vendémiaire, 2015.
10. Frédéric BLUCHE, Stéphane RIALS, « Fausses droites, centres morts et vrais modérés dans la vie politique française contemporaine », in *RRJ*, 1983-3, repris in Stéphane RIALS, *Révolution et contre-révolution au XIXe siècle*, Paris, DUC, 1987.
11. Stéphane RIALS, *Le légitimisme*, Paris, PUF, 1983.

Ainsi, depuis la Révolution, la vie politique française a-t-elle été marquée par le mouvement sinistrogyre (Albert Thibaudet[12]) : les nouveaux courants sont venus par la gauche de l'échiquier politique et ont repoussé sur la droite ceux qui étaient nés antérieurement. Ainsi, le libéralisme est-il passé de gauche (au XVIIIe siècle) à droite (au XXe siècle) après avoir incarné le centre (au XIXe siècle). Le même phénomène peut être illustré par l'évolution du radical-socialisme, au cours de la IIIe République, qui est passé de l'extrême gauche au centre gauche. Pendant deux siècles, la gauche a donc, petit à petit, intellectuellement colonisé presque toute la droite (à l'exception de son courant réactionnaire) ; elle lui a imposé ses références et l'essentiel de ses valeurs.

Cependant, l'expansion des idées de gauche a connu un arrêt brutal. Désormais, c'est par la droite que vient la pression politique, ce que j'ai proposé d'appeler le « mouvement dextrogyre[13] ». Il est né de la conjonction de plusieurs facteurs à partir de la décennie 1990. L'événement fondateur a été l'effondrement du régime

---

12. Albert Thibaudet, *Les idées politiques de la France*, Paris, Stock, 1932.

13. C'est dans le cadre de deux papiers de novembre 2012 que j'ai commencé à définir cette notion : *directmatin.fr* (20 novembre 2012) et *leplus.nouvelobs.com* (28 novembre 2012). Je l'ai ensuite reprise dans deux tribunes publiées dans *Valeurs actuelles* (24 janvier 2013) et *Le Figaro* (30 octobre 2013). J'ai eu l'occasion d'en développer l'analyse dans la revue de l'UMP (qu'il faut remercier d'avoir accueilli un point de vue extérieur à ce parti) : Guillaume Bernard, « Entre crise idéologique et recomposition du système partisan : le mouvement dextrogyre », in *Le mouvement des idées*, octobre 2014, 8, p. 121-127.

collectiviste soviétique. C'est à la même époque que commença à se développer l'euroscepticisme à l'occasion, notamment, du référendum sur le traité de Maastricht en 1992. Ensuite, le 11 septembre (et la multiplication des attentats islamistes et des massacres de chrétiens) a été cristallisateur : il a conduit la droite à substituer un ennemi à un autre, à remplacer l'anticommunisme par l'anti-islamisme. Enfin, la révélation de l'impuissance à contrôler la mondialisation, aussi bien financière que migratoire, favorise l'accélération du processus.

Le « dextrisme » consiste dans un double mouvement : d'une part, du point de vue électoral, l'opinion publique se droitise et, d'autre part, du point de vue idéologique, la marche des idées s'est inversée c'est-à-dire que la pression des idées ne vient plus par la gauche (comme ce fut le cas pendant deux siècles depuis la Révolution) mais par la droite. Les idées de droite (comme l'enracinement identitaire ou la défense de la famille traditionnelle), qui jusqu'à présent avaient été comprimées par le sinistrisme, se redéploient, regagnent du terrain et repoussent vers la gauche les idées qui occupaient son espace politique. Bien entendu, l'influence intellectuelle et médiatique de la gauche n'a pas disparu, comme en témoignent les récentes offensives de l'idéologie du *gender*. Il est impossible de revenir du jour au lendemain sur plusieurs décennies d'abandon du terrain des idées (bien des hommes de droite ne connaissaient sans doute pas les travaux d'Antonio Gramsci sur la prise du pouvoir politique par la domination culturelle...). Cependant, la droite n'a plus honte d'elle-même. Qui plus est :

l'innovation intellectuelle et / ou la poussée électorale viennent par la droite.

Aux États-Unis, il y a eu l'apparition du très disparate *Tea party*[14] et, plus récemment, le phénomène Donald Trump[15]. En Europe, cela se manifeste, en particulier, par la montée des populismes (chacun étant, naturellement, propre à chaque tradition et spécificité nationale). Cela ne signifie nullement que le « mouvement dextrogyre » soit le monopole de la droite radicale : il l'englobe tout en la dépassant (« ligne Buisson », mouvement de « La Manif Pour Tous »). En France, le « mouvement dextrogyre » se manifeste par la conjonction de plusieurs phénomènes :

– la « dédiabolisation » (voire la normalisation) du FN dont la progression en pourcentage et en nombre de voix est flagrante, surtout depuis 2012 ;

– la droitisation d'une part importante de la droite modérée (qui désormais se dit « décomplexée ») ; cela s'est manifesté par la victoire de la motion de la « droite forte » lors des élections internes de l'automne 2012 ;

– le balancement d'une partie du centre (MoDem) vers la gauche, du moins à certaines occasions (comme le second tour de la présidentielle de 2012) ;

14. Aurélie Godet, *Le Tea party, Portrait d'une Amérique désorientée*, Paris, Vendémiaire, 2012 ; Évelyne Joslain, *Tea party, L'Amérique à la reconquête de ses libertés*, Paris, Picollec, 2012.

15. Évelyne Joslain, *Trump, Pour le meilleur et pour le pire*, Paris, Presse de la délivrance, 2016 ; André Bercoff, *Donald Trump, Les raisons de la colère*, Paris, First, 2016.

– l'écartèlement de la mouvance social-démocrate, au PS en particulier, entre le socialisme (les Frondeurs) et le social-libéralisme ;
– l'étiolement des forces communistes qui ne doivent leur survie électorale qu'à des alliances en fonction des enjeux (quasi-absorption dans le Front de gauche ou constitution de listes communes avec le PS pour les municipales de 2014) ;
– ou encore l'incapacité de l'extrême gauche et des écologistes à profiter de l'impuissance du gouvernement socialiste.

Le repositionnement des hommes et des idées

Qu'ils en approuvent ou non les conséquences, le « mouvement dextrogyre » met les hommes politiques devant une alternative : adapter leurs programmes pour maintenir leur créneau électoral sur l'échiquier politique ou accepter de glisser sur leur gauche s'ils entendent maintenir leur discours. Cela est naturellement vrai pour les politiques classés à droite : la « ligne Buisson » par essence et les campagnes présidentielles de Nicolas Sarkozy en 2007 et, *in extremis*, en 2012 illustrent la première option ; les actuelles stratégies d'Alain Juppé ou de François Fillon incarnent la seconde. Mais, ceux de gauche sont, eux aussi, rattrapés par le déplacement des idées : l'évolution du discours des ténors du PS (François Hollande, Manuel Valls et Emmanuel Macron en tête) vers le social-libéralisme illustre le « mouvement dextrogyre ».

Les doctrines se repositionnent lentement sur l'échiquier politique. D'une part, les concepts venus de la gauche sont en train d'y retourner, dégageant ainsi de l'espace politique pour les idées ontologiquement de droite. Alors qu'il était devenu omniprésent à droite par opposition au collectivisme soviétique, le libéralisme glisse de nouveau, mais cette fois-ci de droite vers la gauche. Le voilà en passe de retrouver son unité idéologique[16] : le libéralisme économique, classé à droite, rejoint le libéralisme sociétal de gauche, tous deux reposant sur l'idée qu'il n'existe aucune valeur en soi mais uniquement sur la base d'une convention. D'autre part, comme l'horizon de la marche des idées s'est inversé, les tendances politiques qui, par le passé, se sont affrontées peuvent désormais s'entendre : c'est le cas du gaullisme et du nationalisme qui, longtemps en conflit, se rejoignent aujourd'hui dans le souverainisme.

Restent cependant des incompatibilités doctrinales fortes entre les différents courants de droite. Il est cependant possible de trouver un *modus vivendi* ne serait-ce que sur certaines mesures concrètes : la liberté de l'enseignement peut être justifiée soit par la défense de l'initiative privée soit par le principe de subsidiarité. Il est cependant certain qu'un tel exercice connaît ses limites en particulier sur les questions sociétales. Pour l'heure, un certain nombre d'idées produites en raison

16. Jean-Claude Michéa, *Les mystères de la gauche, De l'idéal des Lumières au triomphe du capitalisme absolu* [2013], Paris, Flammarion, 2014.

du « mouvement dextrogyre » sont encore hybrides. Elles sont le résultat d'une juxtaposition ou d'une combinaison des philosophies politiques classique et moderne. C'est ainsi que peuvent cohabiter des idées plutôt réactionnaires favorables à la défense de l'identité collective (conçue comme un tout) et d'autres plutôt progressistes relatives à la sauvegarde des libertés individuelles. C'est dans ce contexte que la laïcité, élaborée à l'origine comme une arme contre l'identité traditionnelle de la France et l'enracinement social du catholicisme, a pu être repensée (et retournée) comme un argument contre le multiculturalisme.

Vers une recomposition du système partisan

Parce qu'elle s'est constituée par sédimentation sous pression du sinistrisme, la droite est composite. Il y a, classés à droite, deux courants, l'un classique, l'autre moderne. La droite moderne, comme la gauche, fonde son discours sur la théorie du contractualisme social : les corps sociaux sont des constructions purement artificielles dont l'existence et les règles de fonctionnement sont données par la rencontre de volontés. À l'inverse, la philosophie de la droite classique s'appuie sur l'existence d'un ordre naturel des choses ; par conséquent, la volonté des hommes sert à actualiser des corps sociaux dont les principes sont donnés à l'homme et non décidés par lui. La différence de la droite moderne d'avec la gauche est plus de degré que de nature. La droite classique incarne, quant à elle, la droite ontologique ; elle a retrouvé, avec le « mouvement dextrogyre », la capacité à s'épanouir.

Les plus forts clivages idéologiques de la vie politique française passent beaucoup plus au sein du camp politique classé à droite qu'entre celui-ci et la gauche. Il est donc inévitable qu'il y ait, au sein de la droite, des incompatibilités doctrinales, des oppositions entre les idées initialement de droite (le protectionnisme notamment) et celles classées à droite mais antérieurement de gauche (le libre-échange en particulier). Cela n'exclut naturellement pas qu'il puisse y avoir des rencontres ; cependant, la droite est, nécessairement, divisée sur des sujets importants comme celui de la construction européenne.

Jusqu'à la chute du mur de Berlin (1989), elle pouvait trouver, par pragmatisme, un semblant d'unité par rejet du camp socialiste et en se contentant de lui opposer un discours sur le réalisme économique. Depuis la disqualification du régime soviétique, les causes de fracture interne ressurgissent : une partie de la droite retrouve sa veine sociale susceptible de diverses versions, soit plutôt catho-réactionnaire soit plutôt bonaparto-gaulliste. À travers le prisme du libéralisme, elle est souvent mal comprise (parfois même analysée comme étant de gauche). Or, la défense d'un État fort (hérité de l'ancienne France), pour assurer sa fonction de protection, ne signifie nullement une acceptation du collectivisme.

Le tournant de 2007 et la « ligne Buisson »

La chose peut apparaître étonnante. Et pourtant, elle est rigoureusement exacte. C'est en 2007 que, pour la première fois sous la Ve République, un candidat se déclarant de droite a été élu président de la République. D'autres avant Nicolas Sarkozy avaient naturellement des idées de droite ; mais, soit ils n'ont pas gagné l'élection, soit ils ne se revendiquaient pas explicitement de ce camp. Cette nouveauté de 2007 est due à ce qu'il est convenu d'appeler la « ligne Buisson » du nom du conseiller politique et stratégique de Nicolas Sarkozy : Patrick Buisson. Pour résumer, elle consiste à s'assumer de droite et à penser avec certains concepts et réflexes issus de la pensée classique (la nation en tant que corps social ayant une identité ontologique, les valeurs traditionnelles contre le consumérisme, etc.).

Le président de la République sortant a, certes, perdu en 2012, mais il est revenu de loin. Derrière François Hollande, plusieurs enquêtes l'avaient donné dans un mouchoir de poche avec Marine Le Pen. Certains commentateurs avaient même évoqué le scénario d'un « 21 avril » à l'envers. Quant aux projections d'un second tour opposant un candidat du PS à Nicolas Sarkozy, le premier avait été donné, par certains sondages, gagnant avec 60 % des suffrages. La campagne de 2012, en revenant à la « ligne Buisson », a donc empêché l'hémorragie et permis de remonter la pente.

La défaite du président sortant a plus été le résultat de la déception et de la démobilisation du camp de droite qu'une véritable progression de la gauche (comme en témoignent les résultats assez serrés des législatives qui ont suivi). Une partie des électeurs de Sarkozy de 2007 se sont sentis trahis par la manière dont le pouvoir avait été exercé pendant le quinquennat : c'est la distorsion entre son discours électoral de droite en 2007 et sa pratique du pouvoir (avec, notamment, l'ouverture de l'équipe gouvernementale à la gauche) qui a causé sa perte en 2012. Ses électeurs y virent une sorte de dédoublement de la personnalité qui semble avoir ressurgi en 2016 : « Docteur Nico » et « Mister Sarko ». Quel décalage (du moins pour ce qu'en avaient perçu l'opinion publique peut-être plus sensible à l'utilisation de certains mots qu'à l'écoute attentive de l'ensemble des propos) entre sa défense de la nation française à l'occasion de la campagne de 2007 et son éloge du métissage des cultures dans, par exemple, son discours de Palaiseau du 17 décembre 2008.

La « ligne Buisson » n'a donc pas été décriée pour des raisons électorales car elle a permis la victoire en 2007 (par le siphonage d'une partie des électeurs FN qui saisirent l'occasion de voir une partie de leurs idées arriver, enfin, au pouvoir) et a empêché la déculottée en 2012. En fait, l'influence de Patrick Buisson a été attaquée pour des raisons idéologiques[17]. Ses contempteurs reprochent encore à l'intellectuel d'être un agent de la « lepénisation » des esprits en favorisant l'enrayement de la gauchisation de la droite, ce qui pourrait aboutir à une alliance des droites dans un « parti patriote[18] ». Pour tous

17. Ariane Chemin, Vanessa Schneider, *Le mauvais génie*, Paris, Fayard, 2015.

18. Antoine Legouest, rapporteur, *L'axe UMPFN : vers le parti patriote ?*, Paris, Terra nova, s. d.

ceux qui ont adopté (consciemment ou non) l'idéologie de gauche et sont sous l'influence du sinistrisme, la « ligne Buisson » est une hérésie étant donné le supposé sens inéluctable de l'histoire. Elle permet l'anomalie de la persistance (et même de la progression dans l'opinion) des idées de droite (y compris radicales) alors qu'elles auraient dû être éradiquées. Pire, elle permet à la droite nationale de conserver un espace vital où prospérer puisque le discours de droite décomplexée jouerait le rôle de tampon ou de bouclier entre elle et les idées progressistes.

Les attaques contre la « ligne Buisson » viennent donc essentiellement de ceux qui sont électoralement positionnés à droite (et parfois très sincèrement, en particulier parce qu'elles n'ont jamais eu d'indulgence pour le régime soviétique) mais qui ne sont pas ou peu doctrinalement de droite. Elle est, il est vrai, difficilement compréhensible pour ceux qui n'ont pas vu ou n'acceptent pas les conséquences du « mouvement dextrogyre » dont elle est l'une des illustrations.

L'avenir d'une partie de la droite : redevenir la gauche

Le caractère composite de la droite est compliqué par le fait que les césures entre les différents courants idéologiques ne recoupent pas la segmentation en partis : les clivages doctrinaux internes à la droite passent, de manière sinueuse, au sein des différentes formations et non pas entre elles. La proportion de classicisme et de modernisme est naturellement différente en fonction des partis, mais tous sont touchés par cette division interne qui leur permet de juxtaposer plusieurs sensibilités et d'essayer de capter un électorat le plus large possible.

La réorganisation des partis sur des bases doctrinales clairement identifiées (droite classique et droite moderne) favoriserait le libre choix des électeurs et réduirait la distorsion entre ceux-ci et les élites politiques. Cependant, la force d'inertie d'un système partisan est assez grande. Celui-ci ne se transforme généralement en profondeur (au-delà d'un simple changement des étiquettes partisanes) qu'à l'occasion d'une mutation de régime ou de bouleversements sociaux d'envergure. Il est donc vraisemblable que la recomposition de l'actuelle scène politique ne se réalisera pas à l'initiative des partis mais sur pression de la base, notamment mais pas exclusivement à l'occasion des élections.

La droite a, pendant longtemps, subi la pression idéologique de la gauche (la conduisant, le plus souvent, à s'excuser d'être ce qu'elle est). Désormais, elle a de nouveau les blancs, pour parler en termes d'échecs : ce qui est « à droite » sur l'échiquier politique redevient de plus en plus idéologiquement « de droite ». Encore faut-il qu'elle ait la conscience et le courage de son identité. Par conséquent, si le « mouvement dextrogyre » se poursuit, les forces politiques classées à droite mais qui ne sont pas ontologiquement de droite finiront sur la gauche du spectre politique, processus facilité par l'affaiblissement, voire la disparition, des actuelles forces politiques de gauche. L'avenir d'une partie de la droite, c'est de redevenir… la gauche.

Chapitre 5

Des sociétés et des hommes : les deux cités

Alors que certains esprits sont marqués par une perte des repères et une confusion des notions, alors que les idées classiques reprennent de la force, il paraît nécessaire d'enraciner les questions d'actualité dans une vue à plus long terme, de présenter, même succinctement, les grandes alternatives philosophiques qui sont au fondement des choix politiques et sociaux d'aujourd'hui.

Les origines de la modernité politique

La modernité politique[1] est apparue au XVIe siècle avec, en particulier, l'humanisme (qui se traduisait par une confiance en l'homme pouvant dériver vers l'orgueil et l'autosuffisance), le protestantisme (qui se voulut un retour au christianisme des origines d'où, d'un point de vue ecclésiologique, le rejet de la tradition et, sous l'angle juridique, la préférence pour la loi positive contre la coutume) et le rationalisme (la raison n'est plus cherchée dans la chose mais est inscrite dans l'homme). Elle s'est pleinement épanouie au XVIIe siècle avec le courant contractualiste : les corps sociaux ne sont plus un donné

1. Michel VILLEY, *La formation de la pensée juridique moderne*, Paris, nelle éd. par Stéphane Rials, Éric Desmons, Paris, PUF, 2003.

de l'ordre cosmologique des choses, ils sont supposés être une création des hommes. Toute une partie de la doctrine adopta la théorie de la sociabilité artificielle (celle du contrat social) et rompit avec la sociabilité naturelle.

Deux courants ont permis ce basculement : le nominalisme et la seconde scolastique espagnole[2]. Au XIVe siècle, dans un contexte de très grave crise économique, sociale, sanitaire, etc., le nominalisme mit l'accent sur la personne du prochain ; selon lui, seuls les êtres singuliers étaient vraiment réels, les êtres collectifs n'étant connus que par les noms qui leur étaient donnés. Il n'y avait pas encore de négation de la sociabilité naturelle, mais cette doctrine prépara à concevoir les corps sociaux comme une addition de parties. Au XVIe siècle, pour moraliser la conduite des conquistadors, la seconde scolastique insista sur l'idée que l'indigène ne devait pas seulement être respecté par devoir moral (étant le prochain, le fils du même Père), mais aussi par obligation juridique (il disposerait de droits intrinsèques en raison de son humanité). Ce courant a donc apporté l'élément indispensable pour que le contractualisme social puisse être pensé : des droits attributs de l'humanité que tous les hommes possèdent de manière identique (puisqu'ils ont la même nature) et qu'ils peuvent mettre en commun lors du (supposé) passage de l'état de nature à celui de société.

---

2. Michel BASTIT, *Naissance de la loi moderne, La pensée de la loi de saint Thomas à Suarez*, Paris, PUF, 1990 ; Jean-Paul COUJOU, *Droit, anthropologie & politique chez Suarez*, Perpignan, Artège, 2012.

Les deux types de sociabilité

Ainsi, existe-t-il deux analyses de l'ordre social, l'une classique (aristotélo-thomiste pour l'essentiel), l'autre moderne[3]. La conception classique s'appuie sur l'idée qu'il existe un ordre cosmologique des choses. Il est naturel à l'homme de vivre en société. Cette vie s'incarne à travers différents corps comme la famille, le métier ou la cité. La volonté humaine sert à actualiser des entités dont les principes sont donnés à l'homme et non décidés par lui. Les corps sociaux ne sont pas la somme d'identités individuelles, mais ont une ontologie, autrement dit une identité intrinsèque.

À l'inverse, la vision moderne considère qu'à l'état de nature il n'existe que des individus (ayant des droits naturels en raison de leur appartenance à l'espèce humaine) ; les corps sociaux (famille, nation) ne peuvent être que le résultat d'un artifice. De même leurs règles de fonctionnement sont produites par les hommes. Leur volonté ne sert pas à s'inscrire dans des entités qui existent indépendamment d'elle, à se couler dans des institutions qui la dépassent, mais à les créer. Libéraux et socialistes ne conçoivent pas le contrat de la même façon mais s'accordent sur sa nécessité. Selon les premiers, il implique l'abandon partiel de leurs droits naturels par les hommes au moment du passage de l'état de nature à l'état social ; l'État a pour fonction de protéger les droits

3. Pour une histoire de la philosophie du droit, cf. les deux ouvrages récents suivants : Stamatios Tzitzis, *Introduction à la philosophie du droit*, Paris, Vuibert, 2011 ; François Vallançon, *Philosophie juridique*, Levallois-Perret, Studyrama, 2012.

conservés lors la construction de la société. Les libéraux privilégient ainsi l'individu. En revanche, pour les socialistes, les individus abandonnent tous leurs droits naturels ; l'État a de ce fait pour fonction de redistribuer de manière égalitaire des droits civils et politiques. Ces penseurs privilégient donc la société. Cependant, l'existence de la société a la même origine pour ces deux courants de pensée : le contrat social.

Au final, la doctrine politique moderne (anthropocentriste, rationaliste et contractualiste) l'a emporté dans les faits à la fin du XVIIIe siècle et a procédé à la transformation des institutions politiques et sociales.

Le renversement de l'articulation des fonctions judiciaire et législative

La Révolution n'a pas uniquement consisté dans une révolution de palais : transmettre la souveraineté (principe de pouvoir suprême dans un corps politique) d'un organe, le roi, à un autre, les citoyens. Elle a vraiment consisté en un renouvellement des principes de la souveraineté. Le pouvoir souverain est devenu constituant : passage des coutumes constitutionnelles révélées, en raison des circonstances, une fois qu'elles s'étaient formées[4] à une constitution rédigée *a priori* (puis révisée

4. Jean Barbey, *La fonction royale, Essence et légitimité d'après les Tractatus de Jean de Terrevermeille*, préf. M. Boulet-Sautel, Paris, NEL, 1983 ; du même auteur : « Genèse et consécration des lois fondamentales », in *Droits*, 1986, 3, p. 75-86.

ou renversée quand des difficultés politiques ou sociales sont rencontrées).

Mais surtout, la transformation de la conception de la souveraineté a concerné l'articulation des fonctions judiciaire et législative ; celle-ci a été inversée[5]. Ce basculement est apparu chez des auteurs non contractualistes : le protestant Jean Calvin[6], le catholique (aux tendances très gallicanes) Jean Bodin[7]. Mais elle s'entend encore mieux avec le glissement de la sociabilité naturelle vers une conception artificielle. S'il existe un ordre (cosmologique) des choses, le pouvoir politique a pour rôle d'en restaurer l'harmonie brisée par l'action des hommes : la fonction judiciaire est donc première ; ce n'est que subsidiairement qu'intervient la fonction normative qui ne consiste pas en l'expression d'une volonté mais dans la recherche des principes juridiques propres à l'ordre naturel et au corps social. Car, de la même manière que les lois physiques ou chimiques peuvent être découvertes par les hommes grâce à l'observation, il existe des lois sociales inscrites dans l'ordre des choses. C'est grâce à l'expérience judiciaire (jurisprudence) ou sociale (coutume) que peuvent être dégagées les normes juridiques. Une formule tirée du *Digeste*, le recueil de la

5. Sur cette question, il sera permis de renvoyer à notre thèse : Guillaume BERNARD, *Du roi juge au roi législateur en France au second XVIe siècle : « une foi, une loi, un roi »* ?, Thèse de droit, dir. Hubert GUILLOTEL, Rennes, 2000, 2 vol., dactyl.

6. Jean CALVIN, *Institution de la religion chrétienne*, éd. J. Pannier, Paris, Les Belles Lettres, 2e éd., 1961, 4 vol.

7. Jean BODIN, *Les six livres de la République* [Lyon, 10e éd., 1593], éd. Ch. FRÉMONT, M.-D. COUZINET, H. ROCHAIS, Paris, Fayard, 1986, 6 vol.

doctrine juridique romaine résume cela de manière admirable : « *Non ex regula jus sumatur, sed ex jure quod est, regula fiat* : on ne doit pas tirer le droit de la règle, mais la règle du droit. » La justice consiste dans la recherche de la juste rétribution de l'acte ; c'est dans le litige lui-même que la solution peut être trouvée, les textes normatifs (coutumes, lettres patentes royales) servant de guide au juge. Il est dès lors aisé de comprendre que la démocratie antique était, dans sa finalité, plus proche du régime monarchique de l'ancienne France que de la démocratie contemporaine qui entend produire de la norme par le seul exercice de la raison humaine[8].

À l'inverse, s'il n'existe pas d'ordre des choses s'imposant aux hommes, de même qu'il n'y a pas de société sans contrat social, il n'y a pas de règles de vie en société sans loi, expression de la volonté du souverain, c'est-à-dire de ceux-là mêmes qui sont à l'origine de l'existence du corps social (démocratie directe) ou de l'organe à qui ils ont confié leur puissance (démocratie représentative). La principale fonction du pouvoir politique est désormais de produire la règle de droit sans laquelle les individus ne sauraient déterminer leur conduite, ce qui est conforme ou non au contrat social, ce qui est permis ou non à l'intérieur de celui-ci. À cela s'ajoute que plus le niveau moral moyen baisse, plus il devient indispensable de légiférer pour imposer des limites qui précédemment relevaient des mœurs et allaient de soi. La justice devient une fonction subalterne consistant à appliquer les textes

8. Jean Madiran, *Les deux démocraties*, Paris, Nouvelles éditions latines, 1977 ; Maxence Hecquard, *Les fondements philosophiques de la démocratie moderne*, Paris, Pierre-Guillaume de Roux, 2016.

généraux et impersonnels à chacun des cas d'espèce (selon le principe de légalité des infractions et des peines, proclamé à l'art. 8 de la *Déclaration des droits de l'homme et du citoyen* de 1789).

Une bien relative séparation des pouvoirs

Alors que la fonction judiciaire était primordiale dans la conception classique du pouvoir (en particulier dans l'ancienne France[9]), elle est devenue subalterne avec les constitutions contemporaines, ce que Montesquieu avait voulu et prédit. L'affirmation de la nécessaire séparation des pouvoirs est généralement imputée à Montesquieu, dans son analyse du modèle anglais[10], alors même qu'il n'a jamais utilisé cette notion. Le juriste (positiviste) Charles Eisenmann[11], dont le philosophe (marxiste) Louis Althusser a repris la thèse[12], a démontré que le système politique préconisé par Montesquieu n'impliquait pas la

9. Pour une présentation des institutions médiévales et modernes, il sera permis de renvoyer à notre manuel : Guillaume Bernard, *Introduction à l'histoire du droit et des institutions*, Levallois-Perret, Studyrama, 2e éd., 2011.
10. Montesquieu, *De L'esprit des Lois*, éd. J. Brethe de la Gressaye, Paris, Les Belles Lettres, 1950-1961, 4 vol., t. II, Liv. XI, Chap. VI, p. 63-77.
11. Charles Eisenmann, « *L'Esprit des Lois* et la séparation du pouvoir » (1933), in *Cahiers de philosophie politique*, 1985, 2-3, p. 3-34 ; du même auteur : « La pensée constitutionnelle de Montesquieu », in *Cahiers de philosophie politique*, 1985, 2-3, p. 35-66.
12. Louis Althusser, *Montesquieu, La politique et l'histoire*, Paris, PUF, 1959.

stricte séparation des pouvoirs, mais bien l'attribution de la souveraineté, de la décision en dernier ressort, à la fonction législative, exercée par une combinaison d'organes, la justice n'ayant qu'une place subordonnée, en n'en étant que l'instrument : une « bouche qui prononce les paroles de la loi ». Montesquieu n'avait pas attribué l'exercice de l'intégralité d'une des fonctions étatiques à un seul et même organe. En effet, l'exécutif (par sa faculté d'empêcher) empiétait sur le législatif, qui exerçait un droit de regard sur le premier (contrôle de l'application des lois) et débordait sur le judiciaire puisqu'il pouvait, en trois circonstances, s'ériger en tribunal. Chez Montesquieu, les organes de l'État n'étaient pas séparés fonctionnellement ; lui-même écrivit que, dans le « modèle » de la constitution anglaise, les trois pouvoirs y étaient à la fois distribués et fondus. Il considérait que deux des trois fonctions ne devaient pas être réunies entre les mêmes mains. Son système ne postulait donc pas la séparation fonctionnelle, mais d'une part la non-identité de l'organe de deux des trois fonctions et d'autre part, le caractère composé de l'organe souverain exerçant la fonction législatrice. Montesquieu préconisait une balance des pouvoirs et la subordination de l'organe surveillé au pouvoir surveillant.

Cela contribue à expliquer pourquoi, malgré la proclamation du principe de la séparation des pouvoirs[13] dès 1789 (dans l'art. 16 de la *Déclaration des droits de l'homme et du citoyen*), ce dernier eut du mal à être effectivement

13. Michel Troper, *La séparation des pouvoirs et l'histoire constitutionnelle française*, Paris, LGDJ, 1973 ; Michel Verpeaux, *La naissance du pouvoir réglementaire, 1789-1799*, Paris, PUF, 1991.

mis en œuvre. S'il fut réellement mis en place d'un point de vue organique, il est certain que le pouvoir qui contrôlait la fonction législative avait une prééminence fonctionnelle sur les autres. Épuisée par dix ans d'emballement révolutionnaire, de désastres humains et de toute puissance de l'organe législateur (1791-1799), la France s'abandonna à Napoléon Bonaparte et permit le retour à la domination de l'organe exécutif. À partir de 1799 et jusqu'en 1879, le pouvoir exécutif fut le plus puissant avant que le rapport de force ne s'inverse au profit de l'organe parlementaire avec, à partir de la « constitution Grévy », les IIIe et IVe Républiques. Mais, si l'exécutif dominait, comme c'est de nouveau le cas avec la Ve République, ce n'est pas parce qu'il avait retrouvé le pouvoir de type judiciaire qu'exerçait le roi avant la Révolution, mais parce qu'il contrôlait la fonction incarnant désormais la souveraineté : le pouvoir de faire la loi. Reste à déterminer, dans les deux grands systèmes juridiques, qui est titulaire de droits.

La distinction des notions d'homme et de personne

Dans le système inspiré par la philosophie classique, le droit est une chose extérieure (bien, pouvoir) à l'homme attribuée à la personne (*persona*) en fonction des rôles qu'elle joue dans la société. Selon une définition empruntée à la philosophie grecque[14] et au droit romain[15], la justice consiste à rendre à chacun ce qui lui revient : « *Justitia est constans et perpetua voluntas jus suum cuique tribuere* : la Justice, c'est une volonté constante et durable d'attribuer à chacun ce qui lui est dû. » Le droit n'existe pas dans l'abstrait mais dans une relation d'altérité. Toutes les personnes n'ayant pas les mêmes mérites (*dignitas*), elles n'ont pas les mêmes droits. L'inégalité des droits n'implique pas une plus ou moins grande humanité reconnue aux personnes. Par exemple, en droit romain, le fils de famille reste *alieni juris* tant que son père est vivant ; mais, cela ne signifie évidemment pas qu'il n'appartient pas à l'espèce humaine. Il ne se transforme pas en un être humain au décès du *pater familias* sous l'autorité duquel il vivait auparavant.

En revanche, le système moderne du droit (issu de l'école jusnaturaliste des XVIIe et XVIIIe siècles) repose sur un autre critère[16] : ce n'est plus la fonction sociale, mais l'humanité qui entraîne la reconnaissance des droits, droits dits naturels s'ils sont tirés de la nature humaine, droits dits positifs s'ils sont établis par la loi humaine. Cela a pour conséquence que l'être qui n'est pas considéré comme un humain à part entière est juridiquement une chose. Comme leur nom l'indique, les droits de l'homme sont des attributs de la nature humaine à laquelle la

---

14. ARISTOTE, Éthique à Nicomaque, éd. Jean Tricot, Paris, Vrin, 1983.
15. Michel VILLEY, *Le droit romain* [1946], Paris, PUF, 9e éd., 1993.
16. Guy AUGÉ, « Droit et justice (dans les écoles du droit naturel classique et moderne) », éd. Guillaume Bernard, in *La Légitimité*, 49, Paris, 2005, p. 107-131.

dignité est intrinsèquement attachée quels que soient les actes commis par la personne. Tous les êtres qui partagent la même nature humaine doivent avoir les mêmes droits fondamentaux parce qu'ils ont la même dignité[17].

Cette évolution est le résultat de la transposition d'une conception morale (chrétienne) dans le droit[18]. En effet, pour le christianisme, au-delà des différences de droits attribués aux personnes, c'est la ressemblance avec l'hypostase divine qui confère sa dignité originaire à l'homme. Par conséquent, l'humanité exprime ce qui est commun, la personne ce qui est particulier. L'humanité et la personnalité sont deux notions connexes mais distinctes : l'humanité renvoie au devoir moral de fraternité en raison de l'appartenance à la même espèce ; la personnalité renvoie au lien juridique d'altérité. Le prochain, celui avec qui l'individu est lié par la morale, est un homme ; mais l'être (individuel ou collectif) avec qui chacun est en relation par un lien social est une personne. La modernité a transféré la dignité humaine (chrétienne) du domaine de la morale (relation des hommes entre eux médiatisée par le divin) à celui du droit (relation des personnes entre elles dans le cadre de la société) qui, dans la

---

17. Michel Villey, *Le droit et les droits de l'homme*, Paris, PUF, 2e éd., 1990. Il est également possible de consulter l'étude suivante : Guillaume Bernard, Stamatios Tzitzis, « *The philosophy of the natural right in France (during the xxth century)* », in *Treatise of legal philosophy and general jurisprudence*, vol. 12 (2) : *Legal philosophy in the twentieth century, The civil law world*, édited by E. Pattaro, C. Roversi, Milan, Springer, 2015, p. 111-118.
18. Guillaume Bernard, « L'évolution de la notion de dignité en droit », in *Généticisation et responsabilités*, Christian Hervé, *et alii*, dir., Paris, Dalloz, 2008, p. 9-18.

pensée classique, s'applique à déterminer le mérite de chacun et non à prendre en compte la substance commune à tous les êtres (humains)[19].

L'égalité au service de la justice

Ceci étant posé, la notion d'égalité permet d'illustrer l'opposition des analyses classique et moderne de l'ordre social et de la justice. Dans la conception classique du droit, l'égalité est un moyen permettant la répartition des choses entre les personnes. Deux types d'égalité sont envisagés en fonction des répartitions à faire : d'une part, dans les relations entre les personnes (les parties) et la société (le tout) et, d'autre part, dans les relations des personnes entre elles. Dans le second cas, la répartition se réalise par le biais d'une commutation : l'égalité utilisée est arithmétique de telle manière que la correction réalisée soit d'une stricte équivalence (une chose volée est passée d'un patrimoine à un autre et doit faire retour à son légitime détenteur). Dans le premier cas, la répartition est établie dans le cadre d'une distribution : l'égalité mise en œuvre est géométrique (les copies des étudiants n'obtiennent pas toutes la même note, les résultats étant en fonction de leur plus ou moins grande qualité, mais sont corrigées avec le même critère, de telle manière que la proportion entre la valeur de chacune des copies et les notes obtenues soit la même).

---

19. Guillaume Bernard, « Approches dialectiques sur la charité et la pauvreté », in *Philosophia*, 2008, 38, p. 11-27.

Dans le système moderne, l'égalité a changé de sens. L'identité de nature des hommes fonde leur égalité juridique. Tous les hommes disposent des mêmes droits fondamentaux (considérés comme naturels à l'homme) : il s'agit d'une égalité d'origine. Sur cette base, deux systèmes sont envisageables. Dans la version libérale du système moderne, le droit positif doit préserver l'égalité d'origine mais permettre aux libertés (les droits naturels que les individus n'ont pas abandonnés lors de la formation du contrat social) de s'exprimer dans la vie sociale. L'égalité d'origine suppose la mise en œuvre pratique de l'égalité des chances. La liberté se manifeste en dehors des contraintes du droit positif : elle est une expression de la volonté individuelle se manifestant dans le cadre du contrat. Dans la version socialiste du système moderne, le droit positif doit rétablir l'égalité d'origine qui est (re)mise en cause par la vie sociale. L'égalité d'origine nécessite la redistribution de certains droits civils et politiques (les individus ayant abandonné tous leurs droits naturels lors de la formation du contrat social) afin d'obtenir une égalité de résultat (ou, pour le moins, la réduction des inégalités sociales). La liberté s'exprime alors dans le cadre et sous la férule du droit positif : elle se manifeste même essentiellement par la loi (expression de la volonté générale) qui s'impose à tous parce qu'issue de tous.

Chapitre 6

La France priée de céder la place à la République

« Pacte républicain », « territoires perdus de la République[1] », « valeurs républicaines » ... Autant d'expressions devenues courantes et redondantes. Il ne faut donc pas s'étonner outre mesure que pour 65 % des Français, les termes de « république » et de « valeurs républicaines » ne parlent plus vraiment car ils ont été trop utilisés et ont perdu de leur sens[2]. Mais quand il est parlé de république (étymologiquement *res publica*, la chose publique), de quoi s'agit-il ? Elle peut être un souci de l'administration des affaires communes, un ordre public au service de la paix, de la tranquillité et de la salubrité du corps social[3]. Mais elle peut être aussi une idéologie qui permet d'ignorer la France et de la placer au-dessus du suffrage des citoyens. Une loi constitutionnelle de 1884 a pu ainsi affirmer, principe toujours présent à l'art. 89 de la constitution de la Ve République, que la

1. Emmanuel Brenner, dir., *Les territoires perdus de la République, Antisémitisme, racisme et sexisme en milieu scolaire*, Paris, Mille et une nuits, 2002.
2. Ifop, *Les Français et la thématique républicaine dans le discours politique*, Enquête pour *Atlantico* (échantillon de 995 personnes), mai 2015.
3. Frédéric Monera, *L'idée de République et la jurisprudence du Conseil constitutionnel*, Paris, LGDJ, 2004.

forme républicaine du gouvernement ne peut être remise en cause.

Des « valeurs républicaines » insaisissables

Il est certain que les « valeurs républicaines » sont floues et insaisissables[4]. En effet, la République moderne repose sur le contrat social. Or, celui-ci est supposé en perpétuel renouvellement, ne serait-ce que par tacite reconduction : c'est le « plébiscite de tous les jours ». Par conséquent, les valeurs de la République sont susceptibles d'être évolutives. Celles qui sont, à un moment donné, utiles à un objectif idéologico-politique, sont mises en avant tandis qu'elles peuvent, ensuite, être mises de côté : la décentralisation[5] (qui parfois confine à une forme édulcorée de fédéralisme dans les collectivités d'outre-mer) a remplacé le jacobinisme, l'inclusion des immigrés a supplanté l'assimilation. Il est même envisagé d'assouplir la laïcité (qui a pu servir à déraciner le catholicisme) parce que jugée trop exigeante vis-à-vis d'autres religions.

Alors qu'il est un terme fourre-tout, l'invocation de la République confine à une religion comme a pu l'écrire,

4. Frédéric Rouvillois, *Être (ou ne pas être) républicain*, Paris, Cerf, 2015.
5. Michel Verpeaux, Laetitia Janicot, *Droit des collectivités territoriales*, Paris, PUF, 3e éd., 2015.

d'une manière presque caricaturale, Vincent Peillon[6], l'ex-ministre de l'Éducation nationale :

> « C'est à elle [l'école] qu'il revient [...] d'être la matrice qui engendre en permanence des républicains [...]. L'école doit opérer ce miracle de l'engendrement par lequel l'enfant, dépouillé de toutes ses attaches pré-républicaines, va s'élever jusqu'à devenir le citoyen, sujet autonome. C'est bien une nouvelle naissance, une transsubstantiation qui opère dans l'école et par l'école, cette nouvelle Église avec son nouveau clergé, sa nouvelle liturgie, ses nouvelles tables de la Loi. »

Quant à ceux qui refusent de pratiquer le culte républicain, ils peuvent être excommuniés. La République abstraite et générique se substitue donc à la France. Bien souvent il n'est plus parlé de « République française » mais de République tout court. Par conséquent, toute défense d'un corps social concret et incarné est, *ipso facto,* assimilée à de l'anti-républicanisme. La France charnelle et historique est priée de disparaître ; elle est réduite au pacte républicain au lieu que la République soit un régime politique, parmi d'autres, à son service.

C'est que le sens des mots a lui-même glissé. Pendant des siècles, la République était définie comme le gouvernement de la chose publique. Tous régimes « purs », c'est-à-dire ceux qui contribuent à la réalisation du bien commun (par opposition aux régimes « corrompus » où

---

6. Vincent Peillon, *La Révolution française n'est pas terminée,* Paris, Seuil, 2008.

les gouvernants ne cherchent que la mise en œuvre d'un intérêt particulier) étaient donc des républiques. Ce n'est que récemment, au cours du XVIIIe siècle, que la République a été, frauduleusement, opposée à la monarchie et associée à la démocratie.

Un conflit de légitimités

Il est couramment admis qu'un pouvoir légitime n'a pas besoin de la force pour s'imposer, les gouvernés ayant confiance dans les gouvernants. Bien des auteurs ont proposé des classifications de la légitimité politique[7]. Mais, la dichotomie entre les légitimités par l'exercice et par l'origine est sans doute la plus efficiente[8]. Pour résumer, la philosophie classique pense le pouvoir légitime en fonction de sa finalité (parce qu'il réalise le bien commun). Cela explique, par exemple, la doctrine du tyrannicide : celui qui détourne le pouvoir de sa fin peut, dans certaines conditions, être destitué voire éliminé. À l'inverse, la vision moderne affirme que la légitimité est inscrite dans le processus de désignation des gouvernants : c'est son origine qui donne au pouvoir sa légitimité. Bien entendu, dans chacun des systèmes, les deux types de légitimité peuvent être combinés.

---

7. Pour un ouvrage récent d'histoire des idées politiques, cf. : Ugo BELLAGAMBA, et *alii*, *Histoire des idées politiques*, Levallois-Perret, Studyrama, 2e éd., 2013.
8. Guy AUGÉ, « Esquisse philsophico-historique de la notion de légitimité politique », éd. Guillaume Bernard, in *La Légitimité*, 2010, 59, p. 135-160.

Le pouvoir classique peut être renforcé par une source considérée comme probante (le sacre du roi manifestait, dans l'ancienne France, l'origine divine du pouvoir). De même, le pouvoir moderne est susceptible d'être jugé (à l'occasion des élections) en fonction de ses réalisations. Toutefois, chaque pensée articule les deux types de légitimité de manière inversée, donnant fondamentalement la priorité à l'une sur l'autre.

D'où cela procède-t-il ? Tout part des hypothèses que les philosophies ont formulées à propos de la société. Celle-ci est-elle inscrite dans l'ordre des choses comme le pensent les classiques ou est-elle une construction artificielle comme l'affirment les modernes[9] ? S'il existe un ordre cosmologique, le pouvoir politique a pour mission de rétablir l'harmonie que les hommes sont susceptibles d'avoir brisée. Les différents régimes politiques (déterminés en fonction du critère du nombre de détenteurs du pouvoir de décision) n'ont, dès lors, pas de valeur en eux-mêmes ; ils ne sont que des moyens : leur légitimité dépend, en fonction des circonstances (historiques et géographiques), de leur capacité à réaliser le bien commun. C'est la recherche et l'adéquation à la vérité de l'ordre naturel qui fait la valeur des décisions politiques.

À l'inverse, les modernes considèrent que la société est le fruit d'un contrat. Elle n'existe pas sans le consentement de ceux qui la forment. Il est donc logique que le régime politique intrinsèquement lié à cette vision des choses soit de type démocratique et que le pouvoir

9. Claude Polin, Claude Rousseau, *La cité dénaturée, Cité classique contre cité moderne*, La Roche-Rigault, PSR, 1997.

légitime soit celui qui est désigné par ceux sur qui il s'exerce puisqu'ils sont à l'origine de la société. En fonction des auteurs, l'établissement du pouvoir politique se fait soit dans le même mouvement que la création de la société (dans ce cas un pacte d'association suffit) soit dans un second temps (par le recours à un pacte de sujétion). Mais, dans tous les cas, le régime politique devient une fin en soi ; il est une incarnation du processus de création de l'ordre social. Le pouvoir a pour mission de faire perdurer la société issue du contrat social, les mesures mises en œuvre devant être l'expression de la volonté du corps social ou du moins de ses représentants éclairés. Réduire la légitimité du pouvoir au processus de désignation des gouvernants en annihilant la question du bien : telle est la confusion du moyen et de la fin (la perversion) sur laquelle repose le système politique moderne.

Ces distinctions permettent de mieux comprendre les prises de position des hommes politiques de notre temps. Nombre d'entre eux ont manifesté de l'enthousiasme à propos des « printemps arabes » et, ce, en raison du processus démocratique qu'ils étaient censés incarner. Peu ont eu la présence d'esprit de s'interroger, d'abord, sur le contenu et l'orientation des politiques qui pourraient être mises en œuvre par les nouvelles équipes. Le processus de désignation du pouvoir a été considéré comme plus important que la finalité des mesures. Pour ce qui concerne la France, la même logique est à l'œuvre. Ainsi André Laignel a-t-il pu dire, le 13 octobre 1981, la réalité du régime ; la phrase est célébrissime : « Vous avez juridiquement tort parce que vous êtes politiquement minoritaire. »

Mais, alors que le peuple voit en elle un processus décisionnel neutre, la démocratie des élites politiques et intellectuelles contient une idéologie ne souffrant pas la contradiction. Tant que le peuple acceptait, sans les discuter, les idées modernes, la démocratie était valorisée ; à partir du moment où il se met à les discuter, la démocratie devient suspecte et une « prolophobie » (re)fait surface. Cela explique pourquoi le discours officiel fait, bien plus que de la démocratie, l'apologie des pourtant biens floues « valeurs républicaines ». Pour paraphraser une célèbre réplique cinématographique : les idéologues, ça ose tout ; c'est même à cela qu'on les reconnaît... Les Français, eux, ne sont pas dupes. S'ils ont confiance dans les PME et les services publics régaliens, ils n'en ont pas pour les entreprises multinationales, les hommes politiques et les syndicalistes. Plus de 80 % pensent que la démocratie fonctionne mal, que leurs idées ne sont pas représentées et que les élus défendent surtout leurs intérêts personnels[10].

Le mythe d'une démocratie neutre

Quand une foule immense, d'environ un million de personnes, défile en 2013, à plusieurs reprises, contre le mariage homosexuel, celle-ci est totalement ignorée par

10. Ipsos, *Fractures françaises 2016*, Enquête pour *Le Monde*, *SciencesPo* et la *Fondation Jean Jaurès* (échantillon de 1 013 personnes), avril 2016.

le pouvoir et un référendum sur cette question lui est refusé. Quand les Français se prononcent en 2005 par référendum contre le traité établissant une constitution pour l'Europe (TCE), les principales dispositions de ce texte leur sont tout de même imposées par le traité suivant, celui de Lisbonne, ratifié directement par le personnel politique. Ne sont-ce pas, là, deux exemples récents d'authentiques dénis de démocratie ? Il est vrai que les électeurs font parfois preuve d'incohérence, car ils ont placé aux trois premières places de la présidentielle de 2007 des candidats qui avaient soutenu la ratification du TCE (Nicolas Sarkozy, Ségolène Royal et François Bayrou). Cependant, puisque leurs élites politiques et intellectuelles leur imposent leurs choix, faut-il nécessairement en conclure que les Français ne vivent pas en démocratie et que leurs dirigeants font preuve d'un profond cynisme ? En fait, ceux-ci n'ont nullement mauvaise conscience : leur attitude est, à leurs yeux, rationnelle et parfaitement « morale ». Pourquoi ?

Parmi les différents régimes théoriquement envisageables, la démocratie semble être celui qui, à l'époque contemporaine, l'a idéologiquement emporté. Il est certain qu'elle est le système politique le plus en concordance avec l'hypothèse artificialiste posée par la philosophie moderne. Puisque la société serait le résultat d'un contrat social, il est logique de faire reposer la prise de décision sur ceux qui sont à l'origine de l'existence du corps politique : les citoyens. Mais le peuple se tromperait gravement s'il s'imaginait participer à la même démocratie que ses élites. Pour lui, la démocratie consiste en un processus décisionnel : elle est un moyen permettant d'identifier l'assentiment du plus grand nombre. Mais la démocratie moderne, celle des élites, n'est pas neutre : elle ne saurait se réduire à une « simple » technique de prise de décision.

Le droit des peuples à rester eux-mêmes ?

En effet, le régime politique moderne est l'aboutissement et l'incarnation du processus qui a théoriquement permis au corps politique d'exister : le contrat social ; la démocratie moderne repose sur la négation de l'existence d'un ordre cosmologique des choses s'imposant à l'homme. Elle a donc un contenu idéologique fort et doit favoriser la construction d'un avenir conforme aux principes établis lors du supposé passage de l'état de nature à celui de société. Toute autre orientation doit être bannie. Ainsi, les élites intellectuelles, gardiennes de la démocratie moderne, s'efforcent-elles de rejeter hors du débat légitime les positions considérées comme dépassées ou rétrogrades et les sujets supposés témoigner de « phobies » irrationnelles ou contraires aux principes fondateurs. La démocratie moderne ne sert pas la confrontation des idées puisqu'elle est intrinsèquement finalisée. Elle a pour objectif de réaliser les promesses contenues dans le contrat social : libérer l'homme de l'emprise de l'ordre cosmologique. Alors que les droits de l'homme étaient, au départ, déclarés inscrits dans la nature humaine, voici qu'est « naturellement » en train d'éclore une nouvelle génération de droits dits fondamentaux : celle des droits de l'homme sans la nature de l'homme, voire contre elle. Faut-il s'en étonner ? De même que la société est pensée artificielle, l'homme entend se définir lui-même et se construire par lui-même.

Or, en vertu de la théorie de la souveraineté nationale, les citoyens n'expriment pas, en votant, leurs opinons mais ne font que désigner des représentants du corps social. En produisant des textes normatifs, les élus n'expriment donc pas la volonté de leurs électeurs mais celle du corps politique, volonté qui ne peut être que conforme à ses principes fondateurs. S'il y a concordance entre la volonté (influencée par les médias, formatée par les programmes scolaires) des électeurs et des élus, c'est tant mieux : les textes n'en seront que plus facilement appliqués. S'il y a divergence, tant pis : c'est que le peuple n'a pas encore compris le sens inéluctable du progrès. En refusant le mandat impératif et en méprisant la démocratie directe (référendum), les élites politiques reconnaissent ouvertement que leur démocratie n'est pas celle du peuple.

C'est la même méprise qui peut être identifiée à propos du droit des peuples à disposer d'eux-mêmes. Il ne signifie nullement la préservation des enracinements historiques car il s'inscrit dans la vision contractualiste de la société. Le droit des nationalités ne vise pas la défense des identités traditionnelles, il manifeste la faculté (et peut-être même l'obligation « morale ») de nier le passé au nom du dogme volontariste : il apparaît donc comme un moyen de faire et de défaire les États comme les vainqueurs de la première guerre mondiale l'ont fait en bouleversant la carte européenne. Plus récemment, cela permet de comprendre pourquoi la « communauté internationale » s'est empressée de reconnaître l'indépendance du Kosovo mais non celle de l'Ossétie du Sud ou de la Crimée. Le *nationalitarisme*, néologisme formé en 1918 par René Johannet[11], prend ici toute sa signification : le nationalisme des nationalités ne consiste pas dans la prise en compte des équilibres historico-politiques mais s'appuie sur la volonté de puissance et peut donc très vite devenir, comme l'illustre le pangermanisme, un impérialisme.

Cette distorsion entre le peuple qui entend rester enraciné et ses élites modernistes ne concerne pas seulement la politique. Elle se manifeste aussi dans d'autres corps sociaux comme l'Église catholique : certains prélats semblent ne pas comprendre un phénomène (numériquement minoritaire mais très actif) significatif de l'attachement à l'héritage reçu, conservé et transmis : le traditionalisme[12].

Les élites passent, mais les traditions ne passeront pas

Il semble qu'à l'instar des élites intellectuelles certains évêques n'en aient pas compris la véritable nature. Ils traitent le traditionalisme comme les politiques

11. René Johannet, *Le principe des nationalités*, Paris, Nouvelle librairie nationale, 1918.
12. Roberto de Mattei, *Vatican II, Une histoire à écrire*, Paris, Muller, 2013 ; du même auteur : *Apologie de la tradition*, Chiré-en-Montreuil, Éditions de Chiré, 2015.

appréhendent le sursaut identitaire : pour une simple scorie de l'histoire. Cela conduit à des conflits où s'entremêlent enjeux de pouvoir, incompréhensions doctrinales et faux-semblants pastoraux. Il y a là une illustration de la distorsion, généralisée dans la société, entre le peuple et les élites dirigeantes.

De récentes affaires montrent qu'il existe en France des prélats pour essayer de tourmenter les catholiques attachés à la célébration traditionnelle des sacrements et, en premier lieu, de la messe. Les textes pontificaux de 1988 (Jean-Paul II) et de 2007 (Benoît XVI) ne laissent pourtant aucun doute sur l'obligation (et non la simple possibilité) des institutions catholiques d'accéder à la demande des fidèles réclamant la forme dite extraordinaire du rite romain, la messe « tridentine » n'ayant jamais été abrogée. Et pourtant, il semble que certains hauts dignitaires de l'Église soient prêts à semer la division.

Est-ce parce qu'ils n'entendent pas soutenir la comparaison, quant à l'attraction et la formation des fidèles, entre l'Église conciliaire et les organisations traditionnelles (Fraternité sacerdotale Saint-Pierre, Institut du Christ-Roi Souverain Prêtre, Fraternité Saint-Vincent-Ferrier, Institut du Bon Pasteur...) pleinement reconnues par Rome ? Peut-être. Mais il y a plus sûrement dans cette attitude la préoccupation de préserver l'intégrité de leur pouvoir : ils semblent considérer une « communauté » voire une « paroisse » traditionnelle comme un corps étranger dans leur diocèse pour ne pas dire un État dans l'État. Ils tentent donc, le plus souvent de manière pacifique, de freiner l'expansion des traditionalistes en les ghettoïsant dans des créneaux horaires restreints, en leur imposant une instabilité récurrente des prêtres (qui plus est assez souvent bi-ritualistes) et en leur refusant un catéchisme et une préparation aux sacrements spécifiques. Enfin, cette conduite s'appuie sur la conviction de l'inéluctable ralliement des traditionalistes à la messe moderne une fois celle-ci débarrassée des dérives qu'elle a pu connaître. Cela justifie à leurs yeux d'agir par anticipation et d'empêcher ou de briser le développement de « paroisses » traditionnelles diocésaines. Il est aisé d'imaginer leur angoisse de voir la Fraternité sacerdotale Saint-Pie X, le mouvement fondé par Mgr Marcel Lefebvre, être pleinement réintégrée dans l'organisation ecclésiastique romaine comme cela se dessine explicitement.

En tout cas, leur « politique » manifeste une interprétation erronée du phénomène traditionaliste. À la différence des décennies 1970 et 1980, et hormis quelques personnes faisant preuve d'un orgueil démesuré qui s'imaginent être l'incarnation de la seule et vraie Église, les « tradis » d'aujourd'hui ne sont pas psychologiquement sur la défensive. Ils ne battent plus en retraite face à un modernisme flamboyant et triomphant. Un arbre étant jugé à ses fruits, ils pensent la capacité de ce dernier à accélérer la désertification des églises et des séminaires pleinement avérée. Ils ne sont donc pas mus par l'animosité. Le trésor de la tradition ayant été préservé, ils sont devenus comme indifférents au modernisme tant ils considèrent son échec patent[13]. Ils l'appréhendent comme nécessairement éphémère et le regardent

13. Bernard Dumont, Miguel Ayuso, Damilo Castellano, dir., *Église et politique, Changer de paradigme*, Perpignan, Artège, 2013.

comme un passé récent qui, certes, dure encore en raison de la force d'inertie des institutions, mais qui s'émoussera. Il est vrai que le nombre et la proportion de prêtres traditionnels ne cessent de progresser au sein de l'Église.

Le cardinal Robert Sarah, préfet de la Congrégation pour le culte divin et la discipline des sacrements, n'a-t-il pas, le 5 juillet 2016, à Londres, recommandé à tous les prêtres de célébrer la messe, y compris dans sa forme moderne, *ad orientem* (vers l'Orient) :

> « Il est de première importance de retourner aussi vite que possible à une orientation commune des prêtres et des fidèles, tournés ensemble dans la même direction – vers l'est ou du moins vers l'abside – vers le Seigneur qui vient, dans toutes les parties du rite où l'on s'adresse au Seigneur. Cette pratique est permise par les règles liturgiques actuelles. Cela est parfaitement légitime dans le nouveau rite. En effet, je pense qu'une étape cruciale est de faire en sorte que le Seigneur soit au centre des célébrations ».

Dans ces conditions, les catholiques attachés à la messe traditionnelle, qui a toujours été célébrée « dos au peuple » (ou « face à Dieu »), pourront-ils encore longtemps être considérés comme des retardataires ? Le traditionalisme est aujourd'hui numériquement minoritaire ; mais c'est au sein du catholicisme occidental le mouvement qui, sociologiquement et doctrinalement, a le vent en poupe.

L'imprécision de la perception des traditionalistes par l'élite dirigeante de l'Église vient aussi de la méconnaissance de sa démographie. Dans leur écrasante majorité, les « tradis » ne sont pas des nostalgiques de l'avant-concile, pour la bonne raison qu'ils ne l'ont pas connu. L'attachement de ces fidèles à la tradition sacramentelle et magistérielle vient de ce qu'ils ne sont restés ou ne sont devenus catholiques que grâce à elle. Si elle n'avait pas été maintenue par des prêtres – souvent contre vents et marées[14], parfois en subissant la persécution – ils ne seraient tout simplement plus catholiques ou n'auraient pas grandi dans cette religion. Pour ces croyants, la tradition n'est pas une option parmi d'autres ; elle est l'incarnation vivante du catholicisme. Éminemment actuelle, elle n'est donc pas pensée comme un passéisme. À l'inverse, ce serait la tentative de contraindre ces catholiques à une modernité, même édulcorée, qui constituerait une véritable régression.

Enfin, les traditionalistes ont enduré des vexations (ils ont été dénoncés comme des « intégristes ») et ont appris à endurer la marginalisation sociale. Les institutions officielles les ont notamment contraints à des peines physiques et des sacrifices financiers pour assurer au mieux, selon leurs critères, l'instruction religieuse et académique de leurs enfants dans des écoles « hors contrat ». Dès lors, comment imaginer qu'ils ne participeraient du courant traditionnel que par dandysme ?

14. Luc Perrin, « Des catholiques en manque d'église : le cas des traditionalistes », in *Les lieux de culte en France, 1905-2008*, J. Lalouette, Ch. Sorel, dir., Paris, Letouzey & Ané, 2008, p. 295-307.

Ils ivent la tradition comme l'ontologie du catholicisme. Il est par conséquent peu vraisemblable qu'ils l'abandonnent à l'instar d'une mode passagère. Sereins, les traditionalistes n'iront pas à la messe moderne parce qu'ils n'en ont pas besoin pour être catholiques. Ils ne cesseront pas de réclamer d'être considérés et traités pour ce qu'ils sont : des catholiques autant que les autres.

Puisque l'unité n'est pas l'uniformité, c'est ce que les jeunes générations de fidèles et de prêtres, aux sensibilités liturgiques et sacramentelles diverses, ont parfaitement compris et pleinement accepté[15]. Elles ont, côte à côte, constitué l'essentiel des rangs de « La Manif pour tous » et font, ensemble, le pèlerinage de Chartres. L'unité et la fraternité catholiques[16] sont assurées par la base de l'Église. Il est étrange que la division puisse parfois venir de la tête censée assurer la concorde.

---

15. Philippe Maxence, dir., *Les nouveaux prêtres*, Paris, L'homme nouveau, 2007 ; Jean Sévillia, *La France catholique*, Neuilly-sur-Seine, Michel Lafon, 2015.
16. Claude Barthe, *Propositions pour une « paix dans l'Église », L'union des forces vives, Une nécessité*, Paris, Hora Decima, 2006.

Chapitre 7

Comment peut-on être (encore) Français ?

En théorie, la nationalité signifie l'appartenance à une entité culturelle tandis que la citoyenneté renvoie au régime politique. Tout citoyen est national, mais tout national n'est pas forcément citoyen (c'est le cas, en particulier, des mineurs). Cependant, de même que les droits de l'homme et les droits du citoyen qui étaient distincts à l'origine (puisque tout membre de l'espèce humaine n'est pas forcément partie prenante d'un contrat social particulier) ont tendu à être confondus, l'approche juridique l'a emporté sur la question identitaire dans la conception de la nationalité. Grâce au discours antiraciste[1], il était devenu possible d'être juridiquement Français sans l'être culturellement. Il y a encore peu, la question de la nation et de son identité était considérée, pour la quasi-totalité de la classe politique, comme dépassée. Il n'est resté que le sport où l'appartenance nationale était encore « moralement » autorisée. Et, ce, à des fins politiciennes.

1. Paul Yonnet, *Voyage au centre du malaise français, L'anti-racisme et le roman national*, Paris, Gallimard, 1993.

L'imposture du patriotisme sportif

Revenant à intervalles réguliers, les compétitions sportives internationales (coupes d'Europe et du monde de football, jeux olympiques) révèlent au grand jour l'éhontée instrumentalisation du sport à des fins politiques. En premier lieu, comment ne pas constater le déséquilibre entre ce qu'il est raisonnablement permis d'attendre de la pratique sportive, en particulier pour les adolescents – apprendre l'effort, développer le sens de la camaraderie et de la responsabilité au sein d'une équipe – et l'exploitation sociale de son spectacle ? Outre que certains laissent implicitement planer le fol espoir pour le plus grand nombre de progresser socialement par ce moyen, le sport est paré de vertus thérapeutiques pour soigner le lien social, il est vrai bien malade. La place démesurée réservée, dans les médias, à l'annonce et au commentaire des épreuves sportives ne révèle-t-elle pas une tentative d'endormissement de l'opinion publique ? Quel décalage entre l'inquiétude quant aux résultats sportifs et celle réservée à la dégradation du tissu industriel et des finances publiques. Le spectacle sportif joue, à l'évidence, un rôle de dérivatif, d'anxiolytique social. Lorsqu'il n'y a plus de pain, des jeux sont organisés. *Nihil novi sub sole…*

En second lieu, qui n'a pas remarqué la concomitance du rejet officiel des idées patriotiques (souvent présentées comme du populisme de bas étage) et l'acceptation de l'engouement national lorsqu'il s'agit de sport ? Que les spectateurs soient mus par la fibre patriotique a quelque chose de pathétique alors que la loyauté des joueurs professionnels est essentiellement tournée vers leurs clubs, c'est-à-dire ceux qui les payent souvent très grassement. Les compétitions sportives ont, certes, un enjeu symbolique[2], mais mettre son honneur dans le sport, y compris collectif, quand toute idée de sacrifice (en particulier militaire) est sinon bannie du moins tournée en dérision, est quelque peu indécent. Mais, il y a « mieux » encore.

Alors que le patriotisme sportif est autorisé voire encouragé, qui a pu oublier que l'hymne national a été, à plusieurs reprises, sifflé, hué, conspué dans les stades par des personnes pourtant vraisemblablement titulaires de la nationalité française ? Dans ces conditions, l'exaltation de la société multiculturelle en raison de résultats sportifs a quelque chose d'artificiel. Alors qu'à l'évidence de plus en plus de citoyens ne communient plus au même patrimoine culturel commun, les politiques tentent de maintenir un semblant d'unité nationale à l'aide du sport. Parce que le *pathos* remplace la volonté, même les philosophes qui ont pensé la société comme un contrat doivent se retourner dans leurs tombes ! *O tempora* ! *O mores* ! ... Bien entendu, l'instrumentalisation du sport par la politique ne date pas d'aujourd'hui[3]. Mais il est urgent qu'il redevienne ce qu'il est : un loisir favorable à la santé physique et non un pis-aller pour colmater la détérioration de la fraternité nationale.

2. Paul Yonnet, *Huit leçon sur le sport*, Paris, Gallimard, 2004 ; du même : *Une main en trop, Mesures et démesure : un état du football*, Paris, de Fallois, 2010.
3. François Bégaudeau, dir., *La politique par le sport*, Paris, Denoël, 2009.

Allons enfants de la patrie… mais laquelle ?

L'identité est la capacité à être (soi-même) et à se définir (par rapport à l'autre). Les philosophies politiques classique et moderne s'opposent sur ce point : il existe une identité conçue, d'un côté, comme un enracinement culturel et, de l'autre, comme une adhésion à des principes politiques[4]. D'où vient et que recouvre cette alternative ?

Dans sa définition classique, la patrie est le pays des ancêtres (des pères) et, en règle générale (surtout en des temps où l'écrasante majorité de la population est rurale et ne voyage pas), le pays où l'on est né. Il y a donc un lien intrinsèque entre terre, filiation et patriotisme. Mais, à partir du XVIIIe siècle, le terme change de signification[5] : afin de justifier une conception artificielle du politique (la société serait le résultat d'un contrat et le pouvoir politique une puissance à laquelle les citoyens auraient consenti), la philosophie moderne cherche à dissocier la patrie du souverain, père de ses peuples, chef des familles. Elle devient une notion abstraite liée avant tout au régime politique : la patrie, ce serait le régime que l'on s'est choisi. Pour un authentique communiste français du XXe siècle, sa véritable patrie n'était-elle pas l'Union soviétique ? Ces deux conceptions de la patrie donnent naissance à deux patriotismes fort différents. Le premier

4. Guillaume Bernard, « Identité nationale », in *Dictionnaire de la politique et de l'administration,* Guillaume Bernard, Jean-Pierre Deschodt, Michel Verpeaux, dir., Paris, PUF, 2011, p. 131-132.

5. Jean de Viguerie, *Les deux patries*, Bouère, DMM, 2e éd., 2003.

exprime l'attachement (filial) à la terre et à ses morts. Le second signifie l'adhésion (volontaire) à un ordre politique. Avec la Révolution, c'est la seconde conception qui l'emporte. La République et la patrie sont considérées comme indissociables ; par conséquent, tous ceux qui, à tort ou à raison, sont perçus comme de faux républicains, voire seulement des modérés, sont considérés comme des traîtres.

La nation (corps social uni par des traditions communes) est une notion fort ancienne. Mais, avec la conception moderne développée au XVIIIe siècle, elle repose désormais sur le transfert du sacré du roi au corps social qui endosse une souveraineté (elle-même modifiée dans sa finalité et son fonctionnement) : la nation souveraine moderne est intimement liée à la patrie définie comme un régime politique. Voilà pourquoi démocratie et république sont si généralement confondues, alors que tel n'était pas le cas dans la philosophie politique antique et médiévale où elles pouvaient même être opposées.

Sur cette base, il existe deux formes antagonistes de nationalisme, l'un étant lié à la définition moderne de la nation (où y est privilégié l'aspect politique abstrait), l'autre s'inscrivant dans la conception classique (manifestant l'existence d'un ordre social concret[6]). Né au XVIIIe siècle, le nationalisme de conquête est révolutionnaire. Parce qu'idéologique (la nation est censée propager des idées justes), il est devenu agressif : tout en proclamant le droit des peuples à disposer d'eux-mêmes, il s'est généralement commué en impérialisme. À l'inverse,

6. Jean-Pierre Deschodt, « Le nationalisme, Aux origines d'un mot », in *Commentaire*, 2006, 115, p. 767-775.

le nationalisme de résistance, protectionniste et conservateur, est réactionnaire. Il est né, dans le dernier quart du XIXe siècle, de la réaction vis-à-vis d'une double agression, l'une venue de l'extérieur (celle de l'Allemagne en 1870), l'autre de l'intérieur (celle du libéralisme qui laissait les catégories sociales défavorisées dans le dénuement). Ces différentes conceptions du nationalisme expliquent le comportement croisé des courants politiques vis-à-vis de la colonisation. Alors qu'elle est déconsidérée par la droite catholique et monarchiste, elle est essentiellement voulue, dans la seconde moitié du XIXe siècle, par la gauche car cet impérialisme (nationalisme de conquête) doit, pour ses promoteurs, diffuser les idéaux de la Révolution à travers le monde. Mais, au cours de la seconde moitié du XXe siècle, c'est essentiellement l'extrême droite qui s'oppose à la décolonisation car il s'agit, pour elle, de conserver l'Empire français qu'elle considère comme un corps social (nationalisme de résistance).

Ces alternatives philosophiques, quant à la définition de la société, de la patrie et de la nation, ont des conséquences directes sur la manière d'appréhender le compatriote. Est-on français parce que l'on est (juridiquement) citoyen ou, à l'inverse, est-on national parce que l'on est (culturellement) français ? Autrement dit, est-ce l'adhésion à des principes politiques (pouvant être perçus comme abstraits) ou l'appartenance à une culture (considérée comme matériellement vérifiable par des pratiques sociales comme la langue ou les mœurs) qui fait le sujet de l'État ?

La langue est l'instrument qui permet de penser (l'épisode biblique de la tour de Babel montre que la pluralité des langues entraîne l'incapacité d'avoir un projet commun et aboutit finalement au chaos). Ne pas partager une même langue (du moins publique) ne permet pas de concevoir un avenir commun. La langue est l'un des instruments de la communauté de destin. Il n'est pas inutile de relever que la volonté royale de mettre en avant le français (1539) dans le cadre de ce qui est le symbole du pouvoir politique (la justice) ne visait pas l'élimination des langues régionales mais avait pour objectif d'affirmer la puissance souveraine de l'État en concurrençant le latin, langue de l'Église.

Les deux cosmopolitismes

La mondialisation a ravivé les débats sur le cosmopolitisme. Il en existe deux approches fort différentes, l'une classique, l'autre moderne. Encore. Dans le second cas, le concept repose sur le fait que la personne appartient à l'espèce humaine. Seul cet élément, parce que commun à tous les hommes, devrait permettre de tisser le lien social. Ce dernier devrait être exclusivement centré sur le principe de l'humanité. Puisque les hommes ont des droits (naturels) tirés de leur humanité (droits de l'homme), seul le critère de l'appartenance à l'humanité devrait être retenu pour fonder les relations sociales. C'est à partir de cette idée qu'est défendue l'idée de « citoyen du monde ». Libéraux comme socialistes sont idéologiquement prisonniers de cet internationalisme.

L'abandon par l'extrême gauche du terme « anti-mondialisme », parce qu'il apparaissait comme trop réactionnaire, pour le remplacer par celui d'« alter-mondialisme » témoigne de cela.

À l'inverse, dans le premier cas, les liens sociaux sont considérés comme multiples : chaque personne s'inscrit dans différents groupes (comme la famille, le métier, la nation, la civilisation ou l'humanité). Cette conception du cosmopolitisme ne réduit pas le lien social à un critère exclusif. Chaque groupe social est considéré comme ayant un rôle différent et légitime. Le particulier n'est pas considéré comme incompatible avec l'universel mais est appréhendé comme un moyen d'y tendre. C'est dans cette logique que Cicéron a pu écrire que tout habitant de l'empire romain (au sens géographique du terme) avait deux patries : sa terre de naissance et Rome. Ainsi, le cosmopolitisme moderne conduit-il à nier les cultures au nom de l'humanité tandis que le cosmopolitisme classique entend défendre les cultures comme tentatives d'illustration de l'universel.

Le déni de l'insécurité culturelle

Les élites semblent découvrir, avec étonnement et incompréhension, le malaise identitaire qui ébranle la société française. L'immigration (et sa forte concentration en certains endroits du territoire où elle est devenue majoritaire du moins parmi les jeunes[7]) conduit bien des

7. Michèle Tribalat, *Les yeux grands fermés, L'immigration en France*, Paris, Denoël, 2010.

Français – en particulier des classes populaires qui sont, plus directement que les autres, au front de la cohabitation – à se considérer dans une situation d'insécurité culturelle. Ce changement radical d'environnement social les a poussés, pour ceux qui en avaient les moyens, à quitter ces quartiers et, pour d'autres, à mettre en place des stratégies d'évitement (par exemple pour l'inscription de leurs enfants dans les établissements scolaires). Subissant par ailleurs un déracinement dû notamment à l'uniformisation des modes de vie à cause de la mondialisation, ils se jugent acculés à défendre leur culture alors même qu'ils incarnent l'identité de référence, celle du lieu. Pourquoi une grande partie de l'élite politique et intellectuelle considère-t-elle cela comme une phobie infondée manifestant un manque d'ouverture d'esprit ?

La théorie du « creuset républicain » pose comme principe que, petit à petit, les populations d'origine étrangère renonceront à leurs particularismes culturels pour adhérer aux valeurs communes[8]. Cette position repose sur l'hypothèse qu'il n'y a pas de différence entre le processus de francisation des provinces au cours des derniers siècles et l'actuelle situation des immigrés. Elle pose comme pétition de principe que toute culture est dissoluble dans la République ; si les immigrés sont encore des « minorités visibles » c'est parce qu'ils ont subi le racisme des Français « de souche ». Il n'y aurait de rejet que subi par les immigrés et jamais commis par

8. Malika Sorel-Sutter, *Le puzzle de l'intégration*, Paris, Mille et une nuits, 2007.

eux : aucune francophobie de leur part qui expliquerait, en partie, l'échec de l'intégration.

Quant à l'idéologie multiculturaliste, elle récuse l'objectif d'obtenir des immigrés qu'ils abandonnent leur identité d'origine. Cette posture progressiste[9] considère que les sociétés occidentales se sont rendues coupables de crime contre l'altérité[10], qu'elles doivent être déconstruites et régénérées par l'immigration. Elle admet et même préconise que les immigrés puissent continuer à vivre en étrangers et que l'identité française soit, à terme, transformée. Les immigrés ne sont pas, la plupart du temps, aimés pour eux-mêmes ; ils le sont pour leur force de destruction. L'intégration est comprise comme un processus à double sens supposant un compromis réciproque entre les immigrants et leurs hôtes. Cette position repose sur l'hypothèse que l'identité française aurait, par le passé, déjà profondément évolué. Le multiculturalisme rejette le principe de l'assimilation[11], c'est-à-dire que ce soit au porteur de l'identité venue de l'extérieur de s'adapter à celle de la société d'accueil. Il condamne la préférence nationale[12] reniant, par exemple, la très républicaine loi du 10 août 1932 qui visait à protéger la main-d'œuvre nationale en fixant un quota de 10 % de travail-

9. Mathieu Bock-Côté, *Le multiculturalisme comme religion politique*, Paris, Cerf, 2016.

10. Alexandre Del Valle, *Le complexe occidental, Petit traité de déculpabilisation*, Paris, Toucan, 2014.

11. Michèle Tribalat, *Assimilation, La fin du modèle français*, Paris, Toucan, 2013.

12. Jean-Yves Le Gallou, dir., *La préférence nationale*, Paris, Albin Michel, 1985.

leurs étrangers dans les entreprises privées et de 5 % dans les entreprises publiques.

Le négationnisme de l'identité française

Ainsi, le déni de l'insécurité culturelle s'explique-t-il par le présupposé contractualiste de l'ordre social. En effet, il existe deux manières d'appréhender les corps sociaux. Ceux-ci sont soit conçus comme des entités naturelles inscrites dans l'ordre cosmologique des choses (position classique), soit considérés comme des constructions artificielles produites par la volonté des hommes (théorie moderne). L'appartenance à ces deux types de sociétés se manifeste de manières radicalement différentes. Dans le premier cas, elle consiste en une adéquation culturelle concrète ; la partie doit se soumettre à l'identité du tout existant en tant que tel. Dans le second cas, elle se traduit par l'adhésion à des principes politiques abstraits ; le tout, ainsi que son identité, est le résultat de la conjonction des parties. Par conséquent, des apports humains exogènes ne perturbent nullement l'identité de la société moderne, à la seule condition qu'ils ne remettent pas en cause l'existence du contrat social. À l'inverse, du point de vue classique, ils peuvent, en fonction de leurs actes, aussi bien être des facteurs de perpétuation du corps social que des causes de son délitement. Dans cette conception, la France a le droit de perdurer dans son être, de continuer son expérience historique et donc de choisir ses immigrés en fonction de ce qui la renforce ou de ce qui l'affaiblit : Léonardo da Vinci, c'est oui ; Léonarda Débrani, c'est non !

En revanche, pour les tenants de la sociabilité artificielle, considérer que certaines vagues d'immigration peuvent participer à la désagrégation sociale est analysé comme du racisme puisqu'il n'existe pas d'identité propre au tout (dépassant les nationaux du moment), mais seulement une juxtaposition de toutes les cultures particulières présentes, à un moment donné, sur le territoire d'un État et toutes aussi légitimes dans l'ordre public. Cette position est renforcée par une analyse des phénomènes sociaux se focalisant sur les questions économiques : l'amélioration des conditions de vie (peu importent les modes de vie) est censée décrisper les relations sociales. Il s'agit, là, d'une pensée profondément matérialiste (évacuant la question culturelle) qu'il est possible de retrouver dans d'autres domaines : dans la réduction, par exemple, des causes de la délinquance à la (supposée) pauvreté, ce qui élimine l'aspect éducatif et moral. Cela les conduit à nier que la cohabitation d'identités divergentes puisse engendrer des conflits. L'insécurité culturelle n'existe pas puisque l'identité de la société est une construction en perpétuel mouvement. Et c'est ainsi que les théories intellectuelles de l'élite exacerbent les crispations sociales vécues par le peuple. Parmi elles : la haine de la France et des Français.

L'incomplète reconnaissance du racisme « anti-blanc »

Parce qu'idéologiquement embarrassant, le racisme subi par la population d'accueil de la part d'immigrés a longtemps été occulté[13]. Si certaines juridictions reconnaissent la qualification de racisme lorsque l'insulte « sale Français » est proférée, d'autres continuent à faire semblant de croire que les Français « de souche » (*a priori* « blancs ») ne peuvent pas être l'objet de racisme puisqu'ils ne constituent pas de groupe spécifique reconnu par la loi. Le discours et l'arsenal juridique antiracistes perdent toute crédibilité lorsqu'ils se détournent de certaines victimes. Or, dans la réalité, les « blancs » n'ont pas le monopole du racisme et ils peuvent, tout autant que les personnes (françaises ou étrangères) de « couleur », en être les cibles.

Là où les populations de nombreuses origines se côtoient, un effet de groupe joue contre les Français « de souche[14] ». Dans certains quartiers, ceux-ci sont victimes d'insultes voire d'agressions en raison de leur origine ethnique. Pour échapper à l'intolérance, certains qui n'ont pas les moyens de déménager peuvent en venir à s'inventer une origine métissée pour ne pas subir de rejet social. Non seulement l'assimilation à la France des personnes d'origines étrangères n'a pas fonctionné, mais

---

13. Gérald Pichon, *Sale blanc !, Chronique d'une haine qui n'existe pas*, Nice, IDées, 2013.
14. Tarik Yildiz, *Le racisme anti-blanc, Ne pas en parler : un déni de réalité, Nîmes*, Éditions du Puits de Roulle, 2010.

c'est le processus inverse qui semble parfois se mettre en place.

Le déni du racisme « anti-blanc » manifeste une sorte de xénophilie confinant à la schizophrénie (la dénonciation du racisme est concomitante de la négation de l'existence des races) et au masochisme (le racisme étant dénoncé comme une invention des « blancs », ceux-ci ne pourraient pas en souffrir). Il sert l'idéologie immigrationniste qui dénonce comme raciste toute volonté de réguler les flux migratoires[15].

La réalité sensible du « Grand remplacement »

La question de l'immigration suppose de prendre en considération deux aspects : l'un quantitatif, l'autre qualitatif, autrement dit, d'une part, le nombre et, d'autre part, la proximité culturelle du ou des nouveaux venus avec la communauté d'accueil. Depuis la Gaule romaine jusqu'au XIXe siècle, la population de la France est restée globalement stable : le fond du peuple français est demeuré le même. Même s'ils ont eu un impact politique assez important (encore que l'Empire romain s'effondrait surtout de lui-même et que la romanité a largement survécu[16]), les « Barbares » furent quantitativement peu

15. Gilles-William GOLDNADEL, *Réflexions sur la question blanche, Du racisme blanc au racisme anti-blanc*, Paris, Jean-Claude Gawsewitch, 2011.

16. Karl-Ferdinand WERNER, *Les origines, avant l'an mil*, Paris, fayard, 1992 ; Olivier GUILLOT, Yves SASSIER, *Pouvoirs et institutions dans*

nombreux[17]. En outre, certains d'entre eux ne vinrent pas dans l'Empire romain dans le but de le piller ou de le dévaster, mais dans celui de s'y assimiler. Ainsi les Francs furent-ils des défenseurs de l'Empire (le père de Clovis avait le rang de général romain). À cela s'ajoute le fait qu'il semble désormais admis que, contrairement à ce qui a été longtemps affirmé, il n'y avait pas de différence ethnique entre les Celtes installés à l'Ouest du continent européen et les Germains venus de l'Est ; c'est la thèse de l'indifférenciation celto-germanique[18].

Par la suite, même avec les migrations venues du Nord aux IXe et Xe siècles, il n'y a pas eu de flux quantitativement important avant la révolution industrielle ; l'arrivée en France de nouveaux venus a concerné des personnes et éventuellement leurs familiers et leurs « suites ». Démographiquement, cela a été négligeable. L'immigration a commencé à devenir un phénomène visible à partir du XIXe siècle et surtout après la première guerre mondiale. Mais elle a concerné des personnes venues d'Europe et donc culturellement (notamment religieusement) proches. Même si cela n'a pas été sans frictions, cette immigration s'est rapidement fondue dans l'ensemble national, un peu à la manière (d'ailleurs

la France médiévale, t. 1 : *Des origines à l'époque féodale*, Paris, Armand Colin, 2003.

17. Lucien Musset, *Les invasions*, Paris, PUF, 2 vol. : t. I, 3e éd., 1994 ; t. II, 2e éd., 1971.

18. Pour une illustration récente de cette position, cf. Christophe Camby, *Wergeld ou uueregildus, Le rachat pécuniaire de l'offense entre continuités romaines et innovation germanique*, Genève, Droz, 2013.

quelque peu forcée par le recours à l'école et au service militaire) des cultures provinciales.

Ce n'est qu'à partir de la seconde moitié du XXe siècle que l'immigration est devenue culturellement exogène. En outre, ce n'est qu'avec la fin des Trente glorieuses que l'immigration de travail s'est transformée en immigration de peuplement[19]. Par conséquent, la France est restée ethniquement et surtout culturellement homogène jusque dans les années 1970[20]. L'immigration massive est récente. Affirmer qu'elle a de tout temps forgé l'identité française relève de l'imposture.

C'est dans ce contexte que l'expression de « grand remplacement » a été utilisée à partir de 2010 par l'écrivain Renaud Camus[21]. Ce concept vise le phénomène sensible qui tend à faire des actuelles « minorités visibles » la majorité future notamment à cause du taux de fécondité plus élevé chez les populations d'origine immigrée que chez les autochtones. Il évoque le changement progressif d'une population par une autre, constatable notamment par le choix de prénoms pour les

---

19. Aujourd'hui, un peu plus de 80 % des Français pensent qu'il faut passer d'une immigration subie à une immigration choisie tandis qu'ils ne sont qu'environ 40 % à considérer que l'immigration est une chance pour la France : cf. IFOP, *Les Français et l'immigration,* Enquête pour *Valeurs actuelles* (échantillon de 1 002 personnes), octobre 2013 ; IFOP, *Les priorités des Français et la question de l'immigration,* Enquête pour *Atlantico* (échantillon de 1 927 personnes), février 2015.

20. Jacques DUPÂQUIER, dir., *Histoire de la population française*, Paris, PUF, 1995, 4 vol.

21. Renaud CAMUS, *Le grand remplacement,* Neuilly-sur-Seine, Reinharc, 2011.

nouveau-nés issus de cultures étrangères. Alors que certains hésitent à utiliser cette notion de peur d'être ostracisés, l'ONU, elle, n'a pas eu ces scrupules puisqu'elle a produit un rapport sur ce sujet en mars 2000[22] : l'immigration « de remplacement » est celle dont un pays aurait besoin pour éviter le déclin démographique et le vieillissement de sa population.

Prétendre être un Français comme les autres

Si, longtemps, le simple fait d'évoquer les dysfonctionnements sociaux provoqués par une immigration de masse culturellement éloignée de celle du pays d'accueil était dénoncé comme de la xénophobie, un cran supplémentaire a récemment été franchi : il semble désormais interdit de constater que des citoyens ont, dans la nation, des enracinements familiaux plus profonds que d'autres. Parce qu'il y a, effectivement, des Français d'origine étrangère, ce serait faire preuve de violence vis-à-vis d'eux que de reconnaître l'existence de Français « de souche ». Ce déni de la plus simple des réalités démographiques procède de la confusion entre la loyauté envers un ordre social (élémentaire respect du droit d'application territoriale) et l'appartenance culturelle à une nation. Or, évoquer les Français « de souche » signifie que certains ont des racines plus profondes que d'autres installés plus récemment. Mais, être d'origine étrangère

22. Henri Leridon, « Vieillissement démographique et migrations : quand les Nations unies veulent remplir le tonneau des Danaïdes… », in *Population & sociétés*, juin 2000, n° 358, 4 p.

n'interdit pas de « faire souche ». Encore faut-il faire sienne l'identité du lieu d'accueil, se sentir l'héritier de ceux qui ont façonné cette terre, que ce soit Clovis, Charlemagne, Jeanne d'Arc ou Louis XIV. À moins de réduire la personne à une conception biologique, un étranger peut s'inscrire dans une continuité historique et se faire le défenseur de cette identité. En un mot, parler tout naturellement de ses « ancêtres les Gaulois ».

Le multiculturalisme s'appuie sur la théorie de la sociabilité artificielle qui réduit le lien national à l'adhésion à des principes juridiques abstraits. Dans la définition rénanienne de la nation[23], l'inscription dans un héritage commun est jetée par-dessus bord pour ne retenir que la manifestation de volonté. En vient à être atteinte cette incongruité que tout Français pourrait se prévaloir de ses origines, sauf si elles sont françaises, que toute identité aurait le droit de se préserver, à l'exception de la Française[24]. Il est certain que le discours en faveur du multiculturalisme n'en est pas à une contradiction près : les Français de souche n'existent pas, mais il faudrait mettre en place une discrimination positive en faveur de ceux qui ne le sont pas ; l'identité traditionnelle de la France n'est qu'une vue de l'esprit, mais il faudrait se faire à l'idée qu'elle serait dépassée.

Nier l'existence des Français de souche, revient à couper la société de son passé et prétendre que la nation recommence à chaque génération : c'est adhérer à l'hypothèse selon laquelle le corps social n'est qu'une

23. Ernest Renan, *Qu'est-ce qu'une nation ?, et autres écrits politiques*, éd. Raoul Girardet, Paris, Imprimerie nationale, 1995.

24. Alain Finkielkraut, *L'identité malheureuse*, Paris, Stock, 2013.

construction artificielle. Pour l'idéologie contractualiste, la société n'a pas d'identité propre dépassant les citoyens l'incarnant à un moment donné ; l'identité du tout n'est que le résultat de la juxtaposition des cultures particulières présentes en son sein. Par conséquent, le multiculturalisme regarde toute exigence d'assimilation culturelle des immigrés comme infondée. Au nom de l'égalitarisme, les plus récemment venus pourraient légitimement transformer la culture de la société qui accepte de les accueillir. La situation devient ubuesque : plus les membres d'une communauté dérogent à l'identité commune, plus ils revendiquent fortement le fait d'être des citoyens comme les autres.

Auparavant, les étrangers étaient invités et aidés à se convertir aux coutumes nationales ; désormais, c'est aux hôtes porteurs de la tradition culturelle autochtone de modifier leurs habitudes pour permettre aux personnes reçues de maintenir leurs pratiques exogènes. C'est la fin du modèle assimilationniste (républicain !). La culture française n'a plus la préséance et les Français enracinés (qu'ils soient ou non « de souche ») ne sont plus considérés comme les référents culturels. La France se voit contrainte d'abdiquer ses codes socio-culturels pour permettre l'inclusion de toute identité présente sur son territoire[25]. Plus d'identité de référence dans laquelle les nouveaux venus devraient se fondre : voilà la culture française dénoncée comme un obstacle à l'intégration… à la France !

25. Thierry Tuot, *La grande Nation, Pour une société inclusive*, Paris, La documentation française, 2013.

Dans ces conditions, l'intégration des immigrés confine à la désintégration de l'identité nationale. Comment, dès lors, s'étonner de la montée de l'inquiétude identitaire ? Celle-ci ne traduit pas le rejet de l'autre (en tant qu'il est différent), mais le refus d'une dépossession de soi et de devenir autre chez soi. Sur le territoire de la France ont vécu et sont morts quinze milliards d'hommes[26]. Que représentent, face à eux, les soixante-cinq millions d'actuels Français et, parmi eux, les douze millions qui ont une ascendance étrangère ? Si certains avaient la prétention de modifier l'identité de la France, celle-ci ne serait-elle pas en état de légitime défense ?

Un flux continu (même ténu) d'immigration pendant des décennies peut changer la composition d'une population. Le processus est dissimulé, d'un côté, par la culpabilisation de la population autochtone à l'aide de l'antiracisme[27] et, de l'autre, par l'interprétation orientée des statistiques réduisant artificiellement la réalité de l'immigration par le biais des naturalisations (obtenues, à terme, par au moins six immigrés sur dix qui s'installent en France) et du droit du sol (qui donne la nationalité française à quiconque est né en France, y compris de parents clandestins[28]). Pour éviter qu'un jour

26. Pierre Chaunu, *La France, Histoire de la sensibilité des Français à la France*, Paris, Robert Laffont, 1982.

27. Richard Millet, *De l'antiracisme comme terreur littéraire*, Paris, Pierre-Guillaume de Roux, 2012.

28. 59 % des Français se sont déclarés favorables à la suppression de l'acquisition automatique de la nationalité française pour les enfants nés en France de parents immigrés clandestins : Ifop, *Les Français et l'immigration*, Enquête pour *Valeurs actuelles* (échantillon de 1 004 personnes), septembre 2015.

l'assimilation ne soit celle des autochtones à des cultures étrangères, la remigration des personnes non-assimilées semble inéluctable.

Rester Français, cela se mérite

Faut-il maintenir au sein de la nation ou l'en retrancher ceux qui cherchent à en nier son existence ? L'importance d'une disposition comme la déchéance de nationalité, envisagée un temps contre les djihadistes, ne se mesure pas qu'à son utilité : il est en effet peu probable qu'une telle menace à l'encontre de personnes mues par une idéologie totalitaire soit vraiment dissuasive. Mais, pour perdurer, une société doit aussi investir dans le symbolique. C'est dans cette optique qu'elle a, d'ailleurs, été déjà employée. En 1848, alors que la constitution de la IIe République était en préparation, le décret d'abolition de l'esclavage prévit que tout Français qui continuerait à pratiquer la traite ou qui achèterait de nouveaux esclaves serait déchu de la nationalité française.

Quant à la IIIe République, elle ne s'est pas privée de la mettre en application. D'abord, pendant la première guerre mondiale à l'encontre d'un peu plus de 500 naturalisés originaires de pays ennemis comme l'Allemagne ou la Turquie. Ensuite, en 1939-1940, furent déchus de leur nationalité française non seulement des personnes l'ayant acquise mais aussi des Français de naissance (qui n'étaient pas binationaux). Le plus connu de ces derniers fut Maurice Thorez, le secrétaire général du Parti communiste : ayant déserté en octobre 1939 à la suite du pacte germano-soviétique de non-agression (il devait passer la guerre en Union soviétique jusqu'en novembre 1944), il fut condamné à de la prison par le tribunal militaire d'Amiens (novembre 1939) et déchu de sa nationalité française (février 1940) par le gouvernement (radical-socialiste) dirigé par Édouard Daladier en vertu d'un décret-loi du 9 septembre 1939 qui autorisait la déchéance de nationalité à l'encontre de « tout Français qui se sera comporté comme le ressortissant d'une puissance étrangère ».

Contrairement à une idée communément répandue, la France n'est liée par aucun texte proscrivant l'apatridie. Ainsi la Convention relative au statut des apatrides (1954), signée par la France en 1955 et ratifiée par elle en 1960, n'interdit pas de créer des apatrides mais établit un cadre pour leur traitement. Quant à la Convention sur la réduction des cas d'apatridie (1961), la France l'a signée en 1962 mais ne l'a pas encore ratifiée ; elle ne lui est donc pas opposable. Il est d'ailleurs assez difficile de comprendre pourquoi les droits-de-l'hommistes qui donnent l'exclusivité au lien social fondé sur l'appartenance à l'espèce humaine (et nient la légitimité de l'enracinement dans les corps sociaux comme la nation) ne sont pas aussi de farouches défenseurs de l'apatridie. Considérer qu'une personne devenue française l'est définitivement, ne serait-ce pas, là, une « essentialisation » tant dénoncée par les antiracistes ?

Cela dit, il est prudent de se méfier de la toute-puissance de l'État dans la détermination (et non la constatation) de ses nationaux, surtout quand la nationalité est réduite à son aspect juridique d'adhésion à un contrat social. Car hier étaient dénoncés comme de mauvais Français les suspects de ne pas être d'authentiques révolutionnaires. Et demain, les résistants à la submersion migratoire ?

Chapitre 8
Le bon, la brute et le « mécréant »

La question identitaire, devenue centrale dans les enjeux politiques, se focalise en particulier sur l'islam. La distorsion entre les Français et les élites politiques n'en est que plus renforcée. En effet, la quasi-totalité de la classe politique française refuse d'admettre le caractère impérialiste de l'islam(isme). Même l'aggravation de la persécution des chrétiens en Orient ne semble pas leur ouvrir les yeux sur sa stratégie de conquête[1].

Il est devenu difficile de discuter des ambitions politiques de l'islam sans être immédiatement dénoncé, dans un réflexe pavlovien, comme islamophobe. Quiconque émettant un doute sur la compatibilité de l'islam(isme) avec l'identité de la France est instantanément mis au ban de la catégorie des êtres pensant. Pourtant, la proportion de Français considérant que l'islam est un danger pour l'identité du pays est en progression (désormais près de 50 %) et une majorité d'entre eux (près de 70 %) considère que les musulmans sont mal intégrés[2]. Le redoublement des attentats et du massacre des chrétiens

1. Ivan Rioufol, *La guerre civile qui vient*, Paris, Pierre-Guillaume de Roux, 2016.
2. Ifop, *Regards croisés sur l'islam en France et en Allemagne*, Enquête pour *Le Figaro* (échantillon de 1 008 personnes en France et de 989 en Allemagne), avril 2016.

(notamment par l'État islamique) a rendu (encore plus) nécessaire la réflexion sur le contenu religieux, la nature politique et l'ambition sociale de l'islam[3].

Un « isme » en plus ou en moins

Pourquoi la quasi-totalité de la classe politique française s'entête-t-elle à proclamer évidente, d'un côté, l'hétérogénéité de l'islam et de l'islamisme et, de l'autre, la compatibilité du premier avec la République et non, d'ailleurs, avec la culture française ? Plusieurs raisons sont identifiables. Sans doute, certains hommes politiques entendent-ils sincèrement éviter la stigmatisation des musulmans qui restent *a priori* pacifiques. D'autres, plus cyniques, cherchent certainement à protéger des intérêts électoraux et à conserver (mais pour combien de temps ?) la paix sociale en abdiquant la culture autochtone et la puissance publique en certains lieux abandonnés à des organisations soit criminelles soit d'embrigadement religieux[4]. Plus stratèges, certains font preuve de davantage de prudence : sachant qu'il existe des territoires en quasi-sécession, il faudrait éviter, avant que des mesures fermes ne puissent être prises, la conscientisation et la coagulation de la masse musulmane encore divisée (tant pour des raisons de divergences doctrinales

3. Dominique Urvoy, Marie-Thérèse Urvoy, *Les mots de l'islam*, Toulouse, Presses universitaires du Mirail, 2004 ; des mêmes : *L'action psychologique dans le Coran*, Paris, Cerf, 2007.
4. Céline Pina, *Silence coupable*, Paris, Kero, 2016 ; Joachim Véliocas, *Ces maires qui courtisent l'islamisme*, Paris, Tatamis, 2e éd., 2015.

que de diversité ethnique des croyants) en plusieurs sensibilités.

Cependant, c'est avant tout l'orgueil qui conduit l'essentiel des élus à une stupéfiante cécité mentale se manifestant par le refus obstiné de voir le caractère impérialiste de l'islam(isme). C'est le syndrome Roubachof, du nom du héros de *Le Zéro et l'infini* d'Arthur Koestler[5] : ils ne peuvent changer de politique d'immigration, reconnaître que les sociétés multiculturelles sont hyperconflictuelles et que l'assimilation des immigrés (leur conversion à la culture française) n'a pas été poursuivie, sans implicitement avouer que, depuis des décennies, ils se sont trompés ou ont menti aux Français. Les voici conduits à faire de la surenchère. Ayant une foi aveugle dans le « creuset républicain », ils sont prêts à tenter de dissimuler encore, après des naturalisations massives, le remplacement démographique en le disséminant sur l'ensemble du territoire, la mixité culturelle devenant la norme partout. Et honte aux récalcitrants : ce ne seraient que des racistes.

Analysant l'islam à l'aune de leurs critères et non des siens, plaquant sur l'objet étudié des principes qui lui sont exogènes, les hommes politiques se condamnent à ne pas comprendre son ontologie. C'est ainsi qu'ils réduisent l'islam à une foi individuelle, évacuant sa nature politico-juridique ; ils en concluent que, circonscrit à la sphère privée, il est soluble dans n'importe quelle société. Ils considèrent, à tort, tous les phénomènes religieux comme identiques ; ils pensent, par

5. Arthur Koestler, *Le zéro et l'infini* [1945 pour la trd. fra.], Paris, Le livre de poche, 1974.

conséquent, que le processus de dilution qu'a connu le catholicisme dans l'ordre laïc touchera également l'islam. C'est méconnaître le fait que le christianisme a pu (pour son malheur) s'adapter à la laïcité parce qu'il distingue (tout en ne séparant pas) le droit (politique) et la loi (morale), ceux-ci devant normalement converger. À cette méprise s'ajoute une convergence intellectuelle formelle. Islamistes et « républicains » ne s'accordent pas *a priori* sur les dispositions de la loi. Mais ils partagent la même conception quant à sa force déontique : il faut lui obéir non parce qu'elle permet de réaliser le bien mais parce qu'elle est un commandement, l'expression de la volonté supposée de la puissance supérieure (le divin pour les islamistes, la volonté générale pour les républicains). Dans ce schéma, fort éloigné de la tradition classique occidentale, la soumission à la loi est bonne par principe[6]. Il est donc techniquement possible de collaborer comme l'anticipe Michel Houellebecq dans son roman *Soumission*[7].

Pas d'amalgame !

Pas de confusion entre le bon musulman et la brute islamiste ; autrement dit : « pas d'amalgame » ! Cette revendication aux accents de sincérité d'une poignée de

6. Sur la question de l'articulation de la religion et du droit, cf. : Marie-Thérèse Urvoy, dir., *Christianisme et islam, Foi et loi*, Versailles, Éditions de Paris, 2010 ; Marie-Thérèse Urvoy, dir., *La morale au crible des religions*, Versailles, Éditions de Paris, 2013.
7. Michel Houellebecq, *Soumission*, Paris, Flammarion, 2015.

personnes de croyance musulmane, relayée avec enthousiasme par nombre de non-musulmans, a toutes les caractéristiques de la pétition de principe. Il s'agirait, là, d'une telle évidence qu'elle devrait être hors de portée de la discussion. Or, c'est bien là que le bât blesse. Car si ce slogan s'appuie sur une constatation indubitablement exacte et socialement vérifiable – il existe une différence de conduite entre le modéré (généralement culturel) et l'extrémiste (plutôt cultuel) –, elle élude la question centrale permettant la compréhension globale de l'enjeu (étant entendu que c'est le phénomène social de l'islam qui est, ici, visé et non la foi de la personne) : celle de l'objectif poursuivi et des moyens mis en œuvre à cette fin.

Est-il possible d'induire une différence de degré dans la méthode entre l'autoproclamé bon et l'assumée brute, une distinction de nature politique de leurs religions ? Pour répondre par l'affirmative, encore faudrait-il que soit précisément établie la frontière entre le « gentil » musulman et le « méchant » islamiste, le ou les critères de discrimination. Or, la réponse se fait d'autant plus attendre que la cinquième colonne des « brutes » se recrute parmi les « bons ». En outre, la distinction entre un prétendu véritable islam (ouvert au progrès) et sa forme archaïque (présentée comme dévoyée) ne résout pas la question de l'imprécision voire de l'impossibilité d'établir une délimitation. De quel côté faut-il placer, par exemple, la pratique, *a priori* pacifique mais non moins provocatrice, des prières publiques ?

Se pourrait-il, alors, que la distance dans les conduites ne s'explique nullement par des prescriptions et des croyances différentes mais en raison d'une adaptation des protagonistes aux circonstances (lieux et rapports de force) auxquelles ils sont confrontés ? D'aucuns considèrent que les trois étapes de la stratégie de conquête politico-religieuse de l'islam (dont l'ambition est attestée par l'histoire) sont clairement identifiées. Premièrement, s'implanter dans une société en revendiquant un droit à l'indifférence, tout accroc à l'égalité « égalitariste » étant accusé d'être une illégitime discrimination, toute critique étant dénoncée comme une agression. Il s'agit d'instrumentaliser la victimisation et de culpabiliser la société d'accueil. Deuxièmement, subvertir l'ordre de celle-ci en obtenant des droits différents (communautarisme). Dans cette phase, l'islam est encore trop faible pour vaincre mais assez puissant pour prendre possession d'une partie de l'espace public (vêtements, menus, horaires). Il s'agit de gagner du terrain : c'est la tactique du grignotage visant à tester la force de résistance des institutions du lieu[8]. Ne pas accéder à ces revendications de droits particuliers serait le signe d'une persécution ne serait-ce que larvée. Troisièmement, imposer sa domination politique et un droit différent quand le rapport de force (militaire, démographique, culturel, etc.) lui est devenu favorable. Alors, l'islam combat ouvertement tout ce qui ne lui fait pas allégeance (le « mécréant » étant, au mieux, soumis à un statut le

---

8. Il est possible de consulter le témoignage suivant : Géraldine SMITH, *Rue Jean-Pierre Timbaud, Une vie de famille entre bobos et barbus*, Paris, Stock, 2016.

mettant dans une situation d'infériorité juridique et de soumission sociale[9]).

Islams « modéré » et « rigoriste » ne divergent pas dans leurs finalités mais se distinguent en raison des situations socialement différentes dans lesquelles ils sont placés : le premier est minoritaire et donc conciliant, le second est dominant et donc dominateur. Dans ces conditions, il est naturel que le « mécréant » soit enclin à suspecter la dissimulation (*taqiya*) du loup islamiste sous les traits de la brebis musulmane. Comment pourrait-il croire que l'islam est une religion capable de tolérance quand celui-ci n'hésite pas à revendiquer pour lui, en Occident, les libertés collective de prosélytisme et individuelle de conversion qu'il refuse aux autres religions dans les territoires qu'il contrôle ? Le non-respect de la plus élémentaire des réciprocités de traitement (par exemple pour la construction des lieux de culte) donne au « mécréant » le sentiment amer d'une déloyauté et d'un jeu de dupes.

La politique de l'autruche : orgueil et cécité

La cohabitation dans une même société de plusieurs religions concurrentes – et dont les dogmes sont susceptibles d'être incompatibles – est compliquée par le fait que celles-ci peuvent ne pas prescrire les mêmes conduites à leurs fidèles. Or, quand la loyauté fait défaut (si la dissimulation voire le mensonge délibéré sont

9. Sur la *dhimmitude* et la persécution des chrétiens, cf. notamment : Annie Laurent, *Les chrétiens d'Orient vont-ils disparaître ?*, Paris, Salvator, 2008.

autorisés), quand la réciprocité (dans l'exercice du culte ou la liberté de la conversion[10]) n'est pas pratiquée, quand l'usage de la force est permis (non pas seulement par légitime défense mais comme instrument de conquête), aucune relation de confiance n'est véritablement possible[11]. L'ordre social est alors traversé par des rapports de force où la paix devient fragile.

S'auto-rassurant, la plupart des hommes politiques comptent sur l'islam modéré pour vaincre sa version radicale. Ils refusent d'envisager que cette distinction n'est recevable qu'en termes de moyens et non de fin. Car toutes les formes de l'islam ont un même objectif : la conquête. L'hostilité de l'islam envers l'Occident n'est pas le résultat de l'actuel matérialisme d'une (grande) partie de la population de ce dernier. Son expansion militaire a commencé dès son origine, au VIIe siècle (tentative de prise de Jérusalem dès 614), à une époque où la civilisation chrétienne du pourtour méditerranéen ne pratiquait pas le culte de l'argent. L'animosité des islamistes

10. Joseph Fadelle, *Le prix à payer* [2010], Paris, Pocket, 2011.

11. Sur le dialogue interreligieux et les profondes divergences entre christianisme et islam, cf. : Édouard-Marie Gallez, *Le malentendu islamo-chrétien, Repenser le dialogue*, Paris, Salvator, 2012 ; Annie Laurent, *L'islam peut-il rendre l'homme heureux ?,* Perpignan, Artège, 2012 ; Antoine Moussali, *Judaïsme, christianisme et Islam, Étude comparée*, Versailles, Éditions de Paris, 2000 ; du même : *Musulmans, juifs et chrétiens au feu de la foi*, Versailles, Éditions de Paris, 2005 et *La croix et le croissant, Le christianisme face à l'islam*, Versailles, Éditions de Paris, 2005 ; Guy Pagès, *Interroger l'islam, Éléments pour le dialogue islamo-chrétien*, Bouère, DMM, 2e éd., 2014 ; Dominique Urvoy, Marie-Thérèse Urvoy, *La mésentente, Un dictionnaire des difficultés doctrinales du dialogue islamo-chrétien*, Paris, Cerf, 2014.

ne vise pas uniquement, parce qu'elle les briderait, la laïcité : les chrétiens d'Orient et d'Afrique convertis de force, réduits en esclavage ou massacrés, n'en sont pas les thuriféraires. Qu'il soit *hard* (guerre militaire) ou *soft* (guerre culturelle), le *djihad* vise le règne, à terme, de la *charia*. L'islam n'a jamais eu pour but de coexister pacifiquement avec les autres religions mais de s'y substituer[12].

Dans le phénomène djihadiste touchant des personnes nées en Occident[13], il y a la combinaison d'un islam qui s'est radicalisé (par l'influence de la doctrine salafiste) et d'une radicalité qui s'est islamisée (justification de la violence par une doctrine juxtaposée, continuation de la violence par d'autres moyens). Mais, dans les deux cas, c'est bien un environnement social fait d'immigration massive sans exigence d'assimilation culturelle qui a créé un terreau favorable à son développement. Cette combinaison contribue à expliquer deux phénomènes stupéfiants. D'une part, des voyous ou des personnes à la vie dissolue prétendent faire leur rédemption en cherchant à imposer à tout le monde et par la violence une loi « morale » qu'ils n'ont peut-être jamais vraiment respectée. D'autre part, des foules musulmanes (supposées modérées) font preuve d'un silence complaisant en ne

12. Sur l'ambition politique de l'islam(isme), cf. : Alexandre Del Valle, *Le totalitarisme islamiste à l'assaut des démocraties*, Genève, Éditions des Syrtes, 2002 ; Hamid Zanaz, *L'islamisme, vrai visage de l'islam*, Paris, Les éditions de Paris-Max Chaleil, 2012 et *Islamisme, Comment l'Occident creuse sa tombe*, Paris, Les éditions de Paris-Max Chaleil, 2013.
13. Alexandre Mendel, *La France djihadiste*, Paris, Ring, 2016.

dénonçant pas les attentats et ne se désolidarisant pas des actes de barbarie commis au Moyen-Orient et ailleurs. Tout cela confirme que l'islam n'est pas qu'une religion mais aussi et peut-être surtout un système politico-social où il n'y a de respect et de compassion que pour ce qui est musulman. Tout ce qui ne relève pas de sa sphère d'influence est un butin potentiel dont le terrorisme sexuel est une illustration.

Le Janus du terrorisme sexuel

L'islam(isme) ne se rend pas seulement coupable de tueries. Il pratique aussi une autre forme de guerre : le terrorisme sexuel. Celui-ci prend deux visages qui, tel un Janus, sont intimement liés, l'un étant le revers justifiant l'autre : le premier consiste en un discours moralisateur vestimentaire, le second en tire les conséquences quant au respect de l'intégrité physique due à la personne.

Le terrorisme sexuel prend, d'abord, la forme intellectuelle de l'apologie de la pudeur féminine. Pour être décente en public, la femme devrait non pas seulement habiller son corps mais le dissimuler le plus possible, certains considérant même qu'il lui faudrait cacher son regard. Pour masquer ses intentions ? Nombre de celles qui se soumettent à de telles prescriptions – souvent avec une fierté, elle, non-dissimulée – semblent sûres de donner ainsi des leçons de vertu. Une telle position revient à considérer que la vue du corps de la femme – même non dénudé ! – provoque immédiatement chez tout homme un irrépressible désir. Voilà le mâle réduit à des instincts primitifs qui le pousseraient inéluctablement à vouloir posséder physiquement la femme qu'il décide de regarder. Ainsi, le vêtement extérioriserait-il la vertu réelle de la personne et la morale profonde de l'être serait-elle enfermée dans l'apparence.

Le rejet viscéral de telles considérations est, par un raccourci manichéen, interprété comme une acceptation voire une promotion de la débauche par la société occidentale. Or, ce ne sont ni le voile couvrant la tête et les cheveux ni la robe longue descendant jusqu'aux chevilles qui, en soi, la heurtent. Les religieuses ne portent-elles pas de telles tenues ? C'est la combinaison de deux revendications contradictoires qui la scandalise : la première met en avant (au nom d'une liberté individuelle) une singularité culturelle, la seconde instrumentalise (dans le cadre public) le souci d'égalité exploité dans le sens d'un égalitarisme entre l'identité du lieu et une pratique exogène. La tenue de la sœur catholique témoigne de son engagement spirituel ; en entrant dans le noviciat puis en prononçant ses vœux, elle meurt au monde, elle sort de la politique et ne prétend pas y exercer de pression communautariste. À l'inverse, le vêtement islamiste exprime la volonté délibérée de transformer l'ordre social.

Il est tellement conçu comme un signe distinctif, à la fois une cuirasse et un étendard, qu'il serait permis d'abuser de la femme qui ne le porterait pas. Celle-ci, supposée sans honneur, ne serait pas respectable et donc à la disposition du premier venu. Outre que l'incontinence de certains hommes trouve, là, une justification prodigieusement perverse – le prédateur déclare sa victime coupable pour s'auto-justifier –, l'usage politico-militaire du viol, individuel et collectif, et de la réduction en esclavage ne peut être ignoré. Il est une arme pour terroriser les populations que l'islam cherche à conquérir, la femme ne pouvant y échapper qu'en se convertissant.

Dans la pratique, ce terrorisme physique ne prolonge pas nécessairement sa version culturelle. Mais il en est, dans une certaine herméneutique, la continuité logique. Si la majorité des médias jettent un voile pudique sur les viols dont le caractère ethnico-religieux est peu douteux[14], les faits n'en sont pas moins réels et de plus en plus nombreux en Europe. Qu'il soit fondé sur une supposée stratégie de conversion de la victime ou une théorie d'un « mariage » temporaire, le viol est pratiqué sans mauvaise conscience. Dans cette « morale », ce n'est pas l'acte lui-même (niant le consentement d'autrui) qui est visé, mais le sujet auquel il est imposé. Ce qui est interdit avec les musulmanes ne l'est pas avec les « mécréantes ». Celles-ci peuvent être réduites à des proies animalisées : du bétail, du gibier, de la viande à plaisir, du butin dont il est permis de se servir à sa guise.

En n'imposant pas de canalisation de la *libido* en dehors de l'union musulmane, l'islam(isme) attire à lui des hordes de combattants avides de défoulement. Il absout ses fidèles de leur dépravation dont il accuse, par

14. L'affaire de viols collectifs à répétition commis sur des adolescentes à Rochdale, petite ville proche de Manchester en Grande-Bretagne, est archétypique : tous les coupables étaient extra-européens et musulmans, toutes les victimes étaient blanches et non-musulmanes.

ailleurs, la société occidentale. Cette schizophrénie permet au mâle musulman de se vautrer dans la luxure tout en s'estimant irréprochable et approuvé par son dieu. Cette idéologie permet d'obtenir une soumission sociale d'autant plus aveugle qu'elle autorise ses adeptes, en les libérant du sentiment de culpabilité, de pratiquer sur ses « ennemis » des actes sadiques. Cela vaut pour la sexualité comme pour les méthodes d'assassinat.

Voilà notamment pourquoi la décision du pape d'accueillir, en avril 2016, dans la capitale du catholicisme, trois familles de réfugiés Syriens uniquement de religion musulmane a choqué une part importante de l'opinion publique car la portée symbolique de ce geste était très forte étant donné son auteur.

L'insoutenable légèreté du geste

Or, quand certains, en particulier des chrétiens d'Orient, ont osé dire leur incompréhension et pensé devoir dénoncer le silence complaisant du plus grand nombre des catholiques, ils se sont vus opposer une réaction offusquée. Il aurait été indigne de critiquer la conduite du souverain de la cité du Vatican : ne pas lui faire entièrement confiance manifesterait une prétention à lui donner des leçons. Bien des catholiques prennent cependant des libertés dans tout ou presque ce qui regarde leur religion : dans la célébration des sacrements ou dans l'enseignement de la doctrine de la foi, là où devrait régner une stricte discipline. Mais, à propos d'un acte éminemment politique, celui qui entend le discuter se voit sinon voué aux gémonies, du moins sommé d'abdiquer sa raison et sa conscience. Voilà le principe d'obéissance profondément déréglé et l'infaillibilité pontificale assurément hypertrophiée, tous deux étant portés au-delà de leurs limites traditionnelles.

Les thuriféraires d'une autorité ecclésiastique toute puissante, y compris dans le domaine politique, ont tout de même semblé quelque peu gênés puisqu'ils instrumentalisèrent deux discours, parfaitement contradictoires, pour justifier l'acte du vicaire de Jésus-Christ. L'un prétendait qu'il aurait été piégé par des bureaucrates car les familles chrétiennes qu'il devait aussi emmener n'avaient pas leurs papiers en règle ; il aurait donc dû se résigner à ne convier que des musulmans. L'autre affirma qu'accueillir, cette fois, exclusivement des disciples de Mahomet serait un geste prophétique traduisant une géniale stratégie diplomatico-théologique.

Pourtant, ces argumentaires étaient l'un comme l'autre contestables. Avec le premier, les musulmans étaient mis sur un pied d'égalité avec les chrétiens. Des catholiques, et le premier d'entre eux, peuvent-ils sérieusement considérer l'idéologie musulmane qui nie la divinité de Jésus-Christ comme aussi légitime que leur foi ? D'aucuns en viennent à craindre que le Saint-Père accorde à ses protégés un lieu de prière à deux pas du tombeau de saint Pierre. Et pourquoi pas même une église d'où serait retirée la présence réelle pour ne pas les indisposer ? Dans le traitement des réfugiés, l'indifférenciation des victimes directes (celles qui risquent leur liberté et leur peau) et indirectes (celles qui vivent dans de mauvaises conditions mais ne craignent pas les représailles islamistes) pourrait être interprétée comme un paroxysme d'iniquité.

Dans le cadre du second, il est assez péremptoirement affirmé que le pontife de l'Église universelle donnerait une cinglante et efficace leçon de morale au monde musulman. Comme si celui-ci fonctionnait à l'aune des mêmes critères que la chrétienté. Les catholiques peuvent-ils vraiment s'imaginer que l'acte du Serviteur des serviteurs de Dieu (mais pas n'importe lequel) imposera une telle admiration et reconnaissance aux foules musulmanes, les frappera d'une telle stupeur que les persécutions subies par les chrétiens cesseront, que la liberté de pratiquer publiquement leur culte leur sera reconnue partout où l'islam(isme) domine et que des musulmans se convertiront en masse ? Ils semblent incapables d'envisager que cet acte puisse être pris par les tenants de l'islamisme d'une manière exactement inverse : pour une manifestation de faiblesse, un comportement de *dhimmitude*, une permission de redoubler le martyre des chrétiens et une acceptation implicite voire une collaboration active à la conquête musulmane.

Si la charité aime aussi, et malgré tout, les ennemis et œuvre pour leur conversion, d'aucuns pourraient considérer qu'une pratique qui préfère l'ennemi à l'ami, qui vient en aide au lointain au détriment du prochain traduit une vertu dénaturée. Il n'y a qu'un discours catholique de vérité à tenir à l'islam : ce n'est pas la religion des musulmans qui doit changer, pour en éradiquer par exemple les excès, ce sont les musulmans qui doivent changer de religion.

Chapitre 9

La laïcité au risque du multiculturalisme

La laïcité est revenue de manière permanente sur le devant de la scène politique à partir de la décennie 1990 avec la question du port de signes religieux (en l'occurrence le foulard islamique) dans le cadre des institutions scolaires. La question a finalement été traitée par une loi de mars 2004 : désormais, dans « les écoles, les collèges et les lycées publics, le port de signes ou tenues par lesquels les élèves manifestent ostensiblement une appartenance religieuse est interdit ». Cela n'a pour autant nullement réglé la question de la visibilité de plus en plus grande et des revendications de plus en plus étendues (repas adaptés dans les cantines, médecins du même sexe que la personne auscultée, etc.) d'une religion exogène à la tradition française : l'islam.

Ne pas confondre distinction et séparation

C'est essentiellement à partir de la loi du 9 décembre 1905 que la laïcité s'est véritablement imposée dans l'ordre public français[1]. Du point de vue des rapports des

1. Thierry Rambaud, *Le principe de séparation des cultes et de l'État en droit public comparé, Analyse comparative des régimes français et allemand*, Paris, LGDJ, 2004.

individus avec l'État, le texte assure la liberté de conscience et le libre exercice du culte (art. 1). Dans le cadre des relations de l'institution religieuse avec l'État (art. 2), elle proclame la neutralité de la puissance publique (l'État ne salariant ni ne subventionnant aucun culte) et organise la relégation de la religion dans la sphère privée (l'État ne reconnaissant aucun culte). Ainsi, la loi met-elle en place une séparation de l'Église et de l'État (que le pape Pie IX avait condamnée en 1864), c'est-à-dire l'autonomie morale du pouvoir politique et son monopole sur l'ordre public. L'art. 35 prévoit, par exemple, la possibilité d'engager des poursuites contre ceux qui, dans les lieux de culte, inciteraient à résister à l'exécution du droit positif de « l'autorité publique ».

C'est au christianisme que revient le mérite historique d'avoir introduit la distinction entre les domaines spirituel et temporel. En effet, dans l'Antiquité, chaque corps social (famille, clan, cité, etc.) était protégé par un dieu ; l'appartenance à ces groupes commandait la participation à autant de cultes. Les ordres religieux et politique étaient donc indissociables[2]. Le christianisme est venu perturber cette organisation de deux points de vue : d'une part, en appelant à lui l'humanité entière et en introduisant l'idée que c'était la foi, et non le seul lien social, qui devait conduire à pratiquer le culte (la liberté de l'acte en faisant la valeur morale[3]) et, d'autre part, en

2. Numa Denis Fustel de Coulanges, *La cité antique*, Paris, Durand, 1864.

3. Guillaume de Tanoüarn, *Délivrés, Méditations sur la liberté chrétienne*, Paris, Cerf, 2016.

distinguant les domaines spirituel et temporel[4]. Dans ce mouvement, il a réduit le domaine de compétence de l'État tout en en renforçant, d'ailleurs, sa légitimité dans son domaine propre en raison de l'affirmation de l'origine divine du pouvoir, celui-ci étant inscrit dans l'ordre de la création. Cependant, si le principe *in abstracto* du pouvoir politique est d'origine divine, l'institution temporelle *in concreto* n'est légitime qu'en fonction de la réalisation de son objet : la justice[5].

La distinction du religieux et du politique débouche, pour le chrétien, sur une double sujétion : vis-à-vis de l'Église et de l'État. Cependant, si l'autorité spirituelle et le pouvoir politique sont, chacun, en droit d'avoir certaines exigences, il est des questions qu'ils n'ont aucune vocation à régir. La supériorité de la finalité spirituelle (le salut des âmes) sur celle temporelle (le bien vivre[6]) rend nécessaire la juridiction de l'Église sur tous ses fidèles, y compris ceux qui exercent des fonctions politiques. Mais elle n'implique en aucune manière l'absorption du politique par le religieux, du droit naturel par la loi morale (même si certains auteurs ont pu être portés à une telle position, ce qu'il est convenu d'appeler l'augustinisme politique[7]).

---

4. « Rendez à César ce qui est à César et à Dieu ce qui est à Dieu » (*Mt* 22,21 ; *Mc* 12,17 ; *Lc* 20,25).
5. *Rm* 13,1-5.
6. *Ac* 5,29 : « Il faut obéir à Dieu plutôt qu'aux hommes ».
7. Guy Augé, « La pensée politique de saint Augustin », éd. Guillaume Bernard, in *Légitimité*, 2011, 61, p. 159-180 ; du même auteur : « L'augustinisme politique et ses avatars (v^e-xie siècles) », éd. Guillaume Bernard, in *La Légitimité*, 2013, 65, p. 145-179.

Il est certain que les relations des institutions politiques et religieuses n'ont pas été toujours paisibles, l'une cherchant parfois à empiéter sur le domaine de l'autre : sacerdotalisme (expansion de l'emprise de l'Église) ou césaro-papisme (dilatation des interventions de l'État). Le gallicanisme[8] qui s'épanouit dans l'ancienne France à partir du XIVe siècle fut, dans certaines de ses revendications, une illustration du second. Pour asseoir sa souveraineté, le roi chercha à contrôler, dans le domaine administratif, l'Église catholique en France (en s'érigeant le protecteur de ses franchises et libertés) ; il fut d'ailleurs soutenu dans cette démarche par nombre de prélats qui voyaient, là, le moyen d'échapper à l'emprise de Rome. Cependant, le gallicanisme ne peut pas être assimilé à la laïcité[9] car, conformément à la doctrine catholique, la religion n'était pas ignorée par l'État et recluse à la sphère privée. Ainsi, la tolérance était-elle, dans sa conception classique, une acceptation temporaire de ce qui était considéré comme un mal (parce que perturbant l'harmonie du corps social) mais dont la répression aurait été, dans certaines circonstances, plus préjudiciable que bénéfique. C'est cette conception qui fut mise en œuvre dans le cadre des édits de pacification

---

8. Victor Martin, *Les origines du gallicanisme*, Paris, Brulliard, 1939, 2 vol. ; François Olivier-Martin, *Le régime des cultes en France du Concordat de 1516 au Concordat de 1801* [1927], Paris, Loysel, 1988.
9. Guillaume Bernard, « La querelle du Spirituel et du Temporel : gallicanisme et laïcité, L'influence du gallicanisme dans la formation du concept contemporain de laïcité ? », in *Liberté politique*, automne 2005, 31, p. 41-55.

et de tolérance pendant les guerres de religion[10]. Elle témoigne de ce que la religion était bien partie intégrante de l'ordre public, ce que rejette dans une grande mesure la laïcité.

L'échec du laïcisme comme religion de substitution

Ses promoteurs ont en effet cherché à combattre le catholicisme sinon en tant que foi du moins en tant qu'institution sociale. L'art. 4 de la loi de 1905 entendait concéder à des associations de fidèles l'usage des lieux de culte ; c'était à l'évidence une disposition visant à ruiner l'organisation traditionnelle de l'Église en la parcellisant et en détruisant sa hiérarchie. Cela explique pourquoi le pape Pie X condamna la loi de séparation, en particulier par l'encyclique *Vehementer nos* du 11 février 1906.

Malgré tout, la laïcité exacerbée de certains, le laïcisme, a échoué comme religion de substitution. D'abord, en raison de l'imbrication inextricable du catholicisme dans l'identité de la France. Un corps social a une identité en tant que tel indépendamment des êtres singuliers qui le composent en un moment donné. Que les individus aient ou non la foi, la France est ontologiquement catholique. Les Francs (Clovis en tête) ont réunifié la Gaule

10. Guillaume Bernard, « Les édits de pacification au temps des guerres de religion : une politique de tolérance ? », in *Coexistences confessionnelles en Europe à l'époque moderne, Théories et pratiques, XVIe-XVIIe siècles*, Martin Dumont, dir., Paris, Cerf, 2016, p. 11-33.

romaine au nom et pour le compte du catholicisme (contre l'arianisme[11]). Sans lui, l'embryon de la France n'aurait pas été conçu.

Ensuite, le principe de laïcité s'inscrit dans une conception contractualiste de la société. Contrairement à l'ordre social classique où les personnes existent dans et par une pluralité de relations d'altérité (la religion est donc inscrite dans l'ordre public tout en étant distincte de la politique), la conception moderne du lien social le réduit à ce qui a été mis en commun lors du passage de l'état de nature à celui de société. Dans un contrat social de type hobbesien ou rousseauiste, la religion est absorbée par l'État (cela s'est traduit par la constitution civile du clergé décrétée en 1790 et la chasse subséquente aux prêtres réfractaires[12]) ; dans sa version lockienne, la religion est laissée à la libre disposition des personnes privées (c'est plutôt l'orientation de la loi de 1905).

L'échec d'une authentique religion civile (prônée par Rousseau et nombre de révolutionnaires[13]) à remplacer entièrement le catholicisme vient de ce balancement entre ces deux options du contrat social. La première est apparue comme trop abstraite et ne s'est pas enracinée dans le tissu social encore qu'elle perdure d'une manière édulcorée dans les « valeurs républicaines ». La seconde a difficilement pu proposer un ensemble complet et

---

11. Hubert Guillotel, « Les premières relations de l'Église avec le roi Clovis », in *Vu de haut*, 1987, 6, p. 51-63.
12. Jean de Viguerie, *Christianisme et révolution*, Paris, NEL, 2e éd., 1988.
13. Lucien Jaume, *Le religieux et la politique dans la Révolution française, L'idée d'une régénération*, Paris, PUF, 2015.

cohérent de croyances auxquelles la personne devrait adhérer puisqu'elle n'est supposée proposer qu'un cadre de coexistence pacifique des diverses religions. L'idéologie des droits de l'homme a, certes, réussi à imposer une vision anthropocentriste du monde; mais, elle contient en elle des approches contradictoires (droits-libertés opposables à l'État, droits-créances exigibles de l'État) qui l'ont empêché de devenir un dogme admis de manière unanime.

Cependant, la laïcité a contribué au délitement du corps social tant par le déracinement religieux des Français que par l'échec de l'assimilation des personnes étrangères puisqu'une partie importante de l'identité française leur est restée inconnue. Elle a créé une sorte de vide que l'islam(isme) s'est empressé de chercher à combler. Dans ce contexte, la laïcité est tiraillée entre deux tendances: d'une part, la surenchère et, d'autre part, l'adaptation au nouveau contexte sociologique.

La surenchère laïciste : va-t'en crécher ailleurs !

La laïcité est sujette à plusieurs interprétations plus ou moins extensives: la neutralité de l'espace public signifie-t-elle une interdiction de toute manifestation religieuse en son sein (d'où la revendication de certains de faire taire les cloches des églises ou de supprimer des calvaires) ou, plus simplement, une absence de connotation religieuse de l'ordre public en lui-même (des manifestations religieuses, en son sein, comme des processions, étant possibles). C'est cette interrogation qui est au cœur des débats devenus récurrents ces dernières années à l'approche des fêtes de fin d'année. Est-il possible d'installer une crèche de Noël dans l'espace public ?

Il est certain que depuis 1905 la puissance publique doit s'abstenir de prendre une position en matière de religion et que l'art. 28 de la loi de séparation « interdit, à l'avenir, d'élever ou d'apposer aucun signe ou emblème religieux sur les monuments publics ou en quelque emplacement public que ce soit, à l'exception des édifices servant au culte, des terrains de sépulture dans les cimetières, des monuments funéraires ainsi que des musées ou expositions ». Mais, si une crèche est un symbole religieux (représentant la nativité de Jésus-Christ), elle est aussi un élément de la tradition culturelle (manifestant l'idée du rassemblement et de l'unité dans et par la famille) : c'est ce que pensent plus de 70 % des Français[14].

Installer une crèche dans l'espace public ne relève donc pas du prosélytisme religieux ; c'est faire un acte politique symbolique : dire qu'il est une religion qui participe de l'identité du pays et qu'il est une légitimité culturelle traditionnelle supérieure à la légalité juridique temporaire. La laïcité réclame la mise à distance de la religion, pas de l'identité. Prétendre proscrire une crèche

14. Ifop, *Les Français et la polémique des crèches de Noël dans les sièges des collectivités locales*, Enquête pour *Dimanche Ouest France* (échantillon de 1 008 personnes), décembre 2014 : c'est la position d'environ 85 % des sympathisants de la droite modérée et du FN.

de l'espace public participe de la grande déculturation (sous prétexte d'égalitarisme entre les religions) dont l'Association des maires de France (AMF) s'est faite, en novembre 2015, le parangon : « Une commune ne saurait subventionner une manifestation dont le caractère cultuel est affirmé, même si elle est traditionnelle et accompagnée d'actions culturelles ou festives. »

Il est heureux que les jurisprudences administratives soient contradictoires : certaines permettent le maintien des crèches, d'autres non. Cela révèle l'ambiguïté de la laïcité : est-ce la neutralité « de » ou « dans » l'espace public ? Surtout, cela met les politiques devant leurs responsabilités. Le choix qu'ils font de mettre en place une crèche dans l'espace public et de la maintenir témoigne de leurs convictions profondes : non pas religieuses mais identitaires. Et si certains élus vont jusqu'au bras de fer : tant mieux. Quel sera le ridicule de la maréchaussée venant déloger des santons passifs et sans défense sous l'œil étonné des enfants et goguenard des badauds !

En France, le catholicisme est, à la fois, une religion que certaines personnes pratiquent et une composante essentielle de l'identité du corps social. Si le régime politique est laïque, la société, elle, ne l'est pas. S'il est des religions « en » France, il n'est qu'une religion « de » France, c'est le christianisme. Voilà pourquoi le combat laïciste n'est souvent que le cache-sexe de la « christianophobie ». Cela est d'autant plus vrai que s'il part en guerre contre les crèches publiques, il ne s'émeut guère de tous les stratagèmes que les pouvoirs publics utilisent pour contourner la loi de 1905 au bénéfice de l'islam(isme) qui, lui, ne connaît pas le principe de la distinction des domaines religieux et politique.

La pratique courante des accommodements... déraisonnables

Les lieux de culte construits après la loi de séparation appartiennent, en théorie, à ceux qui les ont financés : ils sont donc une propriété privée. La réalité est cependant un peu plus complexe[15]. En effet, plusieurs contournements de la loi ont vu le jour. D'abord, le législateur s'est lui-même affranchi de ses propres dispositions. La loi du 19 août 1920 a permis d'affecter des fonds publics à la création de l'*Institut musulman de Paris*, c'est-à-dire la construction de la mosquée de Paris. Ensuite, la loi du 29 juillet 1961 a permis aux départements et aux communes de se porter caution pour des dépenses liées à la construction d'édifices du culte dans les agglomérations en voie de développement. Cette possibilité a été notamment utilisée pour les mosquées de Reims et de Créteil.

Cependant, le plus courant et connu des accommodements avec la loi de 1905 pour les pouvoirs publics qui entendent faciliter la construction de nouveaux lieux de culte (autrement dit des mosquées) est le recours à un BEA (bail emphytéotique administratif). Le procédé est simple : une collectivité publique loue, pour une somme modique et une longue durée, un terrain sur lequel un

15. Ludovic Serée de Roch, *Administration & fiscalité des biens d'Église*, Perpignan, Artège, 2012.

lieu de culte est construit. Il y a, là, à l'évidence, une subvention déguisée, à peine camouflée. Cependant, le Conseil d'État a consacré cette pratique (19 juillet 2011, *Mme V.*) en s'appuyant sur la loi du 5 janvier 1988 qui permet à une collectivité territoriale de conclure un BEA sur une dépendance de son domaine public ou privé, une ordonnance du 21 avril 2006 ayant bien précisé que le contrat pouvait être conclu « en vue de l'affectation à une association cultuelle d'un édifice du culte ouvert au public ». Le preneur du bail doit assurer la charge financière de la construction et de l'entretien de l'édifice. À l'issue du bail, le bâtiment devient la propriété du bailleur : les constructions réalisées par le locataire sont incorporées au patrimoine de la collectivité qui doit alors assurer les charges d'entretien. Il existe donc bien des lieux de culte postérieurs à la loi de 1905 susceptibles d'appartenir à une personne publique ou d'être en partie financés, directement ou indirectement, avec des deniers publics.

D'aucuns seraient tentés de considérer qu'il n'y a là que justice puisque les pouvoirs publics dépensent l'argent des contribuables pour les lieux de culte catholique. Mais c'est en méconnaître les raisons historiques.

Un passé qui ne passe pas

L'entretien de la quasi-totalité des églises catholiques et des cathédrales est effectivement réalisé par de l'argent public. Or, confronté à un endettement record, le pouvoir politique peine à l'assurer et nombre d'édifices tombent en ruine, certains étant même rasés. Ce phénomène coïncide avec le développement d'interrogations sur la légitimité de ce financement public direct. N'y aurait-il pas, là, une violation du principe de laïcité d'autant plus choquante qu'elle serait constitutive d'une discrimination puisque les lieux de culte de religions récemment arrivées en France n'en bénéficient pas ? En outre, le souci d'économie des deniers publics ne pourrait-il pas conduire certains à mettre l'opinion publique devant l'alternative consistant à accepter soit que les collectivités territoriales participent directement au financement de la construction de nouveaux bâtiments pour certains cultes (ce à quoi plus de 75 % des Français sont opposés[16]), soit que des églises soient désaffectées puis réaffectées à une autre religion ? Dalil Boubakeur, recteur de la mosquée de Paris, s'est cru autorisé à faire cette proposition le 15 juin 2015 : pour pallier la supposée pénurie de mosquées en France, il a suggéré que « des églises vides » soient récupérées par les musulmans.

Or, les obligations spécifiques des pouvoirs publics envers les lieux de culte catholiques ne traduisent pas un traitement préférentiel contredisant la neutralité religieuse, mais s'expliquent par l'histoire. Dans le but affiché de combler les déficits publics, les biens (terres et bâtiments) appartenant au clergé furent confisqués (décret du 2 novembre 1789). Cette disposition était en contradiction avec l'art. 17 de la *Déclaration des droits de l'homme et du citoyen* (du 26 août 1789) qui prévoyait que toute expropriation devait se faire contre indemnisation.

16. Ifop, *Les Français et la laïcité*, Enquête pour le *Comité national d'action laïque* (échantillon de 1 004 personnes), novembre 2015.

Or, les biens confisqués en 1789 le furent sans versement d'aucune indemnité, au prétexte que la nation reprenait son bien qui aurait été temporairement affecté à l'Église.

Sous prétexte que l'Église et l'État avaient, dans l'ancienne France, joué des rôles différents vis-à-vis des lieux de culte, l'État révolutionnaire se présenta comme légitime pour déterminer, de son propre chef, le pouvoir que l'Église pourrait désormais exercer sur eux dans le nouveau régime. Il est certain que la propriété de l'Église sur les lieux de culte avant 1789 ne signifiait pas une pleine et entière puissance sur eux puisque l'État remplissait, par exemple, un traditionnel devoir de garde dont l'exercice avait contribué à asseoir sa souveraineté. Or, la Révolution provoqua un basculement philosophique conduisant au passage de la propriété-usage à la propriété-puissance. Sous prétexte que l'Église n'avait pas exercé sur les biens au service du culte une propriété au sens moderne du terme, l'État prétendit se l'arroger.

En tout cas, si un grand nombre de « biens nationaux » furent vendus aux enchères – avec des conditions d'achat et de paiement qui permirent un important et très rapide enrichissement des acquéreurs, ce qui permit de les attacher au régime –, d'autres comme les lieux de culte, restèrent dans la main du pouvoir politique. Finalement, après l'épisode douloureux de la constitution civile du clergé, le pape Pie VII accepta, avec le concordat de septembre 1801 signé avec le premier consul de la République Bonaparte, de ne pas contester la vente des biens ayant appartenu à l'Église. Mais, en contrepartie, l'État s'engagea à assurer un traitement convenable aux ministres du culte. Dans les articles organiques d'avril 1802, établis sans le consentement de l'Église, les lieux de culte restaient la propriété du pouvoir politique bien qu'étant mis à la disposition des évêques.

Or, les dispositions de 1905 rompirent de manière unilatérale le concordat de 1801. Pour expliquer sa condamnation de la loi de séparation[17], Pie X rappela notamment que l'Église n'avait accepté de ne pas inquiéter les détenteurs de « biens nationaux » que parce que l'État s'était engagé à pourvoir, à perpétuité, aux frais du culte catholique, en dédommagement de la spoliation qu'il lui avait fait subir. Le pouvoir politique ne tenait donc pas parole : non seulement il supprimait le budget des cultes mais il ne rendait pas son bien à l'Église. Contrairement à ce qui pourrait être pensé, ce ne fut pas le refus de la laïcité par le pape qui conduisit le pouvoir politique à rester propriétaire des lieux de culte catholique. Car la loi de 1905, bien qu'elle mît fin à la rémunération publique des prêtres, maintenait la propriété publique (art. 12) des lieux de culte construits antérieurement à la Révolution mais aussi sous l'empire du concordat (même s'ils l'avaient été aux frais des fidèles mais sur un terrain appartenant à une personne publique). Cela laissait d'ailleurs la possibilité de la vente ou de la destruction de ces immeubles (et de leur mobilier) en cas de désaffectation (explicitement prévue par l'art. 13). La loi daignait

17. Guillaume Bernard, « Pie X et la séparation de l'Église catholique et de l'État », in *Le contrôle des religions par l'État en Europe hier et aujourd'hui*, Bernard Callebat, Hélène de Courrèges, dir., Toulouse, Presses de l'université Toulouse 1 Capitole, 2016, p. 105-126.

seulement accorder une partie de l'usage de ces lieux de culte aux catholiques.

Par conséquent, si les pouvoirs publics engagent, depuis deux siècles, des frais pour l'entretien des édifices catholiques, c'est parce qu'ils en ont usurpé la propriété à la Révolution et qu'ils l'ont délibérément conservée dans le cadre de la loi de séparation de 1905 (complétée, dans le même sens, par celles du 2 janvier 1907 et du 13 avril 1908). Dans ces conditions, à moins qu'ils ne restituent l'ensemble des biens volés – naturellement diminués des frais engagés pendant le XIXe siècle –, envisager de modifier les règles de la laïcité en matière de financement public des lieux de culte constituerait une nouvelle offense envers les catholiques. C'est pourtant bien ce qui se profile.

Assouplir la laïcité au nom de l'égalité ?

Même si les cultes nouvellement implantés sur le territoire français disent ne pas revendiquer de traitement de faveur, c'est sous leur pression que le droit de chaque individu d'avoir (ou non) une opinion religieuse et de pratiquer (ou non) un culte n'est plus appréhendé comme une liberté mais à l'instar d'une créance : de même que l'État-providence distribue des prestations sociales pour soutenir les personnes les plus pauvres, les pouvoirs publics devraient aider les religions présentées comme économiquement déshéritées.

Ainsi, le rapport Machelon (juin 2006[18]), commandé par Nicolas Sarkozy alors ministre de l'Intérieur, a-t-il préconisé d'autoriser formellement l'aide directe à la construction de lieux de culte : « Les aides directes à l'investissement [...] manifesteraient [...] la sollicitude de la République envers des groupes sociaux qui souffrent souvent de relégation sociale. » L'égalité entre les citoyens, qui ont tous le même droit fondamental d'avoir des croyances religieuses, doit entraîner une égalité non seulement de traitement mais également de situation entre les religions. En 2005, Manuel Valls, qui n'était pas encore Premier ministre, s'est clairement exprimé dans ce sens : « Dans mon esprit, il faut réparer une inégalité de traitement par rapport à une situation nouvelle que représente l'implantation de l'islam » ; le financement public des cultes devrait s'inscrire « dans une volonté de rattrapage[19] ».

Le rapport Machelon a donc proposé de permettre aux pouvoirs publics de participer au financement de lieux de culte en étendant à la « construction des édifices » la « dérogation pour les réparations ». Une telle suggestion peut, c'est un euphémisme, ne pas emporter l'adhésion. Car l'obligation de réparation des édifices du culte a été reconnue comme évidente par le rapporteur de la loi de 1905, Aristide Briand, lors des débats

18. Jean-Pierre Machelon, dir., *Les relations des cultes avec les pouvoirs publics*, Paris, La documentation française, 2006.
19. Manuel Valls, *La laïcité en face*, entretiens avec V. Malabard, Paris, DDB, 2005.

parlementaires[20] : « La commune est propriétaire de l'église ; elle fait exécuter une grosse réparation à cette église, c'est une conséquence de sa propriété. » La loi du 13 avril 1908 a donc naturellement autorisé les collectivités publiques à assurer la conservation et l'entretien des bâtiments cultuels leur appartenant en vertu de la loi de 1905.

Par ailleurs, pour éviter que des lieux de culte construits sur des terrains appartenant à des collectivités territoriales dans le cadre d'un BEA ne deviennent, à l'expiration de celui-ci, propriétés publiques, un rapport parlementaire de mars 2015 ne préconise pas de mettre fin à la pratique des baux emphytéotiques. Il recommande d'autoriser la mise en place d'une option d'achat, pour les associations cultuelles, à l'expiration du bail[21] ! Autrement dit, des terrains appartenant à des collectivités publiques (et loués par elles à des tarifs dérisoires) pourraient, à terme, devenir la propriété d'associations privées organisant le culte musulman. D'autres sont allés encore plus loin. Alain Minc a ainsi déclaré, en janvier 2015, qu'il fallait « suspendre la loi de 1905 pendant cinq ans afin de financer des nouvelles mosquées, faire des centres de formation pour imams sous la tutelle de l'État ». Dire qu'il s'agit, là, d'une provocation inouïe est peu dire. À moins que cela ne traduise le dernier degré de la lâcheté.

20. Aristide Briand, *La séparation, Discussion de la loi (1904-1905)*, Paris, Fasquelle, 1908.

21. Hervé Maurey, *Les collectivités territoriales et le financement des lieux de culte*, Rapport d'information, Paris, Sénat, 2015.

La « laïcité positive » : cheval de Troie du multiculturalisme

La laïcité a connu une certaine évolution. Après avoir été de combat, elle s'est rangée à une position plus bienveillante. Certains entendent la faire encore évoluer[22]. De quoi s'agit-il ? Lors d'un discours prononcé au palais du Latran, à Rome, le 20 décembre 2007, Nicolas Sarkozy, alors président de la République, appela de ses vœux l'avènement d'une « laïcité positive ». Il reprit ce thème le 12 septembre 2008, lors de la réception du pape Benoît XVI au palais de l'Élysée. S'agit-il, là, d'une rupture d'avec la conception « républicaine » de la laïcité ?

La « laïcité positive » perpétue les principaux éléments de la laïcité républicaine : tout en lui accordant une voix dans la société, elle réduit l'influence intellectuelle de la religion à la sphère privée et maintient le monopole du politique sur l'ordre public. Cependant, dans une vision très sociologique, Nicolas Sarkozy appréhende les religions comme des faits culturels indispensables au lien social, ce qui le conduit à admettre une forme de communautarisme. La « laïcité positive » rompt avec la laïcité de 1905 en ce qu'elle n'est plus une lutte contre les religions envers lesquelles le pouvoir politique doit faire preuve, indistinctement, de bienveillance.

---

22. Guillaume Bernard, « La *laïcité positive* : entre stratégie politique et droits fondamentaux », in *L'année canonique*, 2012, 54, p. 283-296.

L'indifférentisme religieux[23] et les droits de l'homme conduisent à mettre toutes les religions sur un pied d'égalité juridique. Toutes sont donc susceptibles de contribuer à l'édification de l'ordre social ; une politique de discrimination positive doit être mise en place pour favoriser celles qui sont économiquement les plus démunies.

En définitive, le système de la « laïcité positive » ne vise pas à reconnaître une identité ontologique de la France mais entend favoriser un nouveau contrat social favorable au multiculturalisme que l'État est chargé d'organiser et de canaliser. Puisqu'il serait impossible d'expulser les musulmans (ce serait « moralement inacceptable et techniquement irréalisable »), ni même de les convertir (ce serait contraire aux libertés de pensée et de conscience), il faut accepter que l'islam fasse désormais partie de l'identité nationale : « Il y a cinq millions de musulmans français ou de musulmans qui vivent légalement en France. Il faut les intégrer. Leur religion, l'islam, fait partie de leur culture et donc maintenant de la nôtre[24]. »

Malgré les apparences du fait de l'utilisation du même terme, il s'agit d'une conception fort éloignée de celle qui a été préconisée par la papauté. En effet, pour établir des

23. « Sans doute, musulmans, juifs et chrétiens ne croient-ils pas en Dieu de la même façon. Sans doute n'ont-ils pas la même manière de vénérer Dieu, de le prier, de le servir. Mais au fond, qui pourrait contester que c'est bien le même Dieu auquel s'adressent leurs prières ? » (Nicolas Sarkozy, discours de Riyad, 14 janvier 2008).

24. Nicolas Sarkozy, entretiens avec Th. Collin, Ph. Verdin, *La République, les religions, l'espérance*, Paris, Cerf, 2004.

relations sereines entre l'Église et l'État, les souverains pontifes ont défini une laïcité acceptable par le catholicisme : une « saine laïcité » selon Pie XII (1958) ou une « laïcité positive » pour Benoît XVI (2010[25]). Elle s'appuie, d'une part, sur la reconnaissance de la dimension publique de la religion et, d'autre part, sur la distinction des domaines spirituel et temporel qui préserve les domaines de compétence spécifiques de l'Église et de l'État. Si cette conception récuse l'augustinisme politique, elle s'oppose au principe de séparation qui a été et reste le socle de la laïcité républicaine même quand elle est dite « positive ».

L'ironie de l'histoire veut que la laïcité « à la française », qui a été en partie conçue comme arme contre le catholicisme, soit devenue, contre le multiculturalisme, un rempart de l'identité française. Autant elle a été dure avec le catholicisme, autant certains envisagent de la rendre molle et de céder à l'offensive musulmane. Sous prétexte de « laïcité positive » risque de se mettre en place une « laïcité sélective » qui, une nouvelle fois, ne serait pas à l'avantage du catholicisme et même à son détriment.

25. Emmanuel Tawil, *Laïcité de l'État & liberté de l'Église*, préf. Philippe Levillain, Perpignan, Artège, 2013.

Chapitre 10

La frontière et le sacré

Il est des romans qui marquent leur temps ; il est des livres prémonitoires pour ne pas dire prophétiques. Tel est le cas du *Camp des saints* (1972) de Jean Raspail[1] qui évoque l'invasion de l'Europe par une vague migratoire, la paralysie du plus grand nombre des autochtones face à ce phénomène et la trahison délibérée de quelques-uns.

La crise migratoire de ces dernières années, liée en partie seulement au conflit dont l'Irak et la Syrie sont le théâtre[2], est venue aggraver la question de l'immigration[3] et de la crise identitaire qui lui est intimement liée. Celle-ci a deux visages : d'une part, celui du déracinement des populations autochtones en raison du mondialisme et du multiculturalisme et, d'autre part, celui de la déstabilisation démographique due à une immigration massive qui ne s'est pas vu imposer d'obligation d'assimilation culturelle. L'ampleur de cette crise est naturellement

1. Jean Raspail, *Le camp des saints* [1972], précédé de *Big other*, Paris, Robert Laffont, 2011.
2. Pour un enracinement historique de la question, cf. Pierre-Emmanuel Barral, Olivier Hanne, *La grande Syrie, Des premiers empires aux révoltes arabes*, Paris, Giovanangeli, 2016.
3. Gérard-François Dumont, *Les migrations internationales, Les nouvelles logiques migratoires*, Paris, Sedes, 1995 ; du même auteur, avec Hervé Le Bras, *Doit-on contrôler l'immigration ?*, Bordeaux, Prométhée, 2009.

renforcée par le contexte de la guerre de subversion et de conquête menée par l'islamisme.

L'essentiel de la « classe » politico-intellectuelle en a d'autant moins pris la mesure qu'elle préconise l'immigration et s'auto-persuade qu'une fois le péril extérieur de *Daesh* éradiqué[4] et les difficultés économiques intérieures réglées, les tensions identitaires seront gommées. La distorsion entre une partie grandissante du peuple et ses actuelles élites est grandissante. Car plus de 60 % des Français considèrent que la France compte déjà beaucoup d'étrangers ou de personnes d'origine étrangère et qu'accueillir des immigrés supplémentaires n'est pas possible. Ils sont plus de 75 % à penser qu'accueillir des migrants en nombre important crée un appel d'air. Enfin, plus de 85 % considèrent que les migrants accueillis devront après quelques mois ou quelques années retourner dans leurs pays[5].

Une crise sémantique

Dans l'affaire des nouvelles vagues d'immigrants, l'aplomb des politiques dans le choix des mots a révélé soit leur impréparation, soit leur entreprise de manipulation. Mettant d'abord en exergue l'urgence du règlement d'une crise humanitaire, ils ont subrepticement glissé

4. Olivier Hanne, Thomas Flichy de La Neuville, *L'État islamique, Anatomie du nouveau Califat*, Paris, Giovanangeli, 2014.

5. Ifop, *Les Européens et la crise des migrants*, Enquête pour la *Fondation Jean Jaurès* (échantillon de 1 005 personnes en France, 1 002 en Allemagne et 994 en Italie), mars 2016.

vers l'affirmation d'une implantation massive et durable des nouveaux venus. L'utilisation du yoyo sémantico-idéologique a servi à anesthésier la force de résistance de l'opinion publique et museler son instinct de survie : pour apitoyer, les migrants ont été appelés des réfugiés (alors qu'ils ne viennent pas tous de zones de guerre) ; mais ils sont redevenus des migrants pour justifier leur présence décrétée définitive.

La différence de traitement et de couverture médiatique entre les atrocités commises par l'État islamique et la détresse des migrants sur leurs frêles esquifs a sauté aux yeux. L'exploitation de l'image (terrible en soi) de cet enfant noyé fut honteuse quand, par ailleurs, les vidéos des égorgements de chrétiens ont été cachées au grand public. C'est vouloir contraindre à l'empathie envers les réfugiés tout en refusant d'expliquer la cause de leur émigration : la volonté expansionniste et totalitaire (qui ne date pas de 1948 et de la création de l'État juif) de l'islam(isme).

Refuser de s'interroger sur l'organisation et le financement des filières de clandestins ou de constater que les réfugiés sont très majoritairement de jeunes hommes (qui, en âge de combattre, abandonnent « courageusement » femmes et enfants) permet de ne pas définir cet exode pour ce qu'il est : un acte de guerre favorisant le délitement de l'identité des pays d'accueil.

Une crise géopolitique

Quand des pays musulmans extrêmement riches refusent d'accueillir des réfugiés, y compris leurs frères dans la foi, mais se déclarent prêts à financer la construction de lieux de culte en Europe, ils disent explicitement leur volonté de conquête religieuse. Puisque aucun d'eux ne secourt et n'accueille des chrétiens en leur assurant la liberté publique du culte, pourquoi l'Europe n'applique-t-elle pas l'élémentaire principe de réciprocité ?

Le traitement indifférencié (sous prétexte de non-discrimination) des victimes directes (celles qui risquent leur peau ou leur liberté) et indirectes (celles qui vivent dans de mauvaises conditions mais ne craignent pas les représailles des organisations islamistes) s'est révélé profondément discutable. Car ceux dont les maisons sont rasées, les fils torturés et assassinés, les filles kidnappées et violées, ce sont des chrétiens et des yézidis. Donner à ces derniers l'exclusivité de l'accueil serait donc parfaitement juste. Aimer l'autre n'implique pas de le préférer à soi-même et aux siens. La fraternité ne se dissout pas dans une indifférenciation égalitariste. Il existe un ordre de la solidarité qui veut que l'on vienne d'abord en aide à ceux qui vous sont le plus proches.

Or, l'arrogance et les menaces de certains migrants – débarquant aux cris d'*Allah est grand,* exigeant des repas *halal,* commettant intimidations et brimades contre des réfugiés chrétiens – sont rapidement devenues intolérables. Nombre de ces nouveaux venus ressemblent plus à des envahisseurs qu'à des demandeurs d'asile. Les accepter sans condition ne peut qu'accélérer le processus d'islamisation des sociétés européennes. Et quel magnifique cheval de Troie pour des terroristes islamistes que ce flux migratoire leur permettant de s'infiltrer en Europe.

L'incurie des politiques qui n'ont pas su traiter les causes de la submersion migratoire qui s'amplifie mais exigent des peuples d'en subir les effets devient patente. Feindre de ne pas comprendre que la conquête islamique, hier rampante, mute pour devenir agressive (les femmes européennes étant traitées en butin), apparaît d'une telle lâcheté que certains osent désormais se demander si cela ne relève pas plus de la haute trahison que de l'aveuglement.

Une crise morale

Mais ce n'est pas tout. Car un moralisme culpabilisateur a participé au discours ambiant sans-frontiérisme. Les exhortations d'ecclésiastiques à un accueil universel sont apparues inconséquentes aux yeux mêmes de croyants pourtant naturellement portés à une obéissance de principe envers l'autorité religieuse. Elles ont été jugées comme traduisant un christianisme dénaturé, masochiste, oublieux de l'hostilité intrinsèque de l'islam à son égard. Ces déclarations ne concernant pas le dogme de la foi, elles n'engagent donc pas le fidèle. Mais, véritable nihilisme couvert des oripeaux de la fraternité, l'humanitarisme xénophile peut conduire certains à une auto-flagellation confinant à la négation de soi sous prétexte, notamment, de repentance vis-à-vis de l'époque coloniale.

Or, la puissance publique n'est pas plus au service de l'homme abstrait qu'elle ne l'est de tous les hommes. Elle a en charge la destinée d'un corps social dont elle doit préserver la cohésion. Le pouvoir politique a la responsabilité du bien commun qu'il ne saurait laisser détruire sous prétexte d'un intérêt particulier. Prétendre aimer l'humanité pour ne la point servir dans sa propre patrie est hypocrite. Détruire le corps social d'accueil au nom de l'amour du lointain peut être criminel. Les politiques ont le devoir de faire respecter le patrimoine matériel et spirituel du pays qu'ils gouvernent. Si une trop grande part de la population cultive une identité exogène, cela peut conduire la société au chaos.

En outre, personne n'a le droit d'exiger l'asile ; c'est l'hôte qui, dans certaines circonstances, peut avoir le devoir de l'accorder. Or, les nouveaux migrants ne frappent pas à la porte : ils la défoncent. Et, forcer la frontière, c'est nier le corps social dans lequel il est prétendu demander l'hospitalité. Pour ne pas être pervertie, la vertu de charité exige du discernement et de la prudence. L'accueil est conditionnel : recevoir une personne chez soi suppose d'avoir des valeurs communes avec elle. Qui plus est, admettre celle qui ne les partage pas est, du point de vue de la morale, une participation objective à ses « mauvaises œuvres ». Quant à celui qui est accueilli, il serait d'une parfaite indignité s'il ne faisait pas preuve d'une loyauté exemplaire dénuée de toute dissimulation. Il doit se fondre dans l'esprit du lieu qui le reçoit ; s'il se montre perturbateur et revendicatif, il ne peut qu'être congédié *manu militari*.

Une crise économique et sociale

Cependant, pour les élites bourgeoises mondialisées, les patries sont des espaces indifférenciés et les peuples des masses interchangeables pourvu que perdure et s'amplifie le libre-échange. Le déploiement d'énergie et de moyens financiers que les pouvoirs publics refusaient aux pauvres autochtones mais qu'ils trouvent miraculeusement pour les migrants a naturellement choqué. L'indécence a atteint son comble quand des « indigènes » ont été chassés des hébergements d'urgence pour faire place aux nouveaux venus.

Quant au discours du haut-patronat – enclin à considérer l'immigration financièrement bienfaisante parce que permettant de faire pression à la baisse sur la rémunération des salariés –, il a été si rapidement jugé écœurant que certains de ses représentants ont finalement trouvé plus judicieux de faire machine arrière. Enfin, l'invocation de l'argument selon lequel l'Europe vieillissante devrait se renouveler et se régénérer grâce à l'immigration, alors que les pouvoirs publics autorisent et finalement organisent le massacre, chaque année, de centaines de milliers d'enfants à naître innocents, est proprement scandaleuse.

L'accueil empressé des nouveaux immigrés en appellera inéluctablement d'autres. Vague après vague, le flux permanent, démultiplié par les fécondités différentielles, constitue, à terme, un authentique risque de submersion. Les « réfugiés », à l'instar de tous les autres immigrés, sont de véritables agents de déstabilisation démographique et des bombes à retardement. Mais, les peuples européens ont été prévenus par les plus hautes instances politiques européennes : le flux migratoire n'en est qu'à ses débuts et concernera des millions d'individus.

La crise des migrants n'a pas entièrement réveillé les Européens de la douce torpeur de la mondialisation heureuse, dans laquelle ils se complaisent. Elle les a cependant secoués. Car, l'immigration régulière était devenue une habitude, presque invisible et comme indolore. L'arrivée massive d'immigrés dans un laps de temps très court les a tout de même frappés et, ce, d'autant plus qu'elle a révélé les défaillances du système de Schengen (qu'une majorité de Français souhaite être remis en cause[6]) et le vrai visage de l'idéologie libérale-libertaire sans-frontiériste[7]. Y communient tous ceux qui ne voient dans l'humanité qu'une juxtaposition d'individus interchangeables (consommateurs standardisés pour les uns, citoyens du monde pour les autres). Étymologiquement, immigrer signifie « pénétrer dans » ; l'immigration en

6. Ifop, *Les Français et les accords de Schengen*, Enquête pour *Atlantico* (échantillon de 968 personnes), février 2014 : 59 % de l'ensemble des Français (ils sont 68 % parmi les sympathisants LR et 75 % parmi ceux du FN).

7. Thierry Baudet, *Indispensables frontières, Pourquoi le supranationalisme et le multiculturalisme détruisent la démocratie*, trad. de l'angl., Paris, Toucan, 2015.

général et la crise migratoire en particulier remettent donc en avant l'éternelle question des frontières.

L'utopie d'un monde sans frontières

Avec la mondialisation et la multiplication des décisions prises dans le cadre d'instances internationales (comme l'Organisation mondiale du commerce), il est courant d'évoquer la disparition des frontières. Il est vrai qu'en Europe la construction, depuis 1950, d'un espace économique sans frontières internes et, en 1989, la chute du mur de Berlin corroborent cette thèse. Celle-ci est renforcée par la géographie variable d'une Europe aux limites indécises. Au niveau international, le supposé « droit » d'ingérence est régulièrement invoqué pour justifier des interventions violant la souveraineté de certains États. Les frontières seraient donc, d'une part, en voie de disparition et, d'autre part, en cas de nécessité, sans véritable force contraignante.

Cependant, l'impression générale d'un effacement des frontières (facilité du transport aérien, communication électronique instantanée) s'appuie surtout sur une idéologie (reposant sur la réduction des liens d'altérité au seul critère de l'humanité) qui revendique plus leur suppression qu'elle ne la constate. Les frontières font, partout dans le monde, de la résistance. Elles se sont démultipliées : création d'États indépendants dans le second XXe siècle avec la décolonisation puis l'éclatement du bloc soviétique et de ses fédérations (Yougoslavie, Tchécoslovaquie). Les frontières se sont aussi durcies :

entre l'État juif et la Palestine, les deux Corées ou encore les États-Unis et le Mexique. Enfin, les frontières se sont généralisées : la convention des Nations unies sur le droit de la mer entrée en vigueur en 1994 attribue des zones économiques exclusives au-delà des traditionnelles eaux territoriales[8].

En outre, les frontières contemporaines sont devenues beaucoup plus précises que par le passé : la délimitation du *limes* romain était plus floue que celle des États modernes. Les progrès de la cartographie aux XVIIe et XVIIIe siècles ont rendu le tracé des frontières plus rigoureux. Si tous les types de frontières ont existé au cours de l'histoire, l'évolution a, sur le long terme, conduit d'une frontière-espace à l'actuelle frontière-ligne dont la généralisation est liée à la mise en place des États-nations. Enfin, si certaines frontières (commerciales et financières) s'estompent, d'autres existent (entre le centre et la périphérie) ou surgissent au sein des sociétés : des communautarismes peuvent tenter d'accaparer certains territoires et d'y faire régner leur propre ordre. Ainsi, aux frontières étatiques sujettes à des différends, le multiculturalisme ajoute-t-il des frontières infranationales sources d'autres conflits.

8. André Louchet, *Atlas des mers et océans, Conquêtes, tensions, explorations*, cartographie de Frédéric Miotto, Paris, Autrement, 2015.

Vers un ordre juridique mondialisé

La frontière sert, dans le cadre du droit international, à délimiter le domaine de validité spatiale d'un ordre juridique (sentence arbitrale du 13 octobre 1995 entre le Chili et l'Argentine). Elle peut être définie comme la ligne établissant où commence et où finit la souveraineté (plénitude et exclusivité de la compétence sur un territoire) de deux États voisins. Sa détermination s'effectue en deux phases (Cour internationale de justice, *Cameroun c. Nigéria,* 2002) : la délimitation et la démarcation (ou concrétisation sur le terrain de son emplacement[9]).

En rupture avec le *jus gentium* classique, le droit international moderne n'impose aucun critère autre que la volonté (et la puissance...) pour l'établissement d'une frontière : il n'est pas nécessaire de respecter le relief ou de tenir compte des réalités ethniques et culturelles. La frontière naturelle n'est pas une notion retenue par le droit positif. En tout état de cause, la frontière est une zone à la fois de contact et de séparation. Elle est un facteur d'identification et de différenciation des corps politiques. Elle est un marqueur du respect de l'identité culturelle et de la spécificité juridique exigé et réciproquement reconnu à l'autre.

La souveraineté d'un État est la garantie juridique de son indépendance politique (Cour permanente de justice internationale, *Lotus,* 1927). Mais elle entre nécessairement en relation avec celle des autres. Les relations internationales sont fondées sur l'égalité de souveraineté

9. Éric Pomès, *Droit international public,* Levallois-Perret, Studyrama, 2012.

des États ayant pour corollaire les principes de non-intervention et d'interdiction du recours à la force (art. 2 de la Charte de l'ONU). Ce sont donc les États qui limitent leur souveraineté en prenant des engagements. La contrainte du droit international n'est pas présumée : elle est choisie (négociation) et délimitée (contrat) par les États eux-mêmes. Mais, si les États ne sont pas juridiquement hiérarchisés, ils ne sont pas, non plus, géopolitiquement égaux. La réalité de la scène internationale est d'être largement dominée par les rapports de force[10].

L'idéologie (réduction des liens d'altérité au seul critère de l'humanité) et la pression politico-économique (ouverture des frontières au commerce) conduisent les États à souscrire des engagements de plus en plus nombreux qui limitent l'étendue de leur domaine réservé. Ainsi, la défense des droits de l'homme est-elle désormais considérée comme relevant davantage du droit international que des affaires intérieures. Cette logique a présidé à la mise en place de tribunaux pénaux *ad hoc* – créés sur la base du chapitre VII de la Charte de l'ONU par le Conseil de sécurité – pour l'ex-Yougoslavie et le Rwanda, puis de la Cour pénale internationale (statut de Rome de 1998). Si certains vont jusqu'à revendiquer un « devoir » d'ingérence permettant de violer la souveraineté des États, d'autres font cependant valoir que ce concept pourrait servir de prétexte à la défense d'intérêts particuliers sous couvert d'humanité.

La multiplication des juridictions internationales (comme la Cour de justice de l'Union européenne ou la

10. Pascal Gauchon, dir., *Dictionnaire de géopolitique et de géoéconomie*, Paris, PUF, 2011.

Cour européenne des droits de l'homme) illustre l'émergence d'un droit international de plus en plus intégré, les États ayant abandonné une part de leur souveraineté à des organisations internationales chargées d'exercer certaines de leurs compétences à leur place. Semble donc émerger un ordre public supranational se substituant peu à peu aux traditionnelles relations interétatiques. Les frontières n'y sont pas explicitement abolies, mais sont en partie délégitimées : elles tendent à ne plus être appréhendées comme la délimitation inviolable du droit entre des États souverains, mais comme des subdivisions poreuses internes à un ordre juridique mondialisé.

La protection vitale des corps sociaux

Et pourtant. Les frontières apparaissent comme indispensables. C'est d'ailleurs l'avis des Français[11]. Seuls 25 % d'entre eux voient en elles quelque chose de négatif. Pour plus de 80 % des Français, l'existence des frontières favorise le sentiment d'appartenance des habitants à un territoire et pour près de 75 % d'entre eux, elle permet des relations diplomatiques stables entre des pays bien définis. Au final, près de 65 % pensent que les frontières de la France ne sont pas assez contrôlées.

Les modes d'existence de la frontière ont changé à travers l'histoire. Mais, la ligne de démarcation a toujours servi à la régulation du passage des personnes et

11. Harris interactive, *Qu'est-ce qu'une frontière pour les Français ?*, Enquête pour *Grenoble École de management* (échantillon de 1 029 personnes), février 2015.

des biens ; elle a toujours été susceptible d'être plus ou moins perméable. L'ouverture et la fermeture ne sont pas permanentes ; la frontière les permet toutes deux. Or, le culte sans-frontiérisme feint de croire que toute limite serait par nature mortifère. Quel renversement pervers de perspective ! Car il s'avère que c'est lui qui traduit un désir d'anéantissement : en niant ou en effaçant les frontières, il indifférencie (tout se vaut) et uniformise (tout devient semblable). Le monde serait devenu un en raison de l'idéologie universaliste des droits de l'homme : puisque tous les êtres humains appartiennent à la même espèce, chaque homme (déraciné) ne serait étranger nulle part, tout homme (décontextualisé) serait partout chez lui.

Or, la globalisation crée un vide de référence et d'appartenance. La pensée repose sur des distinctions ; l'action suppose une canalisation des efforts ; la justice entraîne la discrimination entre celui qui a pris plus que ce qui lui revient et celui qui a été spolié. De même, la culture a besoin d'une démarcation spatiale séparant la civilisation de la barbarie. La frontière permet de retrouver le sens de l'identité et du sacré. La frontière, c'est dans le même mouvement l'affirmation de soi et la reconnaissance de l'autre, c'est à la fois proclamer sa singularité et respecter celle d'autrui. Elle délégitime l'impérialisme, le sien comme celui de l'autre ; elle est apaisante puisqu'elle permet de déterminer le tien et le mien[12]. La frontière est la condition du vivant. Elle délimite un espace, identifie un corps social. Sans

12. Régis Debray, *Éloge des frontières*, Paris, Gallimard, 2010.

opposition d'un dedans et d'un dehors, il n'y a pas de communauté de destin. Supprimer la frontière d'un corps politique, c'est briser sa conservation et le vouer à la mort. Le tracé de la frontière est toujours délicat comme l'est toute délimitation : entre le bien et le mal, le spirituel et le temporel, le sacré et le profane. Mais il revient au pouvoir politique le rôle d'assurer l'identification et la défense de la frontière. Protéger sa frontière, c'est envisager d'accueillir, d'offrir (et non de se voir imposer) l'hospitalité ; s'y refuser, c'est collaborer à une possible intrusion pouvant se muer en une invasion et une occupation.

La frontière sert aussi à délimiter ce qui est sacré, c'est-à-dire à la fois séparé et circonscrit[13]. Elle désigne un lieu protégé de la souillure et de la transgression. Un lieu sacré n'est pas en libre accès même s'il n'est pas entièrement inaccessible. Il existe naturellement une gradation dans la sacralité et donc dans l'espace (une église est plus sacrée qu'un cimetière, un cimetière plus qu'un stade de sport). Cette hiérarchie induit des comportements adaptés à chaque lieu et des rites de passage dans chacun d'eux. La frontière désigne l'espace d'un corps social (maison familiale, enclos conventuel) qui, pour lui, est sacré. Violer une frontière politique est donc un acte sacrilège : c'est profaner le territoire d'une nation et porter atteinte à son intégrité, c'est mépriser et insulter chacun des membres de la collectivité dans laquelle on ose pénétrer sans autorisation. Violer la frontière d'une société, c'est la nier. La frontière a quelque chose de sacré

13. Marc Levatois, *L'espace du sacré, Géographie intérieure du culte catholique*, Paris, L'homme nouveau, 2012.

dans le sens où elle protège un espace circonscrit où tout le monde n'a pas vocation à entrer, où la conduite est réglée par les coutumes du lieu, une zone protégée de la profanation. Ce n'est pas un droit de défendre sa frontière ; c'est un devoir. Son tracé peut certes varier mais son rôle est fixe : interdire l'outrage. La situation vire au tragique quand ce sont les supposés protecteurs de la frontière qui laissent eux-mêmes l'espace sacré être souillé.

Chapitre 11

La bombe à retardement du communautarisme

Derrière le constructivisme social se profile le progressisme, terme élégant pour remplacer un vocable devenu quelque peu suspect, à savoir l'utopie[1]. Il y aurait comme un sens de l'histoire qui conduirait nécessairement vers le « paradis terrestre ». L'ambition du constructivisme est de hâter la réalisation d'une société où l'homme serait, enfin, pleinement libre parce que détaché des contraintes sociales particularisantes, ce qui revient à dire déraciné. Le communautarisme semble, à première vue, contraire à l'idéal de cet homme décontextualisé. Mais il est possible de l'interpréter comme un instrument au service de la dilution de l'identité héritée. De même, le mariage homosexuel peut apparaître comme totalement anachronique à l'époque des familles recomposées, mais il peut aussi être regardé comme un moyen (dont le *lobby* LGBT serait peut-être lui-même quelque peu dupe) de désarticuler les relations intergénérationnelles en les rendant totalement artificielles : chaque génération recommence la société et n'est plus l'héritière de celles qui l'ont précédée.

Si la communauté peut être définie comme un groupe, plus ou moins étendu, réuni par un lien social (les mêmes

1. Frédéric Rouvillois, éd., *L'utopie*, Paris, Flammarion, 1998.

croyances, usages, etc.), une société de personnes vivant ensemble sous une même règle en ayant des biens ou des intérêts en commun, le communautarisme, quant à lui, peut être analysé comme l'organisation institutionnelle et la représentation idéologique que les individus élaborent à partir d'une caractéristique jugée les différenciant des autres membres de la société[2].

Qu'il soit appréhendé de manière positive ou négative, le phénomène communautariste met en lumière le retour de la problématique identitaire dans la société moderne. Il apparaît comme le symptôme d'une crise du lien social[3], du « vivre ensemble » diraient d'aucuns : il manifeste la confrontation de valeurs (parfois explicitement incompatibles) et révèle, selon certains auteurs, une forme (encore larvée) de guerre civile. Tous les communautarismes s'appuient sur une conception artificielle du lien social. Mais, il faut en distinguer deux formes : celui de « conquête » et celui de « défaite ». Si le second exprime essentiellement un retrait dans la sphère privée, le premier consiste dans une tentative d'appropriation de l'espace public.

---

2. Thibaud Collin, *Individu et communauté, Une crise sans issue ?*, Paris, Edifa-Mame, 2007.
3. Guillaume Bernard, « La dangerosité sociale du communautarisme ? », in *Essais de philosophie pénale et de criminologie*, IX, Paris, Dalloz, 2010, p. 353-365.

La construction de l'identité communautaire

Selon les critères de la sociologie contemporaine, le communautarisme apparaît comme une régression sociale. En effet, l'apparition des sociétés modernes, généralement considérée comme une évolution bénéfique, se serait faite par la substitution du lien social (*Gesellschaft*) au lien communautaire (*Gemeinschaft*) et donc le passage de la sociabilité naturelle à la sociabilité artificielle. Analyser le communautarisme (moderne) comme un recul suppose de le considérer comme une réactivation de l'organicisme (classique), ce qui est très discutable.

En effet, il existe deux manières bien distinctes de s'opposer au communautarisme, l'une classique, l'autre moderne. Le fait que certains partisans de la sociabilité artificielle s'opposent au communautarisme ne suffit pas à ranger ce dernier dans le cadre de la pensée classique. La critique moderne du communautarisme s'appuie sur la défense des droits de l'homme et de leur universalité : les revendications communautaristes sont présentées comme des demandes catégorielles contraires à l'état de droit. Ainsi, l'opposition à la discrimination positive (*affirmative action*) s'appuie-t-elle sur le fait qu'elle privilégie des différences séparant les individus au détriment de ce qui constitue l'essence de l'homme et de l'universalité du genre humain[4]. S'inscrivant dans une logique d'égalité de résultat et non des chances, la

---

4. Guillaume Bernard, « Légalité des droits de l'homme c/ légitimité du droit des minorités ? », in *Conflits actuels*, 2008-2, p. 142-161.

discrimination positive valorise une différence au risque d'en conforter le stéréotype. En outre, si elle est dite « positive » (pour ceux au profit desquels elle est prise), elle est une mesure à double face car elle est aussi « négative » (pour ceux qu'elle exclut).

Toutefois, si les doctrines du modèle républicain et du communautarisme s'opposent sur le critère du lien social (universalité ou particularité), elles se rejoignent sur son principe (même si la seconde est née d'une réaction envers le libéralisme) : la rencontre de volontés. En effet, dans le communautarisme, le groupe social n'est pas naturel : il est construit à partir d'un critère servant de force d'agrégation, de vecteur d'identité aux individus. Le communautarisme présuppose des êtres se considérant d'abord comme hommes indépendants et autonomes capables de se regrouper librement selon des affinités. Avec la sociabilité artificielle, le lien entre les hommes se réduit à une coïncidence d'intérêts ; c'est pour son propre intérêt que l'homme entre en société. Il en va de même avec le communautarisme (le tout n'est que la somme des parties).

Le communautarisme (mettant en œuvre des communautés de choix) est donc radicalement distinct du fait communautaire traditionnel (reposant sur les communautés naturelles ou d'enracinement). La pensée classique de la communauté (le tout est plus que la somme des parties) considère quant à elle que l'appartenance sociale n'est pas qu'un instrument mais un bien intrinsèque. La personne n'est jamais abstraite ; son identité est, d'abord, déterminée par ses attachements sociaux (famille, profession, lieu de résidence, etc.) puis, seulement, par ses traits particuliers. L'organicisme (classique) penche incontestablement vers le holisme[5].

La force déontique de la « morale » communautariste

La construction de l'identité communautaire manifeste l'aspect artificiel (et contraignant) du communautarisme. Elle passe généralement par trois étapes. Dans un premier temps, certains individus éprouvent le besoin de se distinguer, d'exacerber leurs différences. Dans un deuxième temps, pour légitimer leur comportement, ils s'efforcent de devenir (voire s'autoproclament) porte-parole d'une communauté qui n'existe qu'à l'état latent. Qui n'existe pas vraiment d'ailleurs. Pourquoi toutes les personnes attirées par l'homosexualité devraient-elles appartenir à la même communauté ? Il n'y a aucun rapport réel entre celui qui, pour diverses raisons, notamment morales, décide de pratiquer l'abstinence, un couple stable et des partenaires de club échangiste ? En quoi toutes les personnes socialement liées à la culture musulmane devraient-elles être solidaires d'un même communautarisme cultuel ? Il n'y a pas de lien profond et substantiel entre un agnostique né dans une famille musulmane et un converti cherchant à compenser son vide existentiel. Dans un troisième temps, l'identité particulière n'est pas seulement défendue comme une différence, mais exaltée comme une fierté voire une

5. Louis Dumont, *Essais sur l'individualisme, Une perspective anthropologique sur l'idéologie moderne*, Paris, Seuil, 1993.

supériorité (organisation d'une manifestation appelée explicitement *gay pride* ou port provocateur dans l'espace public, en infraction à la loi d'octobre 2010, d'un voile dissimulant l'ensemble du visage).

Le communautarisme étant le fait d'un groupe social artificiellement constitué qui se considère, en raison d'une particularité, comme radicalement différent du reste de la société implique trois attitudes complémentaires : l'exclusion de la personne qui n'a pas cette spécificité, l'inclusion (parfois de force) de celle qui participe au critère exacerbé (en réduisant l'identité de l'individu à l'une de ses caractéristiques alors que, par ses origines, ses fonctions, ses croyances, etc., toute personne appartient à plusieurs groupes sociaux) et, enfin, l'accusation de trahison de celle qui ne se montre pas assez solidaire (d'où le *coming out* imposé aux « lâches » de la cause LGBT ou la pression psychologique et sociale exercée contre les femmes qui refusent de porter le voile).

Le *lobby* communautariste vise à souder la communauté qu'il entend incarner : il lui faut donc empêcher à tout prix son assimilation (interprétée comme une dissolution) à la société. De même il cherche à soumettre les membres de la communauté à des normes propres, à contrôler leurs croyances et leurs comportements. Il réalise une forme de confusion de l'être et de l'avoir, de la morale et du droit. Ce symptôme est aussi le fait du communautarisme de défaite. Se retirer de la sphère publique pour constituer une sorte de contre-société homogène semble être la tentation de certains, des catholiques en particulier, qui appartiennent à un groupe social anciennement majoritaire mais devenu culturellement minoritaire. Considérant que leurs valeurs ne sont plus celles de l'ordre public, ils préfèrent constituer une communauté particulière dans laquelle ils pourraient (en admettant que les pouvoirs publics le leur permettent, ce qui est loin d'être certain) mettre en œuvre juridiquement, pour eux, des règles morales de comportement (interdiction de l'avortement, du travail le dimanche, etc.). Que signifie cette attitude? Premièrement, la stratégie consistant à céder l'espace public à d'autres avalise l'idée que ce dernier n'est que la somme d'entités particulières: le repli communautariste est une acceptation implicite de la sociabilité artificielle[6]. Deuxièmement, ce communautarisme apparaît comme une manifestation de l'augustinisme politique, la morale étant substituée au droit parce que considérée comme plus sûre (la règle de conduite étant explicite).

Le renversement des perspectives

L'ambition du communautarisme de conquête est tout autre. Là, tous les ressorts du système en place sont exploités. Le *lobby* communautariste n'hésite pas à utiliser la technique du double langage qui permet au groupe de pression d'accéder, d'abord, à une position (éthiquement) dominante pour ensuite imposer des changements (juridiques) pouvant être substantiels. Sa volonté de réformer voire de renverser les institutions en

6. Guillaume Bernard, « Transformation du lien social et dilution de l'intérêt général », in *Les métamorphoses de l'intérêt général*, La Roche-sur-Yon, Presses universitaires de l'ICES, 2013, p. 19-134.

place n'est pas immédiatement affichée ; mais la fragmentation de la société à laquelle il contribue participe de sa stratégie en ce qu'elle la fragilise et la rend plus propice aux changements de références et de valeurs.

Le *lobby* communautariste axe dans un premier temps sa propagande publique sur la revendication de la liberté ou de l'égalité, deux termes sidérants qui paralysent la contradiction et permettent de discréditer la position adverse : le refus du mariage homosexuel serait de l'homophobie, l'impossibilité d'obtenir des repas de substitution dans les cantines serait de l'islamophobie.

Puis, dans un second temps, des provocations réitérées et progressant en intensité permettent de tester la capacité de résistance de la société, d'habituer peu à peu les esprits et d'acculer les pouvoirs publics à céder (par aveuglement ou par lâcheté[7]) à ses revendications. Ces dernières ne sont généralement pas présentées d'un bloc mais, pour plus d'efficacité, par touche, chacune des évolutions n'étant finalement pas considérée comme un reniement fondamental (c'est la technique du « voleur chinois ») : il est plus facile de faire légaliser le mariage homosexuel après le PACS que de le faire accepter directement. De même, il est possible de demander symboliquement trop (transformer des églises en mosquées) pour obtenir politiquement moins mais tout de même progresser (le financement public de lieux culturalo-cultuels musulmans).

La stratégie de conquête d'un *lobby* communautariste entend dissuader de réagir contre ses agissements soit en

7. Christopher Caldwell, *Une révolution sous nos yeux, Comment l'islam va transformer la France et l'Europe*, Paris, Toucan, 2011.

présentant l'évolution qu'il préconise comme inéluctable (invocation du sens de l'histoire, de la marche du progrès), soit comme un *statu quo*, les tabous sociaux étant présentés comme toujours relatifs (revendication du « droit à l'indifférence »). Dans les deux cas, la dénonciation d'un danger est présentée comme une phobie illégitime ou infondée : les réticences de la société sont levées en y développant le sentiment de culpabilité (utilisation d'une rhétorique victimiste). Le refus des valeurs de la société générale (la procréation sexuée, la laïcité) est présenté non comme de l'hostilité ou une tentative de subversion, mais comme un appel à la tolérance et une opportunité de pluralisme : c'est l'exploitation du « droit à la différence ».

L'objectif d'appropriation de l'ordre public

Le communautarisme pénètre la société par le biais du droit individuel pour, ensuite, investir l'ordre public et le transformer. Puisque le mariage et l'adoption ont été ouverts aux couples du même sexe, les mentions « Époux ou père » et « Épouse ou mère » ont disparu de tous les livrets de famille, y compris de ceux des couples composés d'un homme et d'une femme, et remplacées par un blanc... Parce que certains parents ne veulent pas que leurs enfants mangent du porc, certaines cantines scolaires n'en servent plus du tout. Pour personne !

La revendication d'un droit particulier (toutes les conduites sont mises sur un pied d'égalité au nom de l'identité de tous les hommes ou de la relativité des valeurs) n'est donc qu'une étape dans la stratégie du *lobby* communautariste. Son objectif est de renverser les « dominants » au profit des « dominés » de telle manière que l'ordre ancien soit remplacé par un nouveau système de valeurs. Car le groupe de pression n'est jamais assuré qu'un retour en arrière ne se produise pas, tant qu'il ne contrôle pas le pouvoir. Un phénomène de ce type s'est déjà rencontré par le passé : au XVIe siècle, le calvinisme ne cherchait pas à exister à côté du catholicisme mais à le remplacer.

Après la revendication du droit à l'indifférence, puis d'un droit à la différence, c'est l'imposition d'un droit différent. Après s'être présenté en victime, le groupe de pression communautariste se comporte en égal pour finir en maître. Après avoir séduit par l'instrumentalisation de la compassion puis de l'indifférentisme, voilà la conversion par la contrainte (juridique voire physique).

La pratique communautaire imposée à tous

Il est un domaine où il n'a même pas fallu attendre la prise du pouvoir par un *lobby* communautariste pour que sa norme soit imposée au plus grand nombre et, ce, en raison de la lâcheté des politiques et de l'avidité de certains capitalistes. Ce domaine, c'est celui de la viande *halal*[8]. Il est aujourd'hui devenu presque banal de trouver des produits dits « identitaires » dans les rayons des

8. Alain de Peretti, dir., *Vérités sur la viande halal*, Paris, Godefroy de Bouillon, 2014 ; Anne de Loisy, *Bon appétit !*, Paris, Presses de la Cité, 2015.

grandes surfaces ; c'est la déferlante de produits dédiés ou déclarés compatibles avec les normes musulmanes. Mais, outre la question du traitement infligé aux animaux destinés à la consommation, c'est aussi le problème de la transparence et de la traçabilité du produit qui mérite d'être soulevé.

L'abattage *halal* consiste à attacher un animal par les pattes puis à l'égorger avant de le laisser se vider de son sang, pendant que le sacrificateur récite des prières. La souffrance de l'animal semble, là, peu discutable. D'ailleurs, un peu plus de 70 % des Français sont opposés aux dérogations permettant d'abattre des animaux sans les avoir préalablement étourdis[9]. Mais surtout, les consommateurs peuvent se nourrir de viande sacrifiée religieusement sans même le savoir. Une part importante des viandes issues d'un abattage rituel est commercialisée dans le circuit traditionnel sans qu'il soit fait aucune mention de cette caractéristique. Deux raisons à cela. D'abord, parce que les musulmans ne mangent pas toutes les parties d'une bête : ces morceaux sont donc reversés dans la consommation courante. Ensuite, parce que l'industrie tend à généraliser la méthode d'abattage musulmane pour des raisons financières : afin d'augmenter les rendements et abaisser les coûts, tous les animaux sont tués de manière identique, sans temps mort et sur les mêmes chaînes.

La question d'un étiquetage (lisible !) est donc fondamentale, comme l'a relevé le député Nicolas Dhuicq en

9. Ifop, *Les Français et l'étourdissement des animaux avant leur abattage*, Enquête pour la *Fondation Brigitte Bardot* (échantillon de 1 015 personnes), décembre 2009.

novembre 2010. Or, les industriels s'y refusent parce qu'ils craignent de voir les clients se détourner d'une marchandise abattue rituellement. Kamel Kabtane, recteur de la mosquée de Lyon, a estimé que « si demain les industriels » devaient « étiqueter la viande », ils renonceraient « à faire du halal ». Cela le chagrine assurément, mais il ne semble nullement ennuyé qu'une pratique religieuse soit insidieusement imposée à des fidèles d'autres religions ou à des agnostiques.

Mais ce n'est pas tout. En achetant de la viande rituellement abattue, le consommateur finance, sans le savoir, des organisations musulmanes. En effet, la viande ne peut être considérée comme *halal* qu'à la condition que les animaux aient été égorgés par des personnes habilitées, désignées par quelques mosquées qui ont le monopole pour délivrer des cartes de sacrificateurs. Ceux-ci sont rémunérés (au kilo de viande) par les abattoirs qui répercutent cette taxe religieuse (10 à 15 centimes d'euros par kg de viande ?) sur le distributeur qui, à son tour, fait payer le consommateur...

Il n'y a pas d'interdit alimentaire pour les chrétiens car, comme l'a enseigné le Christ, la personne n'est souillée que par ce qui sort d'elle (les pensées perverses) et non ce qui y entre[10]. Un chrétien pourrait donc *a priori* manger de la viande *halal*. Mais ces différents points font que l'abattage rituel heurte la conscience. Il paraît donc élémentaire que l'étiquetage des viandes (ou des préparations à base de viande) indique le mode d'abattage afin

10. Cf. *Mc* 7,14-23, en part. 20-21 : « Ce qui sort de l'homme, c'est cela qui le rend impur. Car c'est du dedans, du cœur de l'homme, que sortent les pensées perverses. »

que le consommateur soit informé et puisse choisir en connaissance de cause. Le client peut ne pas partager les croyances religieuses des fidèles qui réclament un abattage rituel. C'est bien la moindre des choses. Ne serait-il pas irritant de penser que le traditionnel agneau pascal se soit vu susurrer à l'oreille, juste avant de mourir, des prières incompatibles avec la foi chrétienne ? Et puis, le consommateur *lambda* peut ne pas apprécier ce que représente culturellement la viande *halal* non-étiquetée : d'une part, une islamisation rampante de la société et, d'autre part, une vision du monde où la pureté des uns est telle (comparée à l'impureté des autres) qu'elle peut et doit être imposée à tous.

Alors que la sociabilité artificielle a été inventée par la philosophie politique pour permettre à l'homme de l'état de nature de sortir de la guerre potentielle (Locke), généralisée (Hobbes) ou inéluctable (Rousseau), est-il si étonnant que le contractualisme communautariste puisse y ramener, tout en prétendant en être le remède ?

Chapitre 12

De quoi l'Union européenne est-elle le nom ?

« Nous aurons ces grands États-Unis d'Europe, qui couronneront le vieux monde comme les États-Unis couronnent le nouveau… la patrie sans la frontière, le commerce sans la douane… la jeunesse sans la caserne… » Cette prise de position de Victor Hugo, le 20 septembre 1872, est à bien des égards visionnaire. Sauf sur un point. Si tout ce qui est annoncé s'est réalisé, une chose manque : l'Europe elle-même.

Différents critères permettent de dessiner plusieurs ensembles dans le sous-continent européen. L'orientation religieuse permet de relever les Europe catholique, orthodoxe et protestante, cependant toutes chrétiennes. La question linguistique conduit à distinguer les sphères latine, germanique et slave. D'un point de vue idéologique, trois blocs s'opposèrent jusque dans les années 1970 : libéral à l'Ouest, marxiste à l'Est, autoritaire au Sud. Les deux premiers ont continué à s'affronter jusqu'à la fin de la décennie 1980. Sous l'angle économique, les disparités dans les niveaux de PIB par habitant se sont atténuées entre le Nord et le Sud, mais elles restent fortes entre l'Ouest et l'Est. Enfin, le critère juridique conduit à analyser les phases de la construction européenne réalisée dans la seconde moitié du XXe siècle.

Une géographie introuvable

Après la seconde guerre mondiale, la construction européenne s'est faite selon un double processus d'approfondissement institutionnel et d'élargissement géographique[1]. La Communauté européenne du charbon et de l'acier (traité de Paris signé en 1951), la Communauté économique européenne et la Communauté européenne de l'énergie atomique (traités de Rome de 1957) ont fusionné avec le traité de Bruxelles (1965). L'Acte unique (1986) a mis en place la libre circulation des personnes, des marchandises et des capitaux et a élargi les compétences de l'Europe. Il a préparé le traité de Maastricht (1992) qui a créé l'Union européenne (UE) dont le fonctionnement et les pouvoirs ont été revus par les traités d'Amsterdam (1997) et de Nice (2001). Malgré le rejet populaire, en 2005, du traité établissant une constitution pour l'Europe (traité de Rome de 2004), ses principales dispositions ont été reprises dans le traité de Lisbonne (2007).

Du point de vue géographique, l'Europe est passée, en un demi-siècle, de six États (les membres fondateurs : Allemagne, Belgique, France, Italie, Luxembourg et Pays-Bas) à 28 en 2013, avant que le Royaume-Uni ne décide en 2016, par référendum, de quitter l'Union. Si l'entrée de nouveaux États n'a été réalisée qu'au compte-gouttes dans les années 1970 et 1980, les élargissements se sont

1. Jean-Paul Bled, Edmond Jouve, Christophe Réveillard, dir., *Dictionnaire historique et juridique de l'Europe*, Paris, PUF, 2013 ; Christophe Réveillard, *La construction européenne*, Paris, Ellipses, 2e éd., 2012.

accélérés dans les deux décennies suivantes. Le plus important s'est fait en 2004 avec l'entrée des PECO (Pays d'Europe centrale et orientale). Plusieurs adhésions sont encore en suspens : celles de la Macédoine ou de la Serbie apparaissent assez naturelles en comparaison de celle de la Turquie qui révèle le flou identitaire cultivé par l'Union européenne.

L'ambiguïté de la construction tient, d'une part, à sa nature juridique et, d'autre part, à sa délimitation. En effet, l'Union est juridiquement hybride : elle est une organisation internationale (chaque État a théoriquement conservé sa souveraineté internationale), mais elle fonctionne en interne comme un État fédéral (avec la mise en place de politiques communes). Par ailleurs, il existe différents espaces européens auxquels les États ne participent pas de la même manière. En particulier, l'Union européenne et le Conseil de l'Europe ne doivent pas être confondus. Créé en 1949, ce dernier réunit aujourd'hui un peu moins d'une cinquantaine de membres qui ne sont pas tous européens. Il est organisé autour de plusieurs organes dont le plus important est la Cour européenne des droits de l'homme (CEDH) chargée de faire respecter la *Convention européenne de sauvegarde des droits de l'homme et des libertés fondamentales* (1950).

Non seulement il existe différentes Europe, mais l'Union européenne est, elle-même, à géométrie variable. Prévue par le traité de Maastricht, une monnaie unique, l'euro, se substituant aux monnaies nationales (contrairement à l'écu, monnaie commune, qui s'y superposait), a été mise en place, d'abord comme instrument de compte pour les marchés financiers et boursiers en 1999, puis comme monnaie fiduciaire en 2002. Mais plusieurs États membres de l'Union européenne ne l'ont pas adoptée (Danemark, Hongrie, Pologne, Suède, Royaume-Uni, Tchéquie...), soit parce qu'ils ne répondent pas aux critères d'adhésion, soit parce qu'ils ne le souhaitent pas. Seuls 18 des États membres l'ont choisie entre 1999 et 2014. Du point de vue des frontières, l'« acquis de Schengen » (issu d'un accord de 1985 et d'une convention de 1990) a été intégré à l'UE en 1999. Depuis 2011, l'espace Schengen concerne 26 pays; il vise l'harmonisation des contrôles à leurs frontières extérieures. Tous les États membres de l'Union européenne n'y participent pas (Bulgarie, Chypre, Irlande, Roumanie, Royaume-Uni) tandis que des pays extérieurs à l'UE en font partie (Islande, Liechtenstein, Norvège, Suisse). Ainsi, l'omniprésence juridique de l'Europe contemporaine apparaît-elle d'autant plus forte qu'elle est géographiquement impalpable. L'Union européenne atteint même l'inexistence dans le domaine géopolitique.

Une négation de puissance

L'échec de la Communauté européenne de défense (CED) en 1954 a laissé la sécurité militaire européenne sous la responsabilité des États et surtout de l'OTAN (Organisation du Traité de l'Atlantique Nord), créée en 1949, sous la tutelle des États-Unis, alors que l'affrontement Est-Ouest était tendu. L'idée d'une politique de sécurité et de défense européennes a été réintroduite par le traité de Maastricht. Cependant, elle ne vise pas à constituer une véritable armée, mais à mettre en commun des capacités militaires pour assurer des missions de gestion de crises (maintien de la paix, objectifs humanitaires).

En fait, la compatibilité entre une authentique défense européenne et l'OTAN reste le problème de fond. Considérant que les deux se compléteraient plus qu'ils ne se concurrenceraient, la France a réintégré en 2009 le commandement militaire intégré de l'OTAN dont elle était pourtant sortie en 1966. Or, 22 membres de l'OTAN sur 28 appartiennent à l'Union européenne. Ainsi, seuls six pays de l'Union n'appartiennent-ils pas à l'organisation transatlantique (Autriche, Chypre, Finlande, Irlande, Malte et Suède). Les six autres membres de l'OTAN sont l'Albanie, le Canada, les États-Unis, l'Islande, la Norvège et la Turquie. L'interpénétration de l'OTAN et de l'UE empêche la mise en place d'une défense européenne qui soit aussi bien matériellement que politiquement autonome. Jouant le jeu traditionnel des relations internationales, les États-Unis ne s'abstiennent pas de chercher à diviser l'Europe pour y régner : ils ont, par exemple, exigé des PECO l'antériorité de leur adhésion à l'OTAN (avril 2004) avant celle à l'UE (mai 2004). Dès lors, il apparaît probable que, dans une approche réaliste de la géopolitique[2], l'Europe aurait intérêt à profiter du retour de la Russie sur la scène internationale pour essayer de contrebalancer l'influence des États-Unis. Une telle démarche serait cependant imprudente si elle oubliait le régime totalitaire de l'Union soviétique et si, succédant à

2. Pierre-Emmanuel Barral, *Les grands théoriciens des relations internationales*, Levallois-Perret, Studyrama, 2015.

un pro-américanisme sans nuance, elle consistait en une sorte de russolâtrie aveugle.

Néanmoins, c'est dans l'actuel contexte que peut être comprise l'analyse selon laquelle l'UE a été jusqu'à présent plus « génératrice d'américanité » (Samir Saul) que d'« européanité ». Le paradoxe n'est qu'apparent[3]. En effet, les institutions européennes se sont fait le vecteur de la mondialisation économique et culturelle (standardisation de la production, uniformisation des modes de vie). L'actuel projet de marché euro-américain (Accord de partenariat transatlantique) en est une illustration à la limite de la caricature. Ayant intérêt à la reconstruction de l'Europe de l'Ouest (plan Marshall, 1947) tant pour y trouver des débouchés commerciaux que pour constituer un rempart contre le bloc soviétique, les États-Unis ont favorisé le processus d'intégration européenne mais, naturellement, dans la perspective de leurs intérêts. Faisant partie des vainqueurs du conflit mondial et désireux de protéger leur zone d'influence, ils étaient favorables à la constitution d'un marché mais pas d'une puissance géopolitique susceptible de les concurrencer. Qu'ils aient intérêt à l'existence d'une Europe mais à la condition qu'ils puissent l'influencer est une chose. Que l'Europe se complaise dans sa neutralisation et son refus de s'auto-protéger en est une autre entièrement de sa responsabilité. La méthode mise en œuvre pour la construction européenne ne relève pas d'une simple stratégie – rendre les économies interdépendantes

3. Dominique Barjot, Christophe Réveillard, dir., *L'américanisation de l'Europe occidentale au XXe siècle, Mythe et réalité*, Paris, PUPS, 2002.

de telle manière que les conflits deviendraient impossibles et l'union inéluctable – mais d'un choix idéologique. Les parangons de l'Union européenne ont accepté le double postulat progressiste : la fin inéluctable de la souveraineté nationale et la nécessaire mondialisation, tant la globalisation financière que le multiculturalisme.

L'éhontée exploitation de symboles historiques

Bien que n'étant pas une puissance souveraine, l'Europe contemporaine s'est dotée des symboles traditionnels des États : un drapeau (sur fond bleu, douze étoiles dorées forment un cercle représentant l'union des peuples), un hymne (le premier prélude du 4e mouvement de la 9e symphonie de Beethoven : *L'Ode à la joie*), une fête (le 9 mai, en souvenir de la déclaration de Robert Schuman proposant, en 1950, la création de la CECA), et une devise (*Unie dans la diversité*). Les trois premiers ont été adoptés par les chefs d'États et de gouvernements lors du Conseil européen de Milan, en juin 1985, suite à l'invitation faite par le Conseil de l'Europe, en 1983, aux autres organisations européennes d'utiliser des symboles communs.

En outre, l'Union européenne cherche à combler son déficit d'image en captant les symboles de l'Europe historique[4]. Ainsi, une statue d'Europé – la princesse phénicienne enlevée, selon la légende, par Zeus – a-t-elle été

4. Patrice Rolland, *L'unité politique de l'Europe, Histoire d'une idée*, Bruxelles, Bruylant, 2006.

dressée à l'entrée du Parlement européen, celui-ci décernant, chaque année, un « prix Charlemagne pour la jeunesse » afin de récompenser des projets encourageant le développement d'une conscience européenne. Cependant, l'Union européenne a bien des difficultés à incarner l'Europe. En effet, les valeurs contenues dans les traités – les droits de l'homme et la démocratie – ne sont pas spécifiquement européennes mais à prétention universelle. Dans ces conditions, il est logique que les citoyens européens soient déboussolés.

Le désenchantement des citoyens

Les citoyens des différents États membres de l'Union européenne sont représentés au Parlement européen. Celui-ci est élu au suffrage universel direct depuis 1979 alors qu'il était auparavant composé de délégués des parlements nationaux. Si le nombre total de députés européens a progressé, passant de 142 en 1958 à 751 en 2014, les élargissements successifs ont mécaniquement dilué la présence numérique française (actuellement 74 députés). Le traité de Maastricht a créé une citoyenneté européenne se superposant aux citoyennetés nationales. Le traité de Lisbonne indique que le Parlement européen est composé d'élus des citoyens de l'Union. Ainsi, les députés européens sont-ils pensés comme représentant l'ensemble des citoyens de l'Union et non plus leurs peuples respectifs. Toutefois, le même texte confirme le caractère national des élections et de la répartition des sièges. Il existe donc une ambiguïté quant à l'identité des mandants : les citoyens de l'Union européenne en général ou ceux de chaque État en particulier ? Cette question illustre bien la position intermédiaire de l'UE : elle est juridiquement une organisation internationale mais son fonctionnement interne repose sur un certain type de fédéralisme.

Le taux d'abstention aux élections européennes est extrêmement fort. L'ensemble des pays connaît, à l'exception des États où le vote est obligatoire (Belgique, Luxembourg), le même phénomène. Dans les pays fondateurs, la participation s'est effondrée : moins vingt points en trente ans pour se situer aux alentours de 40 %. Dans les pays récemment intégrés, elle a toujours été basse (moins de 30 %). Deux principaux facteurs expliquent le désintérêt des électeurs : la déception politique et l'incompréhension juridique. L'intégration européenne a été justifiée, après-guerre, par la reconstruction puis la recherche de la prospérité et de la paix en rendant les économies interdépendantes. La crise économique et sociale conduit les opinions publiques à douter de l'efficacité du projet européen. Plus profondément, le fonctionnement de l'Union européenne présente un caractère obscur, en particulier la répartition des fonctions au sein du « triangle institutionnel[5] ». Le Conseil de l'Union décide des politiques communes ; il est le véritable pouvoir législatif, mais il est composé des exécutifs nationaux. La Commission, quant à elle, est l'organe exécutif : elle met en œuvre les décisions du Conseil. Mais

5. Thierry Rambaud, Patrick Papazian, *Institutions européennes et principes généraux de droit européen*, Levallois-Perret, Studyrama, 3e éd., 2015.

comme elle possède l'initiative législative et a un rôle moteur dans la préparation des textes normatifs et du budget devant être approuvés par le Conseil, elle a un rôle prédominant. Ce sont les traités ratifiés par les États qui ont fait de la Commission la cheville ouvrière de l'UE. Nombre de gouvernants se cachent derrière elle pour imposer dans leurs États ce qu'ils n'osent pas faire eux-mêmes. Enfin, le Parlement a vu ses pouvoirs progresser. Cependant, s'il participe à l'élaboration des textes et du budget, il ne détient pas à titre principal le pouvoir législatif qui revient au Conseil de l'Union.

À cela s'ajoute le fait que la marche forcée vers l'intégration s'est traduite par un respect plus que relatif de la volonté des peuples : les Danois en 1992 et 1993, puis les Irlandais en 2008 et 2009, n'ont-ils pas été convoqués deux fois de suite aux urnes parce qu'ils avaient « mal » voté à propos, respectivement, des traités de Maastricht et de Lisbonne ? L'Union européenne véhicule donc l'image d'un système politique peu sensible aux consultations des citoyens : le traité de Lisbonne a bien été compris comme une version à peine édulcorée du traité (du moins de sa première partie) établissant une constitution pour l'Europe, pourtant rejeté en France et aux Pays-Bas, par référendum en 2005. Les nations se révélant des obstacles à la construction européenne, le projet a mûri chez certains de faire de grandes régions (y compris transnationales) les entités fédérées d'un futur véritable État fédéral[6].

6. Pierre Hillard, *Minorités et régionalismes dans l'Europe fédérale des régions*, Paris, François-Xavier de Guibert, 4e éd., 2004.

Au final, les élections européennes sont vécues comme un scrutin sans réel enjeu et l'Union comme une technostructure déracinée où règnent les combinaisons politiques. Il est vrai que les deux principales forces politiques au Parlement européen ont toujours été les tendances social-démocrate et démocrate-chrétienne, les centristes et les écologistes servant d'appoint. Droite et gauche modérées se sont toujours retrouvées pour gouverner ensemble l'Union européenne : l'uniformisation juridique favorise le souhait d'égalitarisme de la gauche tandis que l'abaissement des frontières satisfait le libre-échangisme de la droite.

La progression de l'euroscepticisme

Ainsi la mise en place d'une gouvernance technicienne reposant sur une supposée expertise entraîne-t-elle le désengagement des peuples. Et, ce, d'autant plus que règne une forme de terrorisme intellectuel dans la prétention de l'Union européenne à monopoliser l'idée européenne : quiconque critique son fonctionnement est dénoncé comme anti-européen.

Succédant à une indifférence bienveillante qui avait marqué la décennie précédente, un scepticisme, voire une franche hostilité envers les institutions européennes se sont développés à partir des années 1990[7]. Désormais, aucun organe (Conseil, Commission, Parlement) ne recueille une adhésion majoritaire, la confiance se situant

7. Dominique Reynié, dir., *L'opinion européenne en 2012*, Paris, Lignes de repères, 2012.

seulement entre 30 et 40 %. Le niveau supranational ne peut plus servir de soupape de sécurité aux déceptions intérieures. Ainsi l'euroscepticisme a-t-il progressé quasiment partout en Europe[8] aux élections du Parlement européen de 2014, y compris dans des États, comme le Royaume-Uni, qui n'ont pas l'euro et ne sont pas dans l'espace Schengen, et dans d'autres, comme l'Autriche, où la crise économique est régulée. Cela démontre que les populismes s'enracinent dans une défense identitaire et non dans une simple revendication matérialiste. En juin 2016, le Brexit a eu cet immense mérite de mettre fin à un tabou (sortir de l'UE est possible) appuyé sur une pétition de principe (quitter l'UE serait un saut dans le vide).

Si les Européens considèrent majoritairement que la lutte contre le terrorisme et la défense doivent être organisées en commun au sein de l'UE, ils estiment également qu'un certain nombre de domaines – comme la protection sociale ou le système éducatif – doivent rester sous contrôle national. En outre, une tendance lourde pour une remise en cause de l'ouverture des frontières (à cause, en particulier, de l'immigration) se dessine très clairement.

Des mécanismes institutionnels opaques

L'euroscepticisme ne manifeste donc pas une hostilité envers l'idée européenne mais un profond rejet d'un

8. Jean-Yves Camus, Nicolas Lebourg, *Les droites extrêmes en Europe*, Paris, Seuil, 2015.

ensemble institutionnel, dont le fonctionnement est difficilement compréhensible, et qui, en outre, incarne une terrible distorsion entre un déficit de puissance externe et des contraintes internes grandissantes qui abaissent les souverainetés nationales. Alors que battre monnaie a toujours été un des marqueurs du pouvoir souverain, une monnaie unique a été mise en place. Sa substitution aux monnaies nationales a été d'autant plus significative de la perte de souveraineté des États que l'euro est contrôlé par une institution indépendante de ceux-ci : la BCE (Banque centrale européenne).

Un autre marqueur de la perte de souveraineté des États a été la mise en place progressive de la primauté du droit européen[9] sur les droits internes. La Cour de justice[10] a profité de son rôle d'application et d'unification du droit pour imposer le principe que les droits nationaux devaient plier devant la règle européenne. La Cour a affirmé que l'ordre juridique communautaire ne concernait pas seulement les États mais aussi les citoyens (*Van Gend en Loos*, 1963). Elle a, ensuite, considéré que cet ordre était intégré à celui des États membres (*Costa c. ENEL*, 1964). Mais elle est allée encore plus loin : l'acte communautaire, même contraire à la constitution d'un État membre, doit être appliqué (*International Handelsgesellschaft*, 1970). Enfin, le juge communautaire a dicté sa conduite aux juges des États : ce dernier ne doit pas

9. Le droit matériel produit par les institutions européennes a d'abord été qualifié de droit communautaire pour être désormais couramment appelé droit de l'Union européenne.

10. La CJCE (Cour de justice des Communautés européennes) a été renommée CJUE (Cour de justice de l'Union européenne).

appliquer une règle nationale contraire à un texte européen (*Simmenthal*, 1978).

Tout cela ne peut que conduire à un sentiment de dépossession de la maîtrise de son destin national tout en ne disposant pas, à l'échelon européen, des marqueurs d'une véritable puissance étatique (diplomatie, armée). Au risque de caricaturer la situation, l'Union européenne, ce sont tous les inconvénients de l'État sans aucun de ses avantages. Comment expliquer cela ?

Les conceptions classique et moderne de l'Europe

Une conception classique et une vision moderne de l'Europe peuvent être distinguées[11]. L'Europe classique relève d'une philosophie objectiviste : elle est une société naturelle possédant une identité intrinsèque. L'historien Lucien Romier enracinait l'identité européenne dans le réalisme de la philosophie grecque, le pragmatisme du droit romain et l'esprit de sacrifice de la morale chrétienne[12]. La conception classique de l'Europe repose sur la sociabilité naturelle où la question culturelle est centrale. Historiquement, la géographie de l'Europe a été variable (l'Empire romain était méditerranéen, l'Empire carolingien occidental) mais la philosophie (réaliste)

11. Sur cette question, il sera permis de renvoyer à nos études : Guillaume Bernard, « Entre essence et existences : les identités classiques et modernes de l'Europe », in *Analele Universitatii Bucuresti, Stiinte Politice*, 2010, p. 3-12.

12. Lucien Romier, *Nation et civilisation*, Paris, Simon Kra, 1926.

sous-jacente de son identité a été stable. L'Europe classique est l'incarnation d'une culture dans un espace géographiquement variable, des territoires pouvant être gagnés ou perdus ; le voisinage géographique n'équivaut pas à la parenté culturelle.

Tandis que l'Europe moderne met en avant l'État laïque, l'Europe classique repose sur la société chrétienne (que les individus aient d'ailleurs ou non la foi). En effet, l'apport de l'Église ne s'est pas limité à son enseignement religieux : elle a non seulement christianisé mais aussi romanisé les Barbares. Pour autant, Europe et Chrétienté ne sont pas identiques. Leur dissociation s'est faite en trois étapes : l'expansion musulmane et par contrecoup la croisade, les grandes découvertes et en conséquence la colonisation, le protestantisme et le développement de la modernité politique. Cependant, malgré les guerres religieuses intestines, l'Europe retrouvait son unité face aux agressions extérieures ; certes, la France a été absente de Lépante, mais pour aider l'empereur à lutter contre les Turcs, Louis XIV envoya des troupes.

La culture commune de l'Europe, assurant son unité, est une réalité historique pouvant être illustrée par deux exemples : le droit et la langue. Malgré des normes particulières (droits coutumiers ou princiers), il existait un *jus commune* réunissant droit romain et droit canonique, l'ensemble s'appuyant sur une philosophie du droit tirée de la définition aristotélicienne, puis romaine et thomiste de la justice. Partout en Europe, le droit d'une *persona* dépendait de sa *dignitas*. Quant à la langue, elle permettait de penser en commun et assurait une unité intellectuelle :

après le latin, ce rôle fut tenu par le français, au moins jusqu'au milieu du XVIIIe siècle.

La conception moderne de l'Europe, quant à elle, est bien différente : elle s'appuie sur la philosophie contractualiste donnant naissance à une culture nécessairement déracinée. Il n'y a pas de critère de l'« européanité » dans l'Europe moderne puisqu'elle repose sur la sociabilité artificielle : son identité collective n'est que la somme des parties la composant. Alors que dans la tradition romaine et médiévale, l'empire était une notion d'ordre qualitatif et spirituel, cette notion a, en raison de la progression du matérialisme, basculé dans le règne de la quantité. Les empires napoléonien ou prussien ne furent plus qu'une vaste étendue de terres conquises[13]. À la puissance de l'identité s'est substituée la volonté de puissance de la nation (le nationalisme de conquête) et de l'impérialisme.

La conception moderne de la sociabilité est prisonnière de la loi du nombre. Ayant mené de front l'approfondissement institutionnel et l'élargissement géographique, l'Union européenne se résume à une construction phénoménologique résultant d'une rencontre de volontés sur des critères juridiques. C'est ainsi que l'Europe moderne peut apparaître comme une étape dans la construction d'un espace politique (de plus en plus) vaste et intégré. Puisque la société moderne est le résultat d'un contrat, l'Europe moderne se veut détachée de toute identité ontologique enracinée dans l'histoire. Sa culture n'est que la somme des identités présentes sur son

13. Guillaume BERNARD, « L'empire dans l'histoire de l'Europe : continuités et ruptures », in *Conflits actuels*, 2007-1, n°19, p. 27-42.

territoire à un moment donné. Cette conception intégrationniste et égalitariste de l'identité explique l'éviction délibérée de toute référence au christianisme, notamment dans le feu traité de Rome de 2004.

Faute de s'enraciner dans son héritage culturel – « Je suis désolé, mais être français ce n'est pas être chinois. Avoir eu un long passé chrétien, ce n'est pas avoir eu un passé musulman. Avoir conquis le monde ce n'est pas avoir été conquis[14]. » –, l'Union européenne ne peut ambitionner qu'une uniformisation économique (marché et monnaie uniques), juridique (droit de l'Union ayant la primauté sur les droits nationaux) et politique (une certaine forme de fédéralisme où la subsidiarité est travestie car renversée) fondée sur les principes abstraits de la philosophie moderne (le contractualisme, les droits attributs de l'individu, etc.). Si, dans la conception classique, la géographie de l'Europe est déterminée par la culture, l'étendue territoriale de l'Union européenne, dans la pensée moderne, n'est limitée que par la rencontre des volontés sur des critères juridiques. Elle ne vise pas la constitution d'une puissance diplomatique et militaire mais d'un espace économique susceptible d'être de plus en plus vaste (continental voire mondial) sans lien avec l'Europe historique.

14. Jacques Ellul, *Trahison de l'Occident*, Paris, Calmann-Lévy, 1975.

Chapitre 13

Entre le devoir-être de la liberté et le néant de l'expression

Outre la défiance dans le personnel politique, la perte de confiance dans le régime se traduit aussi par un sentiment diffus dans la société que l'expression et la confrontation des idées sont en crise[1]. Il est vrai que, de fait et de droit, la liberté d'expression n'est jamais illimitée. De fait, parce que toute société a nécessairement des tabous – faut-il citer l'inceste, la pédophilie ? – pour perdurer dans sa cohésion. De droit, parce que la faculté de diffuser son opinion n'inclut pas la diffamation.

Cependant, à ces contraintes traditionnelles s'ajoutent aujourd'hui des conditions d'exercice qui tendent à l'étouffer. La voilà fourvoyée dans quatre impasses – le conformisme, le subjectivisme, l'inculture et le multiculturalisme – qui l'enferment dans une camisole de force. Même s'ils peuvent diverger, ces phénomènes exercent une pression d'autant plus grande qu'ils sont concomitants.

1. Arnaud Aaron Upinsky, *La tête coupée ou la parole coupée*, Paris, ŒIL, 1991.

L'impasse du conformisme

En sélectionnant les informations (et donc parfois en occultant des faits) et en les hiérarchisant (et donc en suggérant des valeurs), les médias contribuent à la fabrication de l'opinion publique : ils peuvent focaliser l'attention sur certains événements ou idées et détourner d'autres. Les médias ne disent donc pas directement ce qu'il faut penser mais ce à quoi il est intelligent, moral et légitime de penser. L'influence est encore plus réelle quand l'unanimité (notamment par la répétition du même discours) semble de mise (l'unité rassure). La chose est d'autant plus efficace quand l'individu est convaincu de n'être pas influençable. L'assurance intellectuelle conduit à sous-estimer le conditionnement (qui n'en est donc que plus fort) dont on est susceptible d'être l'objet. Les médias peuvent donc avoir une influence coercitive, par intimidation, sur l'opinion : c'est ce qu'il est convenu d'appeler la « spirale du silence » analysée par Élisabeth Noëlle-Neumann[2]. Comme les « grands » médias ne reflètent pas la totalité des opinions, mais seulement celles qui sont majoritaires, les partisans d'une position minoritaire sont donc non seulement marginalisés mais également portés à se renfermer sur eux-mêmes, ce qui renforce l'opinion majoritaire et aggrave l'impression factice d'un consensus… C'est le serpent qui se mord la queue.

---

2. Élisabeth NOELLE-NEUMANN, *The spiral of silence*, Chicago, University of Chicago press, 2nd éd., 1993.

La complaisance courante envers les « valeurs » dites « ouvertes[3] » (mondialisme) professées évidemment par des instruits (*educated*) et l'hostilité non-dissimulée envers celles considérées comme « fermées » (souverainisme) forcément défendues par des incultes (*uneducated*) déconcerte tant elles apparaissent sincères. La langue de la plupart des représentants des élites implique souvent un jugement de valeur sur les événements : la manière dont le Brexit a été analysé en est une parfaite illustration. Parmi les « intellectuels », ceux qui pourraient avoir une tendance à l'iconoclasme ou être tentés par un sursaut d'indépendance d'esprit ont cependant peur de se mettre au ban de leurs communautés (universitaires, journalistiques) respectives. La peur de la marginalité les conduit à s'autocensurer en privilégiant non la plus grande véracité possible de l'analyse mais en anticipant la réception de leurs propos par le public et surtout leurs confrères.

L'influence des médias est cependant relative. D'une part, la confiance dans la fiabilité et l'objectivité des organes d'information est devenue à peine majoritaire[4] en raison de la constatation d'une trop grande distorsion entre la description du monde par les médias et le réel vécu. D'autre part, chacun se soumet volontairement aux médias qui confirment dans son opinion. C'est dans

---

3. Sur le clivage entre les « ouverts » et les « fermés », cf. notamment : Gilles Finchelstein, *Avant la (vraie) bataille : le nouveau paysage idéologique*, Fondation Jean Jaurès, Note n° 107, 3 novembre 2011.
4. TNS Sofres, *La confiance des Français dans les médias*, Enquête pour *La Croix* (échantillon de 1 061 personnes), janvier 2016.

ce cadre que le monde de la communication a été bouleversé par les technologies numériques. Les médias « traditionnels » (presse, radio, télévision) n'ont plus le monopole de la diffusion et de l'analyse de l'information ; ils sont désormais concurrencés par des sites internet, de qualité très diverse, animés par des professionnels ou des amateurs[5]. La défiance ne protège toutefois pas entièrement de l'argument d'autorité et de la pétition de principe assenés avec complaisance par les médias « officiels » et pouvant être relayés (avec un effet démultiplicateur) sans vérification par les réseaux sociaux et les blogs.

En définitive, le règne du conformisme s'explique surtout par la pauvreté du langage et des connaissances[6], en particulier historiques. Cela induit une uniformité de la pensée, tant des locuteurs professionnels (comme les politiques) que des interlocuteurs amateurs (tels les électeurs). Conséquence ? Le non-tendancieux, le supposé objectif se réduit au communément admis. Il est moins jugé de la véracité du propos que de sa décence au regard des idées dominantes du moment. La chose est d'autant plus étonnante qu'une vulgarité admise s'étale presque partout, en particulier dans la publicité et la presse *people*. En outre, en se focalisant, sous prétexte d'intéresser le public, sur l'actualité et en éludant les analyses de fond, les médias contribuent à l'immobilisme dans le débat d'idées et à l'autoreproduction des forces

5. Paul Salaün, Pierre Schweitzer, *Droit et économie des médias et des univers numériques*, Levallois-Perret, Studyrama, 2015.
6. François-Xavier Bellamy, *Les déshérités, Ou l'urgence de transmettre*, Paris, Plon, 2014.

intellectuelles. Abreuver d'informations n'aide pas à penser le réel ; cela peut même le déformer.

Sauf exception, les médias ne manipulent donc pas volontairement et consciemment : s'ils désinforment, c'est plus par ignorance (ils sont eux-mêmes instrumentalisés et font preuve de fainéantise) ou par autocensure (contre ce qui est « politiquement incorrect ») que par une démarche délibérée d'intoxication de l'opinion[7]. Les journalistes sont sincères...

L'impasse du subjectivisme

Dans ce contexte, en se couvrant des oripeaux d'un noble combat, tout le monde se fait volontiers l'apologiste de la liberté d'expression. Mais il n'y a souvent là qu'hypocrisie. C'est surtout au bénéfice de ses propres idées qu'elle est invoquée et revendiquée. Le droit de diffuser ses opinions est communément instrumentalisé au profit d'une subjectivité individuelle ou collective.

La sincérité a remplacé le critère de la quête de la vérité. Les débats en deviennent malsains. Le juste n'est plus dialectiquement recherché ; on s'invective en se déclarant blessé par un argument et en revendiquant ses droits de victime. Car la combinaison d'une sensibilité à fleur de peau et d'habiles procédés de rhétorique conduit à ce que la critique d'une idée ou d'un acte soit interprétée comme une attaque contre la personne, une dévalorisation voire une négation de son humanité. On peut

7. Vladimir Volkoff, *Petite histoire de la désinformation, Du cheval de Troie à internet*, Paris, Éditions du Rocher, 1999.

rapidement glisser vers la situation où certaines personnes, en raison de la cause qu'elles défendent ou du symbole qu'elles incarnent, sont désignées comme ne pouvant dire que la vérité et, ce, quoi qu'elles expriment, quel que soit le sujet sur lequel elles se prononcent. Qu'importe que les autres fassent la preuve de la vérité de leurs propos puisqu'elles sont excessives, marginales, non-académiques voire malades. C'est la psychiatrisation de l'adversaire.

Des deux dimensions de la liberté d'expression, l'une extérieure, l'autre intérieure, la première (ne pas être contraint de professer ce à quoi l'on n'adhère pas) est systématiquement revendiquée. Mais, la seconde (l'exigence de loyauté dans l'argumentation) est ordinairement oubliée.

L'impasse de l'inculture

Ainsi, la subjectivisation de la liberté d'expression permet-elle de justifier nombre de « provocations » artistiques. La limitation du vocabulaire et l'insuffisance des connaissances techniques (pourtant indispensables aux beaux-arts) expliquent souvent la production de choses médiocres, grossières[8]. Quand la pensée est défaillante ou la culture réduite, l'expression bascule facilement dans l'agressivité (*Piss Christ* ou *Le vagin de la reine*) et même dans la haine (nombre de textes de rap « anti-français »).

---

8. Aude de Kerros, *L'imposture de l'art contemporain*, Paris, Eyrolles, 2016.

Désormais, ce n'est pas parce qu'il a produit une œuvre d'art que la personne est reconnue comme un artiste ; par une inversion perverse, c'est parce qu'elle est proclamée artiste qu'il devient obligatoire que tout ou presque de ce qu'elle fait soit considéré comme de l'art. De même que la vérité est considérée comme inatteignable dans le débat d'idées, le beau est appréhendé comme inutile ou inexistant. La liberté d'expression devient sans objet puisqu'il n'y a plus de vrai (ni de faux), de beau (ni de laid). Cela conduit à interdire toute critique puisqu'elle est assimilée à une volonté hégémonique, à une tentative d'imposer une pensée ou un goût personnels.

Or, pour s'exprimer avec finesse, encore faut-il avoir acquis un savoir précis. Les socialistes du XIXe siècle ne s'y trompaient pas quand ils dénonçaient dans la liberté d'expression de la *Déclaration* de 1789 un droit formel et non réel puisque les classes laborieuses étaient laissées dans l'ignorance : « L'homme qui a faim est esclave du besoin ; l'homme qui ne sait pas est esclave de l'erreur[9]. »

L'impasse du multiculturalisme

Il existait cependant à cette époque un enracinement coutumier commun aux diverses catégories sociales. Or, la société est désormais culturellement émiettée. Le champ de la liberté d'expression se voit réduit au plus

9. *Compte rendu des séances de l'Assemblée nationale*, Paris, Panckoucke, 1848-1849, 10 vol., 7 août 1848, p. 561 col. gauche (Félix Pyat).

petit dénominateur commun, chaque groupe communautaire essayant d'imposer aux autres ses propres limites. Tandis que les uns admettent, par exemple, la représentation du divin, d'autres la prohibent, même si elle n'est pas caricaturale.

Une société dans laquelle se juxtaposent des systèmes de valeurs antagonistes met la liberté d'expression en lambeaux. La convergence tacite sur les principes à respecter a disparu. Des *lobbys* tentent alors de coloniser une partie de l'espace public en exigeant que soit proscrite l'expression de « phobies » les concernant (homophobie, islamophobie). Les termes en « -phobe » sont créés et utilisés comme des instruments de disqualification de l'interlocuteur sans avoir besoin de s'embarrasser d'une contestation méthodique de ses propos[10]. Les interdits « moralisateurs » s'ajoutent donc les uns aux autres et réduisent peu à peu, à l'instar d'une peau de chagrin, l'étendue de la liberté d'expression.

C'est sans doute dans ce domaine des questions liées à l'identité et à l'immigration que la *novlangue* a été le plus employée. Cette notion est apparue dans le célébrissime ouvrage de George Orwell, *1984*, paru en 1949 : elle a pour but de modifier la perception et la compréhension de la réalité des choses[11]. Celui qui, par conviction ou par mimétisme, influence le sens des mots participe à une certaine orientation de la pensée. Les « mots trompeurs » ont glissé dans leur sens pour parfois signifier l'inverse

10. Ingrid Riocreux, *La langue des médias, Destruction du langage et fabrication du consentement*, Paris, L'Artilleur, 2016.
11. Jean-Yves Le Gallou, Michel Geoffroy, *Dictionnaire de novlangue, Ces 1000 mots qui vous manipulent*, Versailles, Via Romana, 2015.

de ce qu'ils désignaient à l'origine : la notion de « laïcité positive » rend indolore le financement de l'islam par des fonds publics. Les « mots subliminaux » imposent une association d'idées conditionnée : le terme de « jeunes » (pour évoquer les délinquants d'origine étrangère) vise à excuser leurs actes. Les « mots sidérants » empêchent toute pensée critique : le terme « migrant » empêche de parler d'immigration clandestine. Les « mots tabous » sont écartés du langage pour faire disparaître du champ de la pensée une partie du monde réel : les Français « de souche ».

Un contexte favorable au terrorisme intellectuel

Si la propagande a été tout particulièrement étudiée dans le cadre des régimes totalitaires (puisqu'elle est l'un des moyens de contrôle de la société par l'État), le terrorisme intellectuel[12] concerne les sociétés démocratiques dans lesquelles le débat politique est supposé libre et équilibré. Il s'inscrit parmi les différentes stratégies de manipulation de l'opinion publique mises au jour notamment par le linguiste nord-américain Noam Chomsky[13]. La diversion, consistant en un déluge continuel de distractions et d'informations insignifiantes

12. Jean Sévillia, *Le terrorisme intellectuel de 1945 à nos jours*, Paris, Perrin, 2000.
13. Noam Chomsky, Edward S. Herman, *La fabrique du consentement, De la propagande médiatique en démocratie*, Marseille, Agone, nelle éd., 2008.

(*panem et circenses*: du pain et des jeux), détourne l'attention du public des problèmes fondamentaux. En complément, la divulgation par étapes d'une idée (ou d'une mesure) facilite son acception progressive par l'opinion publique qui aurait pu être, de prime abord, heurtée. L'infantilisation, se manifestant par le niveau qualitativement bas des discours (tant politiques que publicitaires), limite le sens critique ; de même, les « modèles » sociaux débilitants mis en exergue (*people*) favorisent la complaisance dans l'ignorance.

Le terrorisme intellectuel (dont le « politiquement correct » *est* en est la forme édulcorée) consiste dans une pratique limitant la diffusion d'idées considérées comme malséantes. Les personnes qui l'utilisent considèrent être l'incarnation du sens de l'histoire. Cela légitime, à leurs yeux, les procédés utilisés : leurs adversaires, étant condamnés par une inéluctable évolution du monde, peuvent et doivent être ridiculisés. Contre eux, plusieurs méthodes à la force grandissante sont susceptibles d'être utilisées. Ils peuvent être intimidés par l'invocation de tabous « moraux » (même si le discours terroriste s'inscrit dans le cadre d'une pensée matérialiste). Ils sont disqualifiés par le recours à l'argument d'autorité (des « experts » soigneusement sélectionnés), leur position étant présentée comme simpliste, dépourvue de fondement ou inapplicable concrètement. Ils sont isolés par une présentation manichéenne des enjeux (les « neutres » sont contraints de se coaliser contre eux sous peine d'y être assimilés). Enfin, ils peuvent être diabolisés (recours à la technique de l'amalgame, de la *reductio ad hitlerum*, expression forgée par le philosophe américain Leo

Strauss, qui rend impossible toute discussion sur le fond). L'efficacité du discours terroriste s'explique par l'instrumentalisation des passions et des bons sentiments qui court-circuite l'analyse rationnelle alors qu'un discours nuancé et complexe est plus difficilement compréhensible.

Un détenteur pervers du pouvoir pourrait faire son miel d'une telle situation. Le corps social étant fragmenté, il pourrait être tenté, sous couvert de maintien de la paix publique, d'imposer une *doxa* officielle (les incantatoires « valeurs républicaines ») alors que tout un chacun est supposé libre de penser à sa guise. Et de liberté d'expression, il n'en resterait plus que les apparences.

Pour ma propre sécurité… « je suis suspect »

La récente loi relative au renseignement (24 juillet 2015) a fait polémique. La quasi-unanimité de la classe politique en faveur de ce texte a juré avec les réactions d'hostilité issues de la société civile le qualifiant de liberticide et d'attentatoire à la vie privée. Dénoncés comme des irresponsables n'ayant pas le sens de l'État, les opposants à la loi ont fait valoir que le champ des dispositions était trop large par rapport à l'objectif affiché de défense de sécurité nationale et de lutte contre le terrorisme. En effet, l'exécutif peut avoir recours aux services de renseignement notamment pour prévenir les « atteintes à la forme républicaine des institutions » ainsi que les « violences collectives de nature à porter gravement atteinte à la paix publique ». Ces formulations sont suffisamment floues pour justifier l'inquiétude : si les émeutes urbaines sont sans doute visées, les mouvements s'opposant à la politique de la majorité en place ne pourraient-ils pas aussi faire l'objet d'un espionnage systématique ? Pas de liberté pour les ennemis (désignés) de la liberté, en particulier les récalcitrants aux transformations culturelles et « sociétales ».

D'autres critiques considèrent même que la lutte contre la menace terroriste n'est qu'un prétexte. Cette position s'appuie sur la constatation que les politiques refusent obstinément de désigner la source de l'actuelle principale manifestation du terrorisme : la finalité de conquête de l'islam politique. Plutôt que de remettre en cause les moyens permettant à ce dernier de prospérer (immigration massive de peuplement, multiculturalisme, abaissement des frontières, infiltration d'agents parmi les demandeurs d'asile), les politiques préfèrent mettre en place la possibilité d'une surveillance généralisée de la société. La loi en donne assurément les moyens aux services de renseignement par un contrôle indiscriminé des communications téléphoniques et électroniques à l'aide de balises de géolocalisation et d'instruments de captation du son et de l'image, y compris dans des lieux privés. Ce ne sont pas les seules personnes ayant commis ou préparant des infractions pénales qui seront surveillées ; l'ensemble de la population sera susceptible d'être sans cesse suspectée. Dans ce sens, le pouvoir exécutif pourra faire établir une analyse des pratiques des internautes (à l'aide de radars sémantiques) sous prétexte de prévenir les comportements à risque. Le très moderne concept de dangerosité[14] – qui revient à présumer coupable celui qui n'a pourtant pas encore commis d'infraction – trouve, là, une parfaite application.

D'aucuns s'étonnent de cet enfer pavé (supposément du moins) de bonnes intentions. C'est oublier que la surveillance administrative est une pratique courante de la République, en particulier de la IIIe avec le fameux Carnet B[15] (1912-1945). Elle est simplement actualisée dans le contexte des nouvelles technologies de communication et intellectuellement justifiée à l'aide de concepts juridiques récents comme le principe de précaution (justifiant, au nom d'un éventuel risque, de prendre des mesures restrictives et coercitives et, ce, même en l'absence de preuve de danger). Depuis la loi des suspects (1793) jusqu'au présent texte, en passant par le scandale des fiches (révélé en 1904), l'objectif est toujours le même : modeler l'opinion publique en l'intimidant, favoriser les serviteurs du régime et éliminer (au moins socialement) les indociles.

Il est vrai que la république démocratique moderne n'est pas, contrairement à ce qu'imaginent les citoyens, un ensemble de mécanismes neutres permettant la prise de décision, mais un processus de construction d'une société selon le critère de l'inéluctable progrès. Ainsi, à

---

14. Guillaume Bernard, « Les doctrines de la dangerosité (xviiie-xxe siècles) », in *Revue pénitentiaire et de droit pénal*, 2013-1, p. 63-71.

15. Jean-Pierre Deschodt, « La preuve par le carnet B », in *Cahiers du Centre de recherches historiques*, EHESS, 2010, 45, p. 181-193 ; du même auteur, avec la collaboration de François Huguenin (François), *La république xénophobe, 1917-1939, de la machine d'État au « crime de bureau »*, Paris, Jean-Claude Lattès, 2001.

l'occasion de cette loi sur le renseignement, le chantage fait à l'opinion publique s'inscrit-il parfaitement dans la logique du contractualisme social. C'est pour échapper à l'insécurité de l'état de nature que les hommes auraient abandonné une part de leurs droits innés (tirés de leur nature humaine) pour créer la société et former la puissance publique. De nos jours, il en serait de même : il n'y aurait d'alternative qu'entre l'insécurité et la surveillance. L'abdication de nouvelles libertés (en matière de communications électroniques) serait donc indispensable à la garantie du maintien de l'ordre public contractuel.

Le retour sur le devant de la scène de la surveillance révèle la volonté des gouvernants de combler, artificiellement, le fossé grandissant qui les sépare des gouvernés. Ils tentent d'empêcher la prise de conscience collective de la généralisation de la défiance. Or, celle-ci s'affiche de plus en plus au grand jour tant les nouvelles technologies de l'information (qui, comme tout moyen, ont des défauts) permettent à la société d'échapper à l'influence des pouvoirs institués et auto-reproduits (encore que, par les informations qu'ils mettent sur les réseaux sociaux, les individus se livrent librement à la surveillance des autres et de la puissance publique). La philosophie moderne est encore dominante ; elle pratique même la surenchère (idéologies de l'antiracisme, du *gender*). Cependant, les digues et les tabous sociaux qui empêchaient l'expression de la philosophie classique sont en train de céder. Pour rester en place, il est vital au régime, d'une part, de continuer à privilégier certaines informations (censure qui ne dit pas son nom) et, d'autre part, de contrôler les comportements sociaux dissidents.

Or, la compilation d'une grande masse d'informations sur les personnes individuelles permet de construire des modèles prédictifs des phénomènes collectifs et donc, au besoin, de traquer les déviationnistes. Derrière la question de la liberté d'expression, c'est bien celle du régime politique et de l'ordre social qui sont en jeu.

Chapitre 14
Justice rétributive *versus* utilitarisme social

Nombre de faits divers où une victime a usé de violence contre ses assaillants illustrent l'incohérence idéologique d'un grand nombre de commentateurs. La plupart se ruent sur les questions de strictes concomitance et proportionnalité de la réponse à l'attaque pour refuser aux faits la qualification juridique de légitime défense. Passant sous silence le vécu de la victime (tandis que celui de son agresseur est le plus souvent longuement évoqué pour faire pleurer dans les chaumières) et feignant d'ignorer les circonstances de l'acte (la violence subie), il est généralement conclu de manière expéditive que la victime a agi par bestiale autodéfense et usurpé, de manière inqualifiable, la puissance de la force publique.

Contrat social et autodéfense

Or, s'il est tout à fait possible d'admettre, ne serait-ce que par prudence intellectuelle, que l'acte de la victime ne relève pas de la légitime défense, du moins telle que le droit positif l'entend, c'est-à-dire de manière très restrictive, est-il pour autant totalement injustifiable ? Si personne n'ose explicitement dire qu'en l'absence des forces de l'ordre la victime d'une agression ou d'une atteinte à ses biens devrait se laisser faire ou prendre la fuite, il est presque toujours affirmé que la sécurité ne peut être assurée et la justice rendue qu'exclusivement par les institutions publiques. Imbus de leur rationalité et persuadés de leur modération, les pourfendeurs de l'autodéfense ne se rendent pas compte que leur position renie les principes fondateurs de l'ordre social contemporain dont ils se font, par ailleurs, les thuriféraires.

En effet, l'actuel système social repose sur la théorie de la sociabilité artificielle. À l'origine, les individus vivent dans un état de nature où la sécurité est incertaine puisque aucune institution n'est établie pour réguler les rapports de force et trancher les litiges. C'est par souci de leur conservation que les hommes créent la société ; ils sont prêts à abdiquer une partie de leurs libertés (l'ordre social étant nécessairement une contrainte) pour mettre fin au danger dans les relations humaines. La société moderne repose donc sur un passage volontaire de l'état de nature à celui de société par le biais d'un contrat. Pour que celui-ci soit fondé de manière égalitaire (afin de rompre avec la loi du plus fort de l'état de nature), les individus ne peuvent mettre en commun que ce qu'ils possèdent de manière strictement similaire : les droits attributs de leur humanité (c'est de l'identité de nature entre les hommes que découle leur égalité de droits). Par conséquent, l'État n'a pas d'autre pouvoir que les droits qui lui sont confiés par les individus ; sa puissance vient des libertés que les hommes ont consenti à lui transférer pour qu'il les exerce à leur place et pour leur compte. Un droit (comme celui de se faire justice soi-même) est donné à l'État pour que celui-ci l'exerce avec efficacité et protège les libertés (comme celle de travailler) conservées par les individus.

Dans le cas où la puissance publique se révèle incapable d'exercer le pouvoir qui lui a été confié, le contrat est sinon définitivement rompu du moins suspendu ; les hommes retrouvent alors leurs droits inaliénables (puisqu'inscrits dans leur nature) dont ils s'étaient privés de l'exercice individuel. Par conséquent, aucune cause amenant un individu à commettre une infraction (éducation, situation économique, état mental) ne fait disparaître le droit de la victime de se défendre si l'État ne la protège pas. Sauf à nier les droits innés de celle-ci et donc à relativiser sa nature humaine… Nier la légitimité de l'autodéfense en cas de défaillance de la puissance publique met à bas les fondements mêmes du contractualisme social. Considérer les droits tirés de la nature humaine comme définitivement transférés à l'État (et donc non récupérables), c'est contester l'existence des droits de l'homme à l'état social. Penser que les individus sont entièrement dépouillés de leurs droits naturels (comme le pensaient Thomas Hobbes[1] et Jean-Jacques Rousseau[2]) et qu'ils n'exercent que les droits distribués par la puissance publique, c'est faire l'apologie d'une société holiste où la prégnance de l'État est potentiellement totalitaire.

1. Thomas Hobbes, *Léviathan, traité de la matière, de la forme et du pouvoir de la république ecclésiastique et civile*, éd. Fr. Tricaud, Paris, Sirey, 1971.
2. Jean-Jacques Rousseau, *Du contrat social*, éd. J.-L. Lecercle, Paris, Éditions sociales, 1963.

En tout cas, au-delà des cas d'auto-défense en nombre limité, c'est la question plus générale de la réalité de l'insécurité et de ses causes qui mérite réflexion[3].

« Sentiment d'insécurité » : les limites du positivisme juridique

L'indifférence voire le mépris pour les victimes s'enracinent dans une minoration de l'insécurité. À de rares exceptions[4], criminologues et surtout hommes politiques partent du principe que les statistiques officielles révèlent la vérité de la délinquance tandis que le « sentiment d'insécurité[5] » (duquel généralement ils se gaussent) ne traduirait qu'une déformation de la réalité sociale : la population céderait à des phobies irrationnelles. Pas un instant ils n'envisagent que l'inverse soit possible : que ce soit leur perception qui est faussée. Ils sont certains d'incarner la science objective tandis que l'opinion publique s'autosuggestionnerait et s'abandonnerait à la subjectivité. Ils semblent incapables de saisir la raison de la distorsion entre la mesure de l'insécurité

3. Guillaume Bernard, Denise Jolivet, Stamatios Tzitzis, dir., *Dictionnaire de la police et de la justice,* Paris, PUF, 2011. Sur le droit pénal positif, cf. Frédéric Debove, et *alii*, *Précis de droit pénal et de procédure pénale*, Paris, PUF, 6e éd., 2016.

4. Guillaume Bernard, Gérard Lopez, Stamatios Tzitzis, dir., *Pratiques de la criminologie*, Levallois-Perret, Studyrama, 2010.

5. Pour un exemple de sondage où les Français considèrent que l'insécurité s'accroît, cf. Ifop, *Les Français et la délinquance*, Enquête pour *Sud Ouest dimanche* (échantillon de 1 364 personnes), septembre 2013.

et sa réalité ; ils ne comprennent pas que les fondements de l'actuel système politique (le contractualisme social) et juridique (le positivisme) en sont directement la cause[6].

Pour l'idéologie moderne, il n'y a de société qu'à partir d'un contrat social. Ainsi n'existe-t-il pas de règles de vie autres que celles produites ou consenties par ceux-là mêmes qui sont à l'origine de l'existence du corps social. Il n'y a de délinquance que si la loi commandant une conduite n'est pas respectée : pas d'infraction ni de peine sans loi. La difficulté de connaître l'insécurité objective vient de ce principe de légalité. Un certain nombre d'actes ne peuvent être comptabilisés puisqu'ils ne sont pas incriminés. Les incivilités illustrent cet aspect des choses : elles vont de la transgression des règles coutumières du savoir-vivre jusqu'à des actes à la limite de l'infraction pénale. Outre qu'elles peuvent constituer le levain de la délinquance officielle, les incivilités nourrissent indubitablement le « sentiment d'insécurité ». Car être confronté à l'une d'elles, ce n'est probablement pas être victime au sens de la justice légale, mais c'est tout de même vivre une violence illégitime.

Par conséquent, s'il peut y avoir des victimes imaginaires, il en existe aussi de réelles que l'ordre public ne prend pas en compte parce que la violence qu'elles subissent n'est pas illégale. Le nœud de la question se situe là : le « sentiment d'insécurité » est tourné en dérision parce qu'il rappelle trop l'existence du droit

---

6. Guillaume Bernard, « Entre droit naturel et droit positif : crise de légitimité du lien social et de la justice pénale ? », in *Revue de science pénitentiaire et de procédure pénale*, 2007, 2, p. 261-276.

naturel que le positivisme juridique essaie de nier. Sans même évoquer les autres formes qu'elle peut prendre (économique, sociale, culturelle), l'insécurité (physique et matérielle) réelle ne peut donc être réduite aux incriminations légales. En outre, même en admettant le présupposé positiviste, les chiffres officiels ne recensent qu'une partie de l'insécurité : bien des victimes s'abstiennent de porter plainte. Les enquêtes de victimation montrent qu'il y a, chaque année, trois fois plus de faits délictueux et criminels que de plaintes (12 contre 4 millions[7]). L'addition de plusieurs facteurs a conduit nombre de citoyens à perdre confiance dans la police et la justice : la non-élucidation (dans plus de trois cas sur cinq), le classement sans suite (pour plus de 20 % des affaires pourtant « poursuivables ») et, enfin, la non-exécution d'un grand nombre de peines (des dizaines de milliers de condamnations à de la prison ferme sont en attente d'exécution).

De la méprise des bien-pensants au mépris des bien-nantis

Il est possible que, sur le long terme, l'accroissement statistique de la délinquance ne soit pas uniquement la conséquence d'une augmentation des infractions commises mais aussi d'un meilleur recensement. Il est certain que la quasi-inexistence des forces de l'ordre dans l'ancienne France rendait, dans certains lieux, la sécurité

7. Alain Bauer, Cyril Rizk, Christophe Soullez, *Statistiques criminelles et enquêtes de victimation*, Paris, PUF, 2010.

assez aléatoire. Toutefois, ce serait oublier qu'une société a d'autant plus besoin de contrainte juridique que l'éducation morale de sa population s'étiole. Quant au court terme, depuis les années 1970, il est difficile de nier que la violence sociale et sociétale n'ait pas progressé.

La méprise intellectuelle des bien-pensants sur le bien-fondé du « sentiment d'insécurité » conforte le mépris politique des bien-nantis qui, socialement préservés, considèrent la protection réclamée par le peuple comme la manifestation d'un primitif besoin. Mais le « sentiment d'insécurité » n'a rien d'étonnant dès lors que la puissance publique s'avère incapable d'assurer l'ordre et la justice pour lesquels elle a été instituée. Le « sentiment d'insécurité » ne consiste pas en une peur irrationnelle mais traduit la conjonction de la réalité du risque et de la vulnérabilité des personnes qui, pour la plupart, sont désarmées.

De manière plus générale, le refus de voir la réalité de l'insécurité[8] en face (et la demande des Français d'une sévérité accrue vis-à-vis des délinquants[9]) procède d'une conception matérialiste réduisant le lien social aux rapports économiques et négligeant l'aspect central de la culture dans la cohésion de la société.

8. Luc Rudolph, Christophe Soullez, *Insécurité, La Vérité*!, Paris, Jean-Claude Lattès, 2002; Laurent Obertone, *La France Orange mécanique* [2013], Paris, Ring, 2e éd., 2015.

9. Ifop, *L'opinion face aux violences urbaines: une demande de sévérité accrue*, Focus n° 91, août 2013; Ifop, *Réforme de la justice: les attentes des Français*, Focus n° 93, août 2013.

Causes de la délinquance et prisme idéologique

Les cibles des infracteurs sont soit individuelles, soit institutionnelles[10] : dans le premier cas, il est parlé de violence « sociale », dans le second de violence « sociétale ». Cependant, ces deux types d'actes ont, au moins, un point commun : l'infracteur tente de s'approprier quelque chose. Dans le cadre de la violence sociale, il s'agit du bien ou de l'intégrité physique (voire de la vie) d'une personne (autrui). Dans le cadre de la violence sociétale, il s'agit de l'espace et des biens publics : la délinquance peut ne viser « que » la destruction de l'ordre social, mais aussi, dans le cas de bandes organisées, à lui en substituer un autre (occupation et appropriation d'un territoire). C'est dans le cadre de la violence sociétale que s'inscrivent les actes de violence urbaine. Les premiers grands phénomènes de ce genre ont eu lieu, en France, en 1979 ; mais les émeutes qui sont restées dans les esprits sont celles qui se sont déroulées – pendant plusieurs semaines ! – en octobre-novembre 2005. Elles ont révélé au grand jour l'existence de zones hors contrôle (ou de non droit) estimées à au moins 120. Là, la puissance publique ne s'y exerce plus de manière continue : les forces de police peuvent y intervenir de façon ponctuelle mais y ont d'autant plus perdu le contrôle quotidien du terrain que des commissariats sont l'objet d'attaques répétées. Même la violence contre des

10. Sébastien Roché, *Le frisson de l'émeute, Violences urbaines et banlieues*, Paris, Seuil, 2006 ; Alain Bauer, Christophe Soullez, *Violences et insécurité urbaines*, Paris, PUF, 12e éd., 2010.

personnels perçus comme représentant l'ordre public, alors qu'ils viennent en aide à la population (pompiers, médecins), s'y est généralisée.

Les criminologues s'accordent généralement sur ces différents types de délinquance. Mais ils divergent plus souvent sur l'analyse des causes conduisant à l'infraction pénale. Deux types d'explications sont couramment présentés, l'un s'appuyant sur des considérations économiques et sociales, l'autre sur des critères culturels et moraux[11]. Pour le premier courant, le niveau de violence dans une société serait déterminé par la nature des rapports économiques; l'individu se considérant comme exclu exprimerait une violence en réaction à l'exploitation qu'il subirait. L'infracteur est donc considéré comme une victime de la société. Il a certes troublé l'ordre public, mais celui-ci est injuste. L'infraction pénale est analysée comme une réaction à l'inégalité sociale ; elle est, pour le moins, très largement excusable : l'acte pénalement condamnable est appréhendé comme la conséquence d'une forme d'état de nécessité. La délinquance est perçue comme une résistance à une société inique.

À l'opposé, une autre analyse considère que le milieu social et l'infraction pénale ne sont pas intrinsèquement liés. En effet, selon la « culture de l'excuse », l'espace rural (qui a pu être qualifié de territoire de « relégation » sociale[12]) devrait être extrêmement propice à la

11. Sébastien Roché, *Sociologie politique de l'insécurité*, Paris, PUF, nelle éd., 2004.

12. Cf. le rapport de l'Inspection générale des affaires sociales et du Conseil général de l'agriculture, de l'alimentation et des espaces

délinquance. Or, les chiffres ne corroborent nullement cette hypothèse. L'écrasante majorité des ménages pauvres (85 %) vivent hors des quartiers dits « sensibles[13] ». En outre, les victimes ressemblent socialement à leurs agresseurs : elles sont, le plus souvent, des proches ou des voisins vivant dans les mêmes conditions qu'eux. S'il peut donc y avoir des corrélations (recours à la « débrouille »), il n'existe pas de relation de cause à effet entre la précarité sociale et les phénomènes d'insécurité et de violence.

Si les formes de la délinquance ont pu varier avec les époques, son fondement est toujours resté le même : il réside dans la conjonction de la vulnérabilité (des personnes et des biens) et de la faiblesse ou de l'absence de contrainte morale et culturelle. Hormis les cas de nécessité, la délinquance manifeste une déstructuration (résultant d'une défaillance de l'éducation) d'une personne se révélant incapable de supporter des frustrations.

Le tabou de l'inadaptation culturelle

Les analyses psychologiques vont dans le même sens. Plus le stock verbal est limité, plus l'individu est

---

ruraux : Marianne Berthod-Wurmser, et *alii*, *Pauvreté, précarité, solidarité en milieu rural*, s. l. [Paris], 2009.

13. Xavier Rauffer, « Les malfaiteurs sont-ils des victimes de la société ?, Crime, professions de justice et *culture de l'excuse* », in *Tribune libre*, n° 1, novembre 2010, Paris, Institut pour la justice, 29 p.

susceptible de devenir violent quand, confronté à une situation délicate (angoisse, convoitise), il ne dispose plus du « pouvoir du verbe » pour l'analyser et la dominer. De même, étant donné que les valeurs auxquelles adhèrent les individus orientent leurs actes, moins la personne est culturellement assimilée au corps social, moins elle sera incline à respecter l'ordre public porteur de l'identité du groupe.

C'est dans ce cadre que se pose la question de la relation entre immigration et insécurité[14]. Certains analystes refusent d'établir un quelconque rapport. Leur argumentaire relève de la pensée qui explique, voire justifie les infractions pour des raisons économiques. Le dominé n'aurait fait que changer de visage : ce ne serait plus l'ouvrier mais l'immigré. À l'inverse, d'autres auteurs établissent le lien. Mais deux positions bien différentes doivent être distinguées. Pour un premier courant, le poids de l'immigration dans l'insécurité est reconnu, mais cette délinquance est présentée comme un juste retour de la colonisation passée ou du supposé racisme présent. Pour un second courant, c'est le déficit d'adaptation culturelle qui est central et explique la surreprésentation des jeunes immigrés dans la délinquance (trois à quatre fois plus que la moyenne pour les personnes élevées dans des familles originaires du Sahel, deux fois plus pour celles issues du Maghreb) : la délinquance immigrée viole, outre la loi (pénale), les règles (sociales et morales) de l'hospitalité. Ainsi, la difficulté voire le refus d'assimilation de nombre d'immigrés

---

14. Hugues Lagrange, *Le déni des cultures*, Paris, Seuil, 2010.

serait-elle la cause réelle de leur inadaptation sociale (notamment scolaire) et, par contrecoup, de la délinquance de certains d'entre eux. Il est vrai que rompre avec certains comportements culturels pour en adopter d'autres – sans quoi il n'y a pas de véritable assimilation – est sans aucun doute très délicat. Avec la question de l'insécurité, le « creuset républicain » se révèle sinon un leurre du moins un échec.

Dans ces conditions, comment punir les infractions ? Alors que la gauche entend réduire la place de la prison dans la politique pénale, la droite aurait doctrinalement tort de voir en elle une panacée[15].

La prison et les deux conceptions de la sanction pénale

Deux raisons conduisent la gauche à vouloir réduire le rôle de la prison dans la politique pénale. La première est d'ordre statistique. D'une part, la surpopulation carcérale est préoccupante : si elle n'existe pas dans les établissements pour peine, elle est très importante (jusqu'à 200 %) dans les maisons d'arrêt, autrement dit là où sont incarcérées les personnes condamnées en fin de peine et celles qui sont en détention provisoire, c'est-à-dire encore présumées innocentes ! Dès lors, pourquoi ne pas envisager d'agrandir les prisons existantes ou d'en

15. Guillaume Bernard, « L'enfermement positiviste de Michel Foucault (1926-1984) ? », in *Enfermement et sécurité pénale, Essais de philosophie pénale et de criminologie*, Paris, Dalloz, 2007, VI, p. 165-175.

construire d'autres ? D'autre part, la sortie sèche de prison est mise en accusation tandis que le taux de récidive en cas d'aménagement de peine (notamment la libération conditionnelle) est réduit. Pour autant, cela ne prouve nullement que celui-ci prépare mieux à la réinsertion. Il peut, au mieux, être affirmé que les détenus qui y sont éligibles sont probablement ceux qui présentent le moins de risques de commettre, à nouveau, le même type d'infraction. Corrélation n'est pas relation de cause à effet. En outre, le débat sur la réinsertion est considérablement faussé par le critère retenu : la notion juridique de récidive n'intègre que la réitération d'une infraction équivalente à celle précédemment et définitivement condamnée. Est donc ignorée la réalité sociale de la multi-réitération.

Au-delà, la position de la gauche repose avant tout sur une seconde raison d'ordre idéologique. Dans les sociétés contemporaines, la sanction a pour but soit de dissuader l'éventuel infracteur, soit de l'écarter un temps de la société s'il est passé à l'acte pour, ensuite, le resocialiser. Ainsi, prévention et répression ne sont-elles pas antinomiques, mais constituent les deux faces indissociables de la même philosophie pénale. Tout cela s'inscrit dans la vision moderne d'un ordre social contractualiste où il n'y a de règle de vie en commun qu'issue du consentement (la loi est l'expression de la volonté générale). La peine sert donc à sanctionner le viol du contrat social et de son droit dérivé. Mais, si ceux-ci sont considérés comme injustes, celle-là devient illégitime. La gauche n'est donc pas contre la prison en tant que telle ; elle entend seulement en écarter l'utilisation pour les infracteurs qu'elle considère ayant agi en réaction à l'injustice sociale et qu'elle hisse même parfois au rang de militants politiques œuvrant pour la refonte du contrat social.

Si la droite peut accuser la gauche de laxisme et d'angélisme, lui opposant un discours sécuritaire se voulant réaliste, elle aurait cependant tort de faire de la prison l'alpha et l'oméga de la politique pénale. Plusieurs raisons à cela. D'abord, parce que la prison ne met généralement pas fin au parcours de délinquance : par les fréquentations qu'elle engendre, elle peut conduire à l'endurcissement et s'avérer criminogène. Ensuite, parce que la droite se bercerait d'illusion : en croyant s'opposer frontalement à la gauche, elle montrerait, une nouvelle fois, partager son idéologie, en l'occurrence la conception utilitariste de la peine (due à l'italien Cesare Beccaria[16] et l'anglais Jérémy Bentham[17]) dans laquelle le constructivisme social prime sur le rendre à chacun son dû en particulier vis-à-vis de la victime dont la présence dans le procès pénal est dénoncée comme vindicative.

Les politiques se retrouvent donc confrontés à une question de fond : quelle est la finalité de la sanction[18] ?

---

16. Cesare Beccaria, *Des délits et des peines*, trad. M. Chevalier, éd. Fr. Venturi, Genève, Droz, 1965.
17. Jérémy Bentham, *Traité de législation civile et pénale,* éd. Et. Dumont, Paris, 3e éd., 1830, 3 vol.
18. Guillaume Bernard, « Morale, politique et droit, Des Classiques aux Modernes : remarques sur l'inversion des principes philosophiques du droit pénal », in *Anales de la Fundacion Francisco Elias de Tejada,* 1999, V, p. 87-128 ; du même auteur : « La sanction pénale des classiques aux modernes : de la distinction à la confusion du droit et de la morale », in *Entre droit et morale, La*

Dans la conception classique (aristotélo-thomiste), elle vise la rétribution de l'acte. Puisqu'il existe un ordre cosmologique des choses que l'action des hommes est susceptible de perturber (par ce que les Grecs anciens appelaient une *hybris*, une démesure, ou ce que les Romains qualifiaient d'*injuria*, tout acte fait sans droit), une commutation dans le sens inverse devait restaurer l'harmonie brisée[19]. L'équilibre ayant été rompu, celui qui s'est approprié la chose (bien matériel, santé ou réputation, etc.) d'autrui (personne privée ou publique) doit, par une correction arithmétiquement égale, rendre ce qu'il a usurpé. L'utilité de la peine (l'amendement du coupable, la protection de la société, l'intimidation de l'infracteur potentiel) est un heureux effet de sa finalité restauratrice, mais n'est qu'une conséquence. Dans ce schéma, la peine a une finalité rétributive. La prison n'est donc qu'une contrainte pour obtenir l'exécution de la véritable peine, un moyen de s'assurer que la correction restauratrice (la réparation de la victime et de l'ordre public) a bien eu lieu. Assurément, elle peut être d'une grande nécessité, mais elle n'est pas pour autant une sanction afflictive. Dans cette conception des choses, mettre en prison celui qui, par exemple, a détruit un abri bus n'est que le moyen de s'assurer qu'il remboursera à la collectivité (au besoin par le travail forcé) ce qu'il s'est indûment approprié.

Puisque l'une est rétributive et l'autre utilitariste, les justices pénales classique et moderne ne visent pas le

---

finalité de la peine, A. Sousa Costa, dir., Berne, Peter Lang, 2010, p. 123-138.

19. Stamatios Tzitzis, *La philosophie pénale*, Paris, PUF, 1996.

même objet. Pour la première, la sanction s'attache à l'acte commis par la personne et non à celle-ci. Du point de vue de la morale, l'infraction peut être commise en intention (comme l'adultère) ; en revanche, sous l'angle juridique, seul compte l'acte. Cela explique pourquoi même les morts, dans un certain nombre de cas graves comme le crime de lèse-majesté ou le suicide, pouvaient être accusés dans le cadre de l'ancien droit français. Il était donc possible de faire un procès à une personne qui n'était plus susceptible de punition afin de laisser à la postérité la mémoire du crime. De même, un animal pouvait être puni (en règle générale mis à mort), puisque c'était l'acte et non l'être (donc pas la rationalité) qui était sanctionné. À l'inverse, dans la vision moderne, la sanction vise la conduite de la personne (d'où l'importance de l'intention) qu'il s'agit de réhabiliter. Le juge moderne cherche à préciser l'infraction dans le but de cerner le délinquant et de déterminer la peine qui lui soit la plus appropriée (principe d'individualisation des peines). Si le juge classique analysait la personnalité de l'infracteur (ses antécédents), c'était pour déterminer la vérité de l'acte commis (s'il s'agissait, par exemple, d'une récidive).

La peine de mort au crible de la religion

Tout cela permet de mieux comprendre pourquoi la peine de mort est envisageable dans les deux manières de penser la sanction pénale mais qu'elle n'a pas du tout la même signification. Pour la philosophie classique, elle frappe la personne coupable d'un acte irréparable. Le fait qu'elle soit très probablement peu dissuasive est hors sujet. Dans la pensée moderne, en particulier chez Rousseau, ce sont les personnes accusées de manifester une hostilité irréductible envers l'ordre social contractuel (celles qui remettent en cause son existence et pas seulement son fonctionnement) qui doivent être éliminées. Cela explique pourquoi un homme comme Maximilien de Robespierre ait pu logiquement être hostile à la peine de mort en matière de crime de droit commun et, à la fois, un farouche défenseur de la Terreur et du « populicide » (selon l'expression d'un contemporain des événements, Gracchus Babeuf[20]) perpétré en Vendée[21].

Dès lors, la religion, en l'occurrence chrétienne, est-elle susceptible d'éclairer la question[22]. Qui dit résurrection dit aussi Passion, la mise à mort de celui que les chrétiens considèrent comme à la fois vrai homme et vrai Dieu, la seconde personne de la sainte Trinité. Pour les croyants, le Christ a triomphé de la mort ; par sa résurrection, il s'est fait le garant de celle des justes à la fin des temps. Pour autant, la condamnation pénale et la mise à mort du Christ jouent un rôle irremplaçable dans la conception chrétienne de la peine de mort.

---

20. Gracchus Babeuf, *La guerre de la Vendée et le système de dépopulation*, Paris, Cerf, 2008.
21. Reynald Secher, *Le génocide franco-français, La Vendée-Vengé*, Paris, PUF, 1986 ; du même auteur : *Vendée, Du génocide au mémoricide, Mécanique d'un crime légal contre l'humanité*, Paris, Cerf, 2011.
22. Guillaume Bernard, « Un enjeu théologico-juridique de la peine de mort ? », in *Essais de philosophie pénale et de criminologie*, X, Paris, Dalloz, 2012, p. 251-257.

L'Église catholique n'a cessé de condamner l'homicide de l'innocent et du juste. C'est pour cela qu'elle milite avec obstination contre l'avortement. Mais alors, pourquoi, tout en considérant qu'elle doit être utilisée avec prudence, ne s'oppose-t-elle pas au recours, par le pouvoir temporel (détenteur du *jus gladii*), de la peine de mort dans les cas d'une grande gravité ? La question de la peine de mort s'intègre dans le cadre plus large de la légitime défense. Le commandement de ne pas tuer a une valeur absolue quand il se réfère à une personne innocente, en particulier lorsqu'elle est faible et sans défense ; il s'applique corrélativement avec l'exhortation d'aimer son prochain comme soi-même. La légitime défense – qui est un devoir – ainsi que la sanction pénale ne constituent donc pas une exception à l'interdiction du meurtre puisqu'elles visent non un innocent mais un coupable et que la mise à mort n'est pas le but explicitement recherché mais, simplement, un inéluctable effet. C'est dans la logique d'une finalité rétributive de la sanction pénale que saint Thomas d'Aquin a pris la défense du principe de la peine de mort. Dans l'ancien droit pénal français, l'apparente contradiction entre l'exhortation évangélique d'aimer son prochain et le principe du talion (*jus talionis*) de l'Ancien Testament était résolue par la distinction du précepte moral posé par le Christ (le pardon des offenses) et du principe juridique de légitime défense de l'Ancienne Alliance qui restait licite. Cependant, au-delà de cette analyse philosophico-juridique, il existe, peut-être, une cause plus profonde encore, expliquant la position de l'Église catholique.

Sous l'angle juridique, deux processus doivent, dans la Passion, être distingués. D'une part, accusé de blasphème (par le Sanhédrin) et de subversion (par le pouvoir romain), le Christ accepta de subir une condamnation à mort que les chrétiens considèrent comme injuste. D'autre part, il endossa une culpabilité (celle des péchés des hommes) qui n'était pas la sienne : par pure bonté et gratuitement, il donna sa vie humaine. En utilisant l'institution humaine de la peine de mort, le Juste a justifié les injustes. Il semble donc possible de se demander si la négation de la légitimité de la peine de mort n'aurait pas d'implications théologiques. Ne pourrait-elle pas conduire à considérer que le Christ n'a pas pu, par amour pour sa créature, s'offrir en holocauste ; qu'innocent, il n'a pas pu prendre sur lui les fautes commises par les hommes, qu'il n'a donc pas pu les racheter et, ainsi, leur éviter le châtiment qu'ils méritaient ? Refuser la possibilité de la peine de mort ne peut-il pas conduire à rejeter le mécanisme (pénal) intrinsèque de la Passion, la rétribution – étant entendu que la mort du Christ a produit le salut des hommes en vertu de la divinité qui lui était unie et non au seul titre de la mort – et refuser de voir dans le Christ la victime de propitiation pour les péchés des hommes ?

S'il est bien délicat d'administrer la preuve de la culpabilité, ce qui ne peut conduire qu'à une application parcimonieuse d'une sanction irrémédiable (du moins en ce monde), ne serait-il pas, *a contrario*, quelque peu imprudent, pour un chrétien, de démentir la valeur expiatoire (dont la force est, il est vrai, d'autant plus grande que la sanction est acceptée) de la peine, en général, et de celle de mort, en particulier ? En prenant position, non pour ce qui concerne son application concrète, mais quant à son principe, il semble que celui-ci doive raisonner avec prudence : s'il s'oppose à la peine de mort, ne prend-il pas le risque de nier qu'avec la Passion, la rédemption est (juridiquement) passée par une rétribution ? Telle est l'hypothèse qui méritait d'être soulevée, la peine de mort n'étant pas, au demeurant, dans l'enseignement catholique, une question dogmatique.

Chapitre 15

Libéralisme et socialisme : faux duellistes et vrais frères siamois

En matière de doctrines économiques[1], il est bien des malentendus. Partager son diagnostic fiscal ne signifie pas adhérer à la philosophie du libéralisme dont les différentes formes (politique, économique, sociale) sont philosophiquement indissociables. Le libéralisme est couramment appréhendé comme une dénonciation réaliste du poids excessif des prélèvements obligatoires. Or, partager cette analyse n'équivaut pas à une adhésion à sa philosophie globale.

En effet, d'un côté, le libéralisme n'a pas le monopole de la dénonciation de la spoliation des familles et des entreprises ; il converge sur ce point avec le catholicisme social. De l'autre, le libéralisme ne se limite pas à une apologie de la propriété et de l'initiative privées; il affirme la toute-puissance de l'ego. Par conséquent, il n'est nul besoin de le professer pour dénoncer le fiscalisme et la bureaucratie et donc préconiser la réduction des dépenses publiques, ce que la droite modérée a très largement oublié. À l'inverse, ne pas être libéral n'implique pas un ralliement au socialisme, ce que certains dirigeants de la droite radicale ont peut-être perdu de vue. 61 % des Français (70 % des sympathisants LR et

1. Daniel VILLEY, Colette NÈME, *Petite histoire des grandes doctrines économiques*, Paris, Génin-Litec, nelle éd., 1996.

72 % au FN) considèrent qu'il est souhaitable de diminuer les prélèvements obligatoires quitte à réduire les prestations fournies par certains services publics[2]. La quasi-totalité des hommes politiques feint d'ignorer que si, du point de vue interne, l'intervention publique est devenue omnipotente, cela n'empêche nullement que, sous l'angle des relations internationales, l'État se soit rangé au libre-échangisme. Critiquer l'un de ces deux aspects ne signifie nullement une approbation de l'autre.

L'exacerbation de la volonté subjective

Même s'il se présente sous différentes formes, ce sont les mêmes principes qui le meuvent : le libéralisme est un tout et l'attelage libéral-conservateur est un non-sens, sauf à réduire le conservatisme au maintien d'un état social particulier quel qu'il soit. La doctrine libérale s'appuie sur l'individualisme et le subjectivisme. Elle élimine la question de la vérité et refuse de subordonner l'homme à une règle qui lui soit extérieure et supérieure[3]. Elle ne retient que le choix rationnel de l'individu devant orienter l'exercice de sa liberté. C'est en soi et par soi que chacun détermine le bien. Il n'existe donc pas de valeur objective mais uniquement des consensus (comme le prix) résultant de la rencontre de volontés supposées

---

2. TNS Sofres, *Les services publics vus par les Français et les usagers*, Enquête pour l'*Institut Paul Delouvrier* (échantillon de 2 501 personnes), décembre 2015.
3. Jean-Claude Michéa, *L'empire du moindre mal, Essai sur la civilisation libérale*, Paris, Flammarion, 2010.

non contraintes. Les vices privés sont métamorphosés en vertus publiques : la libre réalisation des égoïsmes serait la source et la condition de l'intérêt général. La vie de chacun est donc réduite à une inexorable quête de maximisation des plaisirs. C'est dans la satisfaction de ses désirs (et non plus dans sa capacité à se contrôler) que se réaliserait la liberté que seule la force limite puisque celle-ci ne s'arrête que là où commence la liberté de l'autre. La morale n'est donc pensée que comme un sous-produit des structures économico-sociales multiples et changeantes : le bien et le mal n'existent pas en soi. Toutefois, libéralisme et nihilisme qui récusent les idées de bien et de mal en les déclarant subjectives réintroduisent volontiers la seconde : le mal est incarné par ce qui dénonce leur relativisme[4].

Alors que la pensée classique établit le droit dans une relation d'altérité (attribution d'une chose en fonction du rôle rempli par la personne), la modernité dont se réclame le libéralisme le pense comme une puissance intrinsèque à l'individu (droit attribut de son humanité). La faculté est donc interprétée comme un droit. Mais l'autonomie d'existence et de détermination prisée par le libéralisme est purement théorique. Qu'il cherche à s'y enraciner ou à les quitter, l'individu est forcément en interaction avec différents corps sociaux (famille, profession, nation, Église). C'est pourquoi la doctrine catholique associe à la propriété privée des biens leur destination universelle. L'interdiction morale du vol ne signifie pas que celui qui possède détient un droit

4. Jean Brun, *Le mal,* suivi de *Sombres « Lumières »,* Perpignan, Artège, 2013.

inhérent à être propriétaire. La chose lui est confiée parce qu'en en ayant l'usage il saura la faire fructifier pour le commun profit. De même, plusieurs personnes peuvent exercer des droits différents et complémentaires sur une même chose en fonction du rôle qu'elles remplissent : dans le cadre de la féodalité, le paysan cultivait le champ tandis que le seigneur le protégeait. Le droit de l'un n'était pas un obstacle à celui de l'autre.

D'un capitalisme l'autre

Le capitalisme est comme le ressort économique de la machine sociale libérale. Il consiste en un système économique, celui du marché que ses défenseurs définissent comme une procédure pacifique préférant l'échange à la violence, le consentement à la contrainte. Il postule trois éléments : la liberté (des producteurs et des consommateurs, des employeurs et des salariés), la poursuite de son intérêt propre par chacun des intervenants du marché et, enfin, la propriété privée des moyens de production. Même s'il a pu être dit que le régime communiste avait mis en place un capitalisme d'État, la doctrine capitaliste est, par nature, anti-collectiviste. Le marché capitaliste repose sur la loi de l'offre et de la demande : le mécanisme du prix est supposé cristalliser, en un moment, les subjectivités des coéchangistes. Le marché permettrait de révéler les préférences des consommateurs (que produire ?) et donc d'affecter les moyens de production (comment produire ?). Dans l'articulation du capital et du travail, le capitalisme donne la primauté au premier ;

c'est lui qui procède à l'affectation (notamment la répartition géographique) et à la rémunération du travail.

En définitive, le capitalisme affirme deux choses : d'une part, la supériorité de la valeur d'échange sur la valeur d'usage et, d'autre part, la non-existence d'un ordre social en dehors de la coopération des volontés individuelles. La théorie capitaliste néglige donc deux choses pourtant fondamentales. Il existe, d'un côté, une possible (probable ?) manipulation des consommateurs par les producteurs (création artificielle de modes changeantes, obsolescence programmée des objets vendus). De l'autre, il y a l'exploitation subie par les travailleurs : la rétribution salariale du travail est injuste si elle néglige, d'une part, l'effet démultiplicateur de la coagulation des forces individuelles (cf. la théorie de l'obélisque de Pierre-Joseph Proudhon[5]) et, d'autre part, le fait que le travail est la cause de la valorisation du capital (l'argent, simple instrument d'échange, ne pouvant, à lui seul, produire de l'argent). À cela s'ajoute que le capitalisme financier qui s'est développé ces dernières décennies a aggravé ses traits caractéristiques : il s'est éloigné du capitalisme industriel (souvent familial et parfois paternaliste) qui avait prédominé en n'acceptant plus de

5. Deux cents ouvriers ont réussi, ensemble, à dresser, en une heure, l'obélisque de Louxor sur la place de la Concorde à Paris en 1836. Or, un seul homme ne serait pas venu à bout de ce travail en deux cents heures. Le fait de ne payer à chaque ouvrier qu'une heure de travail n'a donc pas pris en considération la force collective. La simultanéité et l'harmonie des efforts des travailleurs n'a pas été rémunérée.

différer (y compris pour les générations suivantes) les résultats de l'investissement.

Un profond marqueur de classification politique

Parce que le libéralisme a glissé sur la droite du spectre politique, alors qu'il était originairement de gauche, en raison de l'émergence et de la puissance du bloc communiste pendant la plus grande partie du XXe siècle, la réticence voire l'hostilité de l'essentiel des familles de la droite envers lui a été perdue de vue. Seul l'orléanisme a, dès le XIXe siècle, fait cause commune avec la bourgeoisie capitaliste. Le bonapartisme et son épigone gaulliste, ont, quant à eux, réactivé une forme du colbertisme (politique d'industrialisation, protectionnisme douanier) en affirmant la légitimité d'une intervention publique ne se réduisant pas aux fonctions dites régaliennes (d'où la nécessité d'institutions stables et d'un pouvoir politique fort).

Cependant, c'est la droite réactionnaire qui a toujours professé les positions philosophiques les plus hostiles au capitalisme libéral. Parmi les hommes politiques français, ce furent les catholiques et royalistes Alban de Villeneuve-Bargemont et Armand de Melun qui furent les premiers à dénoncer l'exploitation des ouvriers[6]. C'est

6. Jean-Baptiste Duroselle, *Les débuts du catholicisme social en France (1822-1870)*, Paris, PUF, 1951 ; Guillaume Bernard, « Catholicisme social et légitimisme politique » suivi de : Henri, comte de Chambord : « Lettre publique sur la question ouvrière », in *Démo-*

dans cette incompatibilité entre le libéralisme orléaniste et le catholicisme-social légitimiste que résida l'impuissance de la majorité royaliste (entre 1871 et 1876) à mettre en place une restauration monarchique : elle était profondément divisée sur les mesures politiques et surtout sociales à mettre en œuvre. L'essentiel des orléanistes a d'ailleurs fini par basculer dans le camp républicain parce qu'ils partageaient avec une partie de celui-ci nombre de valeurs libérales.

Une différence de degré et non de nature

Si le terme socialisme[7] a pu (comme chez Giacomo Giuliani, au tournant des XVIIIe et XIXe siècles) renvoyer à l'idée de la sociabilité naturelle contre le contractualisme social établi sur la base des individus (s'associant pour passer de l'état de nature à celui de société), il est certain qu'il a surtout servi à désigner les doctrines (comme celle de Jean-Jacques Rousseau) qui, tout en admettant le constructivisme social, professaient un anti-individualisme. Chez Rousseau, le contrat social devait être d'une telle prégnance que les individus abdiquaient leur individualité et s'abandonnaient à la volonté générale de l'état de société. La notion de socialisme a, par la suite,

cratie et Révolution, Cent manifestes de 1789 à nos jours, Stéphane Courtois, Jean-Pierre Deschodt, Yolène Dilas-Rocherieux, Paris-La Roche sur Yon, Cerf-PU de l'ICES, 2012, p. 347-359.

7. Jean-Pierre Deschodt, « Socialisme », in *Dictionnaire de la politique et de l'administration*, Guillaume Bernard, Jean-Pierre Deschodt, Michel Verpeaux, dir., Paris, PUF, 2011, p. 269-271.

été colonisée par le courant collectiviste (en particulier à partir du congrès de l'Internationale réuni à Bruxelles en 1868[8]). Or, cela n'allait nullement de soi comme en témoigne l'œuvre de Proudhon[9].

Toute l'ambiguïté du socialisme se situe là : il entend construire une société en opposition au libéralisme tout en s'appuyant sur les mêmes principes (les droits attributs dont tous les hommes disposeraient de manière égale en raison de leur identité de nature et qu'ils pourraient mettre en commun pour bâtir l'ordre social et la puissance publique). L'auteur le plus symptomatique de cette ambivalence est sans doute Thomas Hobbes qui a pu être interprété, le plus couramment, comme le père du totalitarisme mais également comme un auteur resté tout de même dans la sphère libérale puisque la puissance de *Léviathan* n'est, dans le fond, que la somme des droits abandonnés par les individus lui ayant donné naissance.

Par conséquent, fonder le débat politique sur une opposition entre socialisme et libéralisme est factice. Entre eux, la différence est plus de degré que de nature[10]. Tous deux reposent sur la même hypothèse moderne du contrat social : il n'existe de corps sociaux que par

8. Jean-Paul Brunet, *Histoire du socialisme en France de 1871 à nos jours*, Paris, PUF, 1998.
9. Jean-Pierre Deschodt, dir., *Pierre-Joseph Proudhon, L'ordre dans l'anarchie*, Paris, Cujas, 2009.
10. Pour une analyse de l'anarchisme où s'entremêlent libéralisme et socialisme, cf. Thomas Siret, *L'action directe ou la confrontation de la violence extralégale à la violence légale en France (1871-1914)*, Thèse d'histoire, dir. Stéphane Courtois, Strasbourg, 2015, dactyl.

addition d'individus. Le premier considère que la société doit l'emporter sur ces derniers puisque le tout est plus grand que chacune des parties ; le second affirme la priorité des individus parce que, sans leur accord, il n'y aurait pas de société.

Des systèmes réducteurs et sclérosants

Libéralisme et socialisme se révèlent également réducteurs. Tous deux font l'apologie d'un bien particulier (celui des individus ou celui de l'État) en ignorant le bien commun, conjonction de ceux de la partie et du tout. Le premier nie la finalité propre des corps sociaux ; le second n'envisage d'épanouissement que dans la subordination au tout. Et, dans les deux cas, au nom du bonheur de l'individu. Par un effet de balancement, libéralisme et socialisme se nourrissent l'un l'autre. Le libéralisme a fait le lit du socialisme en laissant se développer des inégalités qui, devenues insupportables, ont favorisé des phénomènes révolutionnaires. Le socialisme a préparé le règne du libéralisme car la puissance publique, submergée par la dette publique, se voit contrainte d'abandonner au marché toute une série d'activités qu'elle avait absorbées[11].

En outre, ces idéologies siamoises sont intrinsèquement sclérosantes. Car elles prétendent déterminer le

11. Valentine Erné-Heintz, *Économie politique*, Levallois-Perret, Studyrama, 2012. Pour une analyse de la question de la protection sociale, cf. Éric Verhaeghe, *Ne t'aide pas et l'État t'aidera*, Paris, Le Rocher, 2016.

rôle de l'État une fois pour toutes, en fonction de la puissance qui lui aurait été transmise par les individus lors de l'abandon (plus ou moins important) de leurs droits à l'occasion du contrat social. Fallait-il perdre la première guerre mondiale sous prétexte que l'État (libéral) ne doit pas intervenir dans l'économie et donc ne pas planifier le ravitaillement ou la production d'armements ? Faut-il s'entêter à conserver le monopole des hommes de l'État pour remplir un service public qui pourrait être aussi bien (voire mieux) rendu par des acteurs privés soumis à un cahier des charges sous prétexte d'égalitarisme socialiste ? La pensée classique considère quant à elle que l'étendue de la puissance publique doit varier en fonction des circonstances. En cas de défaillance des pouvoirs inférieurs, elle peut et doit intervenir. Mais ces cas de nécessité ne peuvent être établis à l'avance.

Cette philosophie de l'action publique s'incarne dans le principe de subsidiarité[12] dont une analyse synthétique a été proposée par le pape Pie XI dans l'encyclique *Quadragesimo anno* (15 mai 1931) :

> « De même qu'on ne peut enlever aux particuliers, pour les transférer à la communauté, les attributions dont ils sont capables de s'acquitter de leur seule initiative et par leurs propres moyens, ainsi ce serait commettre une injustice, en même temps que troubler d'une manière très dommageable l'ordre social, que de retirer aux groupements d'ordre inférieur, pour les confier à une collectivité plus vaste

12. Chantal Delsol, *L'État subsidiaire*, Paris, PUF, 1992.

> et d'un rang plus élevé, les fonctions qu'ils sont en mesure de remplir eux-mêmes. L'objet naturel de toute intervention en matière sociale est d'aider les membres du corps social, et non pas de les détruire ni de les absorber. Que l'autorité publique abandonne donc aux groupements de rang inférieur le soin des affaires de moindre importance où se disperserait à l'excès son effort ; elle pourra dès lors assurer plus librement, plus puissamment, plus efficacement les fonctions qui n'appartiennent qu'à elle, parce qu'elle seule peut les remplir ; diriger, surveiller, stimuler, contenir, selon que le comportent les circonstances ou l'exige la nécessité. Que les gouvernants en soient donc bien persuadés : plus parfaitement sera réalisé l'ordre hiérarchique des divers groupements, selon ce principe de la fonction supplétive de toute collectivité, plus grandes seront l'autorité et la puissance sociale, plus heureux et plus prospère l'état des affaires publiques ».

De manière générale, n'est ponctuellement délégué à l'échelon supérieur que ce pour quoi la compétence n'est pas disponible au plus près du besoin. Ainsi les parents ne font-ils appel à l'école que dans la mesure où ils n'ont pas toutes les connaissances que leurs enfants doivent apprendre.

L'entre-deux de la social-démocratie ?

Tandis que la théorie communiste[13] opte pour une collectivisation généralisée (non seulement des moyens de production mais aussi de toutes les choses issues de l'activité sociale), les autres courants socialistes admettent le maintien de la propriété privée (au moins des biens consommables), le domaine d'intervention de l'État étant susceptible de varier en fonction des auteurs. En partant du principe que la collectivisation ne doit être que partielle, la social-démocratie (parfois aussi qualifiée de socialisme démocratique) se situe donc à la charnière du libéralisme et du socialisme. Si le terme de social-démocratie fut, à son origine, utilisé dans le cadre de la propagande marxiste-léniniste, il prit finalement son sens couramment admis dans le sillage du courant socialiste révisionniste d'Eduard Bernstein entendant être réformiste et non révolutionnaire[14].

La social-démocratie s'appuie sur deux principales idées : l'acception, d'une part, de l'économie de marché à la condition que ce dernier soit régulé (par un État-providence sur le modèle keynésien) et, d'autre part, de la démocratie représentative. Nombre de politologues relèvent le double jeu du Parti socialiste français qui est social-démocrate dans l'exercice du pouvoir mais fait campagne (au moins jusqu'en 2012) sur des thèmes et

13. Stéphane Courtois, dir., *Dictionnaire du communisme*, Paris, Larousse, 2007.

14. Stéphane Courtois, Jean-Pierre Deschodt, Yolène Dilas-Rocherieux, dir., *Démocratie et Révolution, Cent manifestes de 1789 à nos jours*, Paris, Cerf-PU de l'ICES, 2012.

avec des accents beaucoup plus socialistes (à la suite des positions prises par François Mitterrand lors du congrès d'Épinay de 1971[15]).

Alors que certains mouvements sociaux-démocrates (concurrencés par les organisations écologistes) ont eu du mal à s'adapter à l'effondrement du bloc de l'Est (puisque, jusqu'alors, ils cherchaient à tenir une position équilibrée entre les communistes et les libéraux), d'autres ont évolué pour donner naissance au « social-libéralisme » dont la meilleure incarnation est sans doute le *New Labour* britannique sous la direction de Tony Blair. Sous l'influence de Manuel Valls, n'est-ce pas le processus que connaît le Parti socialiste français ?

Cette mue de la social-démocratie s'explique par deux principaux facteurs. D'une part, la chute du régime soviétique a mis un terme à la pression idéologique venant de la gauche. Le processus s'est inversé. Le « mouvement dextrogyre » entraîne le repositionnement des idéologies sur le spectre politique et, notamment, du libéralisme qui, désormais, glisse de droite vers le centre et la gauche. D'autre part, la crise financière de l'État-providence conduit celui-ci à se retirer peu à peu des activités dont il s'était directement (production, planification) ou indirectement (protection sociale[16]) arrogé la

15. Parmi les nombreuses biographies, cf. Gérard-David Desrameaux, *François Mitterrand*, Paris, Ellipses, 2012 ; Pascal Cauchy, *L'élection d'un notable*, Paris, Vendémiaire, 2e éd., 2013.

16. 86 % des Français se sont déclarés inquiets pour le financement de la Sécurité sociale : Ifop, *Les Français et le financement de la Sécurité sociale*, Enquête pour *Sud Ouest dimanche* (échantillon de 1 004 personnes), septembre 2013.

prérogative ; il les abandonne peu à peu au marché. Les sociaux-démocrates s'avèrent partager avec les libéraux le schéma lockien du contrat social[17] : les individus n'abandonnent qu'une partie de leurs droits naturels lors du passage de l'état de nature à l'état de société. Le rôle de la puissance publique est donc, d'un côté, d'exercer à la place des individus les droits que ceux-ci ont confiés à l'État et, de l'autre, de surveiller la manière dont ils exercent les droits naturels qu'ils ont conservés à l'état de société. Cela signifie qu'il existe, dans ce type de contrat social, une distinction entre la société civile et l'État et donc la possibilité (contrairement à ce qui est le cas dans le collectivisme rousseauiste) d'un transfert, dans un sens ou dans l'autre, entre ce qui relève de la puissance publique et ce qui est laissé à l'initiative privée.

Au final, la social-démocratie, qui apparaissait comme une manifestation édulcorée du socialisme, est en train de se révéler une des versions du libéralisme : sa critique du libéralisme[18] économique est très relative dans le sens où elle accepte le principe du marché et sa vision de la société (mœurs, culture) est incontestablement libérale.

17. John Locke, *Deuxième traité de gouvernement civil*, éd. B. Gilson, Paris, Vrin, 2e éd., 1977.

18. Pour une discussion actuelle du libéralisme, cf. Falk Van Gaver, Christophe Geffroy, dir., *Faut-il se libérer du libéralisme ?*, Paris, Pierre-Guillaume de Roux, 2016.

Chapitre 16

Le nouveau visage de la lutte des classes

La question de la lutte des classes a été considérée comme historiquement dépassée parce que le régime marxiste-léniniste des pays de l'Est s'est effondré. Or, ne l'appréhender qu'à travers le système communiste est sans aucun doute réducteur. En effet, même si la lutte des classes a été reprise par le socialisme « scientifique », elle est susceptible d'être encore d'actualité étant donné que ce concept a été pensé dans le cadre du courant libéral qui, lui, persiste toujours et irrigue la société actuelle.

De la guerre des races à la lutte des classes

La lutte des classes opposant productifs et improductifs n'est qu'un aspect d'une interprétation plus large de l'histoire. Elle s'appuie d'abord sur la thèse de l'origine franque de la noblesse qui fut développée, au XVIIIe siècle, dans une perspective anti-absolutiste, par le comte Henri de Boulainvilliers[1], après qu'elle eut été ébauchée au siècle précédent par l'abbé Claude Le Laboureur. C'est en vain qu'elle fut combattue par l'abbé Jean-Baptiste

1. Henri DE BOULAINVILLIERS, *Histoire de l'ancien gouvernement de la France, avec XIV lettres historiques sur les Parlements ou États généraux*, La Haye-Amsterdam, 1727, 3 vol.

Dubos[2]. Au XIXe siècle, elle fut reprise et amplifiée par des auteurs libéraux partisans de la Révolution française. Ils rejetaient, naturellement, la justification des privilèges de la noblesse en raison de l'assujettissement des Gaulois par les Francs. Mais ils n'en affirmaient pas moins, à l'instar de François Guizot[3], que la société gallo-romaine avait été entièrement bouleversée et remplacée par un ordre politique et social germanisé. Les Gallo-Romains, vaincus, seraient devenus le tiers-état tandis que les Francs, vainqueurs, se seraient mués en noblesse. Nombre d'historiens, comme Augustin Thierry[4], admirent donc qu'il y avait eu, à l'occasion du passage de l'Antiquité au Moyen Âge, une guerre entre deux races, l'une conquérante, l'autre autochtone. La Révolution française put donc être interprétée comme ayant été non seulement une rupture politique, mais aussi une revanche ethnico-sociale, la victoire des dominés (le tiers-état gaulois) sur les dominants (la noblesse franque[5]).

---

2. Jean-Baptiste Dubos, *Histoire critique de l'établissement de la monarchie française dans les Gaules*, Paris, 1734, 3 vol.

3. François Guizot, *Histoire de la civilisation en Europe, depuis la chute de l'Empire romain jusqu'à la Révolution française*, Paris, Didier, 6e éd., 1856.

4. Augustin Thierry, *Récits des temps mérovingiens,* précédés de *Considérations sur l'histoire de France*, Paris, Tessier, 1840.

5. Agnès Graceffa, *Les historiens et la question franque, Le peuplement franc et les Mérovingiens dans l'historiographie française et allemande des XIXe-XXe siècles*, Turnhout, Brepols, 2010; Baptiste Delrue, *L'Antiquité dans les débats constitutionnels français au XIXe siècle*, Thèse de droit, dir. Jacques Bouineau et Philippe Sturmel, La Rochelle, 2014, dactyl.

C'est donc dans ce contexte intellectuel que la théorie libérale de la lutte des classes a émergé sous la Restauration[6]. L'histoire serait marquée par un éternel conflit d'intérêts entre les classes productives (entrepreneurs, ouvriers) et celles improductives (clergé, armée, gouvernement, bureaucratie), entre les producteurs actifs et les pillards oisifs, entre ceux qui agissent sur le marché par l'échange et ceux qui utilisent la force des autres, notamment en accaparant ou en instrumentalisant l'État. Ainsi, la féodalité fut-elle, par exemple, interprétée comme une spoliation des paysans par les élites guerrières.

Libéralisme et socialisme « scientifique » convergeaient donc sur l'essentiel. Karl Marx ne devait-il pas qualifier Augustin Thierry de « père de la lutte des classes dans l'historiographie française » ? Ces deux idéologies concevaient la société comme un lieu et l'histoire comme une incarnation de l'affrontement entre des classes pouvant toujours être réunies en deux principaux groupes antagonistes (patriciens contre plébéiens, seigneurs contre serfs, etc.). De même, elles voyaient dans l'État un agent d'exploitation, un parasite. Enfin, elles annonçaient également la société sans classes, les libéraux considérant qu'elles avaient fini par se combiner et fusionner[7] tandis que les marxistes envisageaient un scénario où la pauvreté du plus grand nombre devait

---

6. Ralph Raico, *Les racines libérales classiques de la doctrine marxiste des classes*, trad. par Stéphane Geyres, Paris, Institut Coppet, s. d. [2011].

7. Augustin Thierry, *Essai sur l'histoire de la formation et des progrès du tiers état*, Paris, Furne, 1853.

inéluctablement entraîner la révolution et l'avènement de l'égalité. Alors que le concept leur avait permis de justifier les bouleversements de la Révolution française, les libéraux commencèrent, à partir du milieu du XIXe siècle, à nier la réalité de la lutte des classes dans la société contemporaine par crainte de son instrumentalisation par les socialistes. Ce glissement marque une forme d'incohérence intellectuelle. D'ailleurs, il en va de même de leur critique de l'État : car s'ils le condamnaient par principe, ils soutenaient son intervention quand elle les servait : la destruction des corps de métiers de l'ancienne France et l'interdiction de la coalition (grève) des ouvriers au commencement de la Révolution française[8].

L'imposture des deux ordres privilégiés

En fait, le concept de lutte des classes n'est efficient, contrairement à ce qu'affirmaient de concert libéraux et marxistes, que pour la société contemporaine. Il est totalement inopérant (ce qui ne signifie naturellement pas qu'il n'y eut pas d'injustices) pour les sociétés classiques fonctionnant selon le principe du droit rétributif.

Il y avait trois ordres au sommet de l'organisation sociale de l'ancienne France[9] : le clergé, la noblesse et le

8. Guillaume Bernard, « L'organisation juridique et sociale des métiers dans l'ancienne France », in *Les forces syndicales françaises*, Guillaume Bernard, Jean-Pierre Deschodt, dir., Paris, PUF, 2010, p. 5-16.

9. François Olivier-Martin, *Les ordres, les pays, les villes et communautés d'habitants* [1949], Paris, Loysel, 1988 ; Roland Mousnier,

tiers-état. À chaque ordre incombait une fonction : respectivement prier et instruire, combattre et rendre justice, produire et commercer. Chacun des trois ordres, et pas seulement le clergé et la noblesse, était doté d'un statut juridique particulier assorti de privilèges[10] parce qu'investi de responsabilités particulières. Par conséquent, l'expression souvent employée des « deux ordres privilégiés » est parfaitement erronée[11] ; tous les corps sociaux, y compris le tiers-état, étaient dotés de privilèges. Ainsi, le royaume consistait-il en une société de corps dotés de droits particuliers, le bon ordre public dépendant de leur complémentarité[12]. Établie dans les faits sociaux, cette répartition trifonctionnelle de la société entra dans l'organisation institutionnelle du royaume avec le développement, à partir du XIVe siècle, d'un organe élargi et intermittent du Conseil du roi : les États généraux. Ce fut au cours de la tenue de 1789 que cette constitution sociale du royaume fut mise à bas quand la chambre du tiers-état, sur la base notamment de critères numériques, s'autoproclama Assemblée nationale.

Mais, la répartition de la société en ordres n'était qu'une manifestation de la philosophie juridique sousjacente à l'ordre social de l'ancienne France. De manière

---

Les hiérarchies sociales de 1450 à nos jours, Paris, PUF, 1969.

10. Le terme privilège est supposé dériver du latin *lex privata* signifiant donc loi particulière.

11. Yves DURAND, « Les privilèges selon Sieyès ou le triomphe de la désinformation », in *Histoire, économie et société*, 1992-2, p. 295-323.

12. Jean-Pierre BRANCOURT, « Des *estats* à l›État : évolution d›un mot », in *Archives de philosophie du droit*, 1976, 21, p. 39-54.

générale, le droit était conçu comme l'attribution d'une chose extérieure à une personne en fonction de son mérite (*dignitas*). L'organisation sociale reposait sur les rôles remplis par les personnes *(personae*) individuelles et collectives. Les droits attribués à chacune d'entre elles n'étaient pas les mêmes puisque les fonctions remplies étaient différentes. L'égalité n'était pas un objectif à atteindre mais un moyen de rendre justice, d'attribuer à chacun ce qui lui était dû. Dans le cadre de la justice sociale (distributive), c'est-à-dire dans les relations de la partie (la personne) avec le tout (la société), l'égalité était géométrique, autrement dit la proportion devait être la même entre les différents actes jugés et leurs rétributions respectives. Le privilège était donc un droit attribué à une personne en compensation d'une charge remplie au service de la chose publique ou d'une activité concourant au bien commun.

Chaque sujet du roi participait aux privilèges, disposait des franchises et libertés des différents corps sociaux auxquels il appartenait : famille, paroisse, ville, province, profession, ordre. Tous les corps sociaux avaient des intérêts particuliers, restreints mais légitimes, à faire valoir et dont le roi était l'arbitre, le juge en dernier ressort. Tous avaient des droits distincts découlant de fonctions différentes. Ce n'étaient donc pas les hommes qui étaient inégaux mais leurs activités qui étaient, en fonction des représentations sociales de l'époque (chacune a les siennes), plus ou moins élevées : l'échelle des biens (ordre religieux puis politique et enfin économique) entraînait la hiérarchie sociale (clergé, noblesse, tiers-état).

Un privilège se gagnait, se transmettait, mais pouvait aussi (en théorie) se perdre lorsque son titulaire s'en rendait indigne. Une ville révoltée vis-à-vis du roi était coupable de crime de lèse-majesté ; comme la mort frappait l'individu, la destruction atteignait aussi la personne juridique : la ville pouvait être condamnée à perdre ses franchises ou à raser ses murailles.

La lutte des classes inscrite dans l'égalité des hommes

Cependant, deux types d'argumentaires participèrent pendant l'Ancien Régime à renverser le système du droit attribué. Même si cela peut apparaître paradoxal, ce changement fut d'abord l'œuvre de la théorie moderne de la souveraineté conçue comme une puissance fondamentalement et principalement législatrice. Ainsi les privilèges apparaissaient-ils comme autant de violences faites aux lois conçues comme l'expression de la volonté du souverain, et à l'uniformité de l'ordre public. Alors que le système du droit attribué empêchait tout nivellement juridique, l'harmonie sociale devait désormais passer, pour la philosophie moderne, par l'indifférenciation (de principe) des hommes et l'uniformisation (de résultat) du droit.

Parallèlement, un deuxième mouvement conduisit à la déstabilisation de la conception classique de la justice. Le privilège était combattu en raison du déplacement doctrinal du titulaire du droit : dans la pensée moderne, ce n'est plus la *persona* qui est sujet du droit mais l'homme qui est sujet de droit. Le droit commença à être présenté comme un attribut de l'homme à partir du XVIe siècle, en particulier dans le cadre de la seconde scolastique espagnole. Dans cette veine, faut-il rappeler la célèbre réplique de la pièce de Beaumarchais qui vise à ridiculiser l'homme qui n'est privilégié que parce qu'il s'est donné la peine de naître ? Les Lumières ne firent que reprendre et systématiser des idées apparues au siècle de la Renaissance. Ainsi, la pensée moderne du droit s'opposa-t-elle à l'existence d'un royaume abritant des communautés particulières et privilégiées, car elle considéra les hommes comme appartenant à la même famille universelle et donc tous également dotés de droits naturels et imprescriptibles.

Alors que pour la conception classique, le privilège est un moyen de rendre à chacun son dû, et ainsi, par le biais de la justice particulière, concourir à la justice générale, dans la conception moderne, les statuts et les privilèges sont perçus comme une négation de l'identité de nature de tous les hommes. À l'été 1789, la révolution politique étant victorieuse, elle fut complétée, à partir de la nuit du 4 août, par la révolution sociale : la représentation des ordres étant renversée depuis le 17 juin, les états et les privilèges qui les protégeaient furent pour l'essentiel supprimés. La *dignitas* classique était en rapport avec les mérites de la personne ; la dignité moderne est inhérente à la nature humaine. Ainsi, selon les principes fondateurs des régimes politiques classiques et modernes, le privilège représente le principe de la justice dans l'ancienne France, mais il est une grave atteinte au droit égalitaire dans la France postrévolutionnaire.

Rejeté en principe, le privilège, dans une version dénaturée (parce que sans charge réelle supportée en contrepartie), n'a-t-il cependant pas survécu ? Comment expliquer les « droits acquis » (une fois obtenus, ils ne sont plus contestables) en particulier ceux de la fonction publique ? Dans le même ordre d'idées, s'il n'y a plus d'hérédité officielle dans les emplois, comment analyser l'autorecrutement des classes supérieures[13] renforcé par des unions matrimoniales endogènes ? La sclérose de la mobilité sociale et de la circulation des élites qui a contribué à l'exaspération vis-à-vis des privilèges au XVIIIe siècle n'aurait-elle pas de nouveau atteint une société supposée égalitaire ?

De nos jours, l'ascension sociale des classes moyennes – celles qui ont assez de revenus pour payer des impôts, qui en ont trop pour bénéficier à plein des aides sociales et qui n'en ont pas assez pour être à l'abri d'un accident de la vie (chômage, maladie) – est grippée[14]. Pire : les classes moyennes se précarisent (destruction de l'emploi industriel, surtravail devant être fourni pour conserver son emploi[15]) et se paupérisent (en raison notamment de la flambée des prix de l'immobilier). Le sujet est

13. Pierre Bourdieu, Pierre Passeron, *Les héritiers, Les étudiants et la culture*, Paris, Éditions de minuit, 1966.

14. Louis Chauvel, *La spirale du déclassement, Essai sur la société des illusions*, Paris, Seuil, 2016.

15. Cela contribue à expliquer l'hostilité d'une majorité de Français (près de 60 %) à la loi El Khomri, en particulier chez les sympathisants du FdG et du FN parce qu'ils pensent qu'elle va accroître la précarité des salariés : cf. Ifop, *Les Français et la réforme du*

extrêmement préoccupant car c'est en grande partie sur elles (par leurs stratégies d'élévation sociale comme l'investissement dans les études de leurs enfants) que repose le dynamisme d'une société[16].

Mais il y a peut-être plus grave encore. Bien entendu, il y a toujours eu des injustices sociales ayant parfois mené à des affrontements[17]. Mais c'est la modernité politique qui a créé les conditions d'apparition de la lutte des classes. En posant comme hypothèse que la société n'est pas un donné de l'ordre cosmologique des choses mais une construction issue de la volonté des hommes, la lutte des classes lui est intrinsèquement liée : le contrat social illustre un rapport de forces (d'où l'obsession de sans cesse le « refonder » lorsque la paix sociale est ébranlée). De même, puisque le droit n'est plus attribué à la personne en fonction de ses mérites mais est conçu comme un attribut de tout homme, la lutte des classes est nécessairement permanente : car, si tous les hommes ont formellement les mêmes droits, chacun d'eux est toujours, dans la réalité, dans une situation d'infériorité vis-à-vis d'un autre. La lutte des classes est donc un concept intellectuellement actif dans le système moderne.

Mais encore faut-il identifier les groupes sociaux qui, en fonction des circonstances, sont capables de jouer un véritable rôle. L'une des erreurs du socialisme « scientifique » fut sans doute de réduire l'identification des

---

code du travail, Enquête pour *Atlantico* (échantillon de 1 504 personnes), mars 2016.

16. Alfred Sauvy, *Vieillesse des nations*, Paris, Gallimard, 2001.

17. Cf., par exemple, Guy Fourquin, *Les soulèvements populaires au Moyen Âge*, Paris, PUF, 1972.

classes sociales aux seules relations du travail opposant exploiteurs et exploités autrement dit, à l'époque contemporaine, la bourgeoisie (propriétaire des moyens de production) et le prolétariat (ne disposant que de sa force de travail). L'appartenance à une catégorie sociale ne dépend pas uniquement de la place dans le monde du travail. Elle se définit par plusieurs facteurs : si l'occupation professionnelle, ainsi que le patrimoine hérité ont évidemment leur importance, les relations sociales, le niveau d'études et l'intégration dans le pouvoir politique (ou tout au moins dans le processus de désignation des représentants) sont tout aussi prégnants.

Que le régime légal le veuille ou non, une personne remplit plusieurs fonctions dans le cadre des différents types de relations sociales qu'elle entretient ; une même personne est susceptible d'être fils (ou fille), époux (ou épouse), père (ou mère), enseignant (ou élève), commerçant (ou client), etc. Le lien social peut donc être appréhendé selon différents points de vue et autant de catégories sociales potentielles. Mais une classe sociale n'accède à une existence réelle que lorsqu'elle prend conscience de son intérêt commun, c'est-à-dire quand elle se révèle être au cœur d'une crise.

Fonctionnaires : vers l'inenvisageable basculement

Les classes moyennes ont longtemps été, surtout depuis 1945, divisées en raison de leurs statuts professionnels divergents. Mais aujourd'hui, la dichotomie public-privé se dilue. Les fonctionnaires vivent au bord du gouffre. Leurs « garanties » (emploi et rémunération à vie), qui les différenciaient tant des salariés du privé, dépendent entièrement de la solvabilité de la puissance publique. Or, ce n'est plus un mystère pour personne que la dette publique est abyssale[18]. Sans même évoquer la banqueroute, les fonctions publiques connaissent des restrictions budgétaires certaines. Voilà les agents publics et parapublics désormais confrontés au risque auquel ils étaient supposés échapper. De quoi les coaguler au reste des « Français moyens » sauf à ce que certains s'entêtent à défendre bec et ongles des avantages acquis pouvant les rendre impopulaires voire odieux au reste de la population. Le cas de la SNCF est, à ce titre, exemplaire : alors que l'entreprise publique dispose d'un quasi-monopole pour le transport ferroviaire des passagers, l'exercice de la grève apparaît comme une prise en otage de ses clients ; de même son régime spécial de retraite apparaîtrait comme légitime s'il n'était pas déficitaire et renfloué par le régime général.

Mais il existe sans doute une pression plus forte encore qui rend la situation des fonctionnaires plus déroutante et angoissante que jamais. Ceux-ci vivent une profonde crise d'identité : ils sont les agents d'une puissance publique que le pouvoir politique laisse se délabrer (Éducation nationale), abandonne à son sort (police, administration pénitentiaire), voire démembre délibérément (armée). C'est leur vocation au service de la nation

18. Alexandre Desrameaux, *Finances publiques*, Paris, PUF, 2013.

qui est rabaissée et qu'ils peuvent vivre comme étant niée.

Politiquement, la « clientèle » des fonctionnaires était acquise à la gauche puisqu'elle affichait un discours favorable au développement de l'État-providence. Elle est quasiment irrécupérable par la droite libérale parce qu'elle est perçue comme voulant démanteler le service public. Il est probable que, prenant conscience de la déliquescence de la puissance publique, une partie non négligeable des fonctionnaires (du moins dans les secteurs régaliens[19]) se tourne vers le Front national. Ce possible basculement politique des fonctionnaires est d'autant plus important que ce sont souvent les agents de la puissance publique qui, par le passé, ont favorisé la perte d'un régime : par leur abstention (la fuite devant leurs responsabilités des élites municipales de l'Empire romain) ou leur engagement (la paralysie des réformes par les Parlements de l'ancienne France).

Mais, au-delà de l'aspect électoral, c'est une sorte de recomposition du corps social qui est en passe de se nouer avec comme enjeu sa survie en tant qu'entité culturelle spécifique.

La possible cristallisation de la classe des « Français moyens »

Les idéologies modernes constituent des prismes réduisant la capacité de percevoir l'ensemble des lignes

19. Ifop, *Gendarmes mobiles et gardes républicains : un vote très bleu-marine*, Focus n° 115, juillet 2014.

de fracture parcourant une société et se focalisant sur l'une d'elles. Tandis que les libéraux dénoncent l'opposition entre ceux qui sont, dans leur emploi, exposés au risque et ceux qui ne le sont théoriquement pas, ils ne saisissent pas le fossé entre ceux qui, dans leur budget familial, ont une marge de manœuvre même minime et ceux qui n'en ont aucune. Alors que les socialistes font état de la rupture entre ceux qui ont facilement accès aux services publics et ceux qui en sont éloignés, ils minorent la cassure entre ceux qui subissent l'insécurité et ceux qui vivent dans des lieux où ils en sont protégés. Tous ou presque, parce qu'ils appréhendent la société à partir du contractualisme social et du progressisme historique, ignorent la crise identitaire (standardisation planétaire des modes de vie, multiculturalisme).

Voilà pourquoi peu ont vu que des catégories sociales *a priori* antagonistes (acteurs du secteur privé d'un côté, fonctionnaires de l'autre) pourraient se retrouver dans un même combat dépassant leurs intérêts particuliers. Des embûches – comme la difficulté de concilier, d'une part, des retraites reposant sur les cotisations sociales et, d'autre part, des rémunérations à vie budgétisées[20] – peuvent gripper le processus. Cependant, la question du degré d'intervention de l'État-providence risque de devenir rapidement subalterne, car les fonctions régaliennes sont, déjà, elles-mêmes en crise. Aussi, la certitude de voir leurs enfants connaître une dégradation de

20. Pierre-Édouard du Cray, *Retraites, Les privilèges de la fonction publique*, Asnières, Les 4 vérités, 2009 ; du même auteur : *La compensation entre régimes de Sécurité sociale, L'exemple de la branche vieillesse*, Paris, LGDJ, 2014.

leur niveau de vie et une transformation de leur espace culturel est-elle susceptible de rassembler, demain, des adversaires d'hier.

Il est donc envisageable qu'une authentique classe sociale (réunissant des personnes confrontées aux mêmes conditions de vie : paupérisation économique, persécution fiscale[21], victimation physique et matérielle, insécurité culturelle) soit en passe de prendre conscience d'elle-même. Alors qu'elle est hétéroclite et qu'elle est, longtemps, restée désunie[22], la classe sociale des « Français moyens » ne serait-elle pas en train de se cristalliser contre ceux qui incarnent ou trouvent intérêt au déracinement culturel et au délitement national ?

C'est la cohésion du tissu social lui-même qui est en jeu. Il n'est pas étonnant que les courants politiques favorables à la dérégulation culturelle (mondialisation) soient aussi partisans de la dérégulation du temps social et de la remise en cause du repos hebdomadaire dominical. La question du dimanche n'est pas anodine : elle est symbolique et même architectonique.

21. Près de 80 % des Français éprouvent un sentiment de « ras-le-bol fiscal » et un peu plus de 75 % d'entre eux considèrent que la politique fiscale pénalise fortement les familles : IFOP, *Les Français et la politique familiale*, Enquête pour la confédération nationale des *Associations familiales catholiques* (échantillon de 1 006 personnes), janvier 2016.

22. Julien DAMON, *Les classes moyennes*, Paris, PUF, 2013.

Tissu social ou peau de chagrin ?

La singularité du dimanche[23] contribue à la protection du tissu social contre le matérialisme et le communautarisme. Or, gauche et droite modérées convergent pour élargir les dérogations à la règle du repos dominical[24]. Les promoteurs d'une telle extension affirment que simplifier le travail du dimanche créera de l'emploi. En des temps de chômage endémique, il serait irresponsable de s'y opposer, d'autant que l'activité commerciale perdue ne se rattraperait jamais. À l'inverse, d'autres pensent que l'extension du travail dominical n'augmentera pas la consommation puisque le budget des familles restera identique. Cela n'entraînerait que l'étalement des ventes dans la semaine et ne contribuerait donc pas à activer de nouvelles embauches.

S'il n'y a donc pas de certitude quantitative, il existe en revanche un véritable risque d'ordre qualitatif. Une telle mesure n'aggravera-t-elle pas la vulnérabilité des salariés les plus faibles (ceux liés par un contrat précaire) et des petites entreprises face aux grandes enseignes ? En effet, les partisans de la dérégulation du droit social partent du principe que seuls des volontaires travailleront le dimanche. Mais les opposants considèrent que

---

23. Robert Beck, *Histoire du dimanche de 1700 à nos jours*, Paris, Les éditions de l'Atelier, 1997 ; Daniel Perron, *Histoire du repos dominical, Un jour pour faire société*, Paris, L'Harmattan, 2010.
24. Jean-Paul Bailly, *Les mutations de la société et les activités dominicales*, Paris, Conseil économique et social, 2007 ; du même auteur : *Rapport sur la question des exceptions au repos dominical dans les commerces, Vers une société qui s'adapte en gardant ses valeurs*, Paris, s. d. [2013].

cette appréciation feint d'ignorer que la possibilité peut, en fonction des rapports de force, se transformer en une obligation, l'embauche ou le maintien dans l'emploi pouvant être soumis à une sorte de chantage. Il est vraisemblable que l'extension du travail dominical prendra salariés et entrepreneurs en otage, contraints qu'ils seront de se soumettre à une pratique se généralisant et qu'ils contribueront à alimenter.

Voilà pourquoi d'aucuns craignent que l'élargissement des possibilités d'ouverture des magasins le dimanche ne soit nullement un aboutissement mais constitue, en fait, une simple étape. Attaqué à la marge, le principe du repos dominical risque d'être, un jour, réduit à néant. Ainsi, la singularité du dimanche est-elle tournée en dérision sous prétexte que les fonctions régaliennes de l'État (police) et les activités témoignant de la fraternité sociale (médecine) sont assurées tous les jours de la semaine. Par conséquent, toutes les activités (aujourd'hui commerciales, demain industrielles ?) devraient pouvoir être exercées sans discontinuité. Ce raisonnement pèche toutefois sur deux points. D'une part, l'existence d'exceptions mettant la règle à l'épreuve ne justifie pas le renversement du principe. D'autre part, si les intérêts particuliers sont *a priori* légitimes, ils n'en sont pas moins soumis aux exigences du bien commun. En prospérant, les entreprises contribuent fortement à l'enrichissement général ; mais elles n'y réussissent qu'en bénéficiant d'un ordre public qu'elles se doivent de respecter.

L'enjeu n'est donc pas uniquement social ; il est avant tout sociétal. Certes, avec fort peu de messalisants (les personnes allant chaque semaine à la messe), l'argument de la pratique religieuse a peu de poids. Cependant, le dimanche n'est pas, dans la tradition française nourrie par le catholicisme, un jour comme les autres. Chômé, il est un élément du patrimoine culturel dont la préservation est d'autant plus importante que nombre de Français n'ont pas ou peu de richesse matérielle. Il incarne un certain mode de vie et offre un temps permettant de se détourner de l'égocentrisme ; s'il ne le garantit pas, il favorise l'engagement dans une relation aussi bien avec Dieu qu'avec le prochain.

Le dimanche chômé constitue donc une digue contre la domination du matérialisme. Il est un repère civilisationnel. Un jour de repos commun pour presque tous participe à la révélation d'un corps politique ; l'abattre déstructure(rait) le tissu social ramené à une simple juxtaposition d'individus atomisés et réduits aux rôles de producteurs ou de consommateurs. En outre, supprimer le particularisme du dimanche ouvrirait naturellement la porte aux regroupements et exigences communautaristes. Est-il déraisonnable d'envisager que certains territoires de la République puissent basculer, sinon *de jure* du moins *de facto*, dans une pratique spécifique du repos hebdomadaire à laquelle les habitants du lieu, quelles que soient leurs convictions, devraient se soumettre sous peine d'être mis au ban de la société par la communauté localement dominante ?

Chapitre 17
Vers des droits de l'homme… sans homme

La bioéthique[1] est devenue l'un des principaux critères du clivage politique, non entre les partis mais entre les courants doctrinaux sous-jacents aux partis. Intimement liée à la question de la nature humaine, la bioéthique révèle un glissement de la conception des droits de l'homme manifestant l'une des plus probantes illustrations d'une modernité qui s'emballe.

La chosification de l'enfant à naître

Depuis la dépénalisation de l'avortement (par la loi du 17 janvier 1975 prorogée par celle du 31 décembre 1979), la législation a régulièrement élargi les possibilités d'y recourir[2]. Cependant, l'interruption volontaire de grossesse (expression parfaitement impropre puisqu'une interruption suppose la possibilité de reprendre le processus alors que l'avortement provoque un arrêt définitif) a toujours été conçue, tant dans la loi que dans la jurisprudence[3], comme une exception au principe de

1. Jean-René Binet, *Droit de la bioéthique*, Paris, LGDJ, 2016.
2. Cf., en particulier, la loi du 4 juillet 2001.
3. Conseil constitutionnel, 15 janvier 1975, *IVG*; Conseil d'État, Assemblée, 21 décembre 1990, *Confédération nationale des asso-*

respect de tout être humain dès le commencement de la vie[4] : il ne peut y être porté atteinte qu'en cas de nécessité. Il ne fait d'ailleurs aucun doute que ce soit l'esprit de la loi de 1975. À l'orée des débats parlementaires, Simone Veil n'a-t-elle pas expliqué, le 26 novembre 1974, que si la loi « n'interdit plus, elle ne crée aucun droit à l'avortement » ?

Mais comme le droit positif ne reconnaît pas explicitement la personnalité juridique de l'enfant à naître, cela a conduit certaines juridictions (pas toutes[5]) à estimer que l'incrimination d'homicide ne pouvait pas être reconnue quand un tiers avait provoqué sa mort, même si la mère n'entendait pas avorter et que les délais pour y recourir étaient dépassés.

Très récemment, la loi du 4 août (cherchez le symbole…) 2014 a supprimé la condition de détresse prévue depuis les origines pour pouvoir recourir à un avortement. Désormais, une femme peut avorter uniquement si elle ne veut pas poursuivre sa grossesse et non plus parce que son état la place dans une situation de détresse psychologique ou matérielle. Cette évolution a donc transformé une dérogation (sans fait justificatif, l'acte est une infraction pénale) en un droit subjectif.

---

ciations familiales catholiques.

4. Article 16 du Code civil (issu de la loi du 29 juillet 1994) : « La loi assure la primauté de la personne, interdit toute atteinte à la dignité de celle-ci et garantit le respect de l'être humain dès le commencement de sa vie. »
5. Cf. le jugement du Tribunal correctionnel de Tarbes en date du 14 février 2014.

La résolution votée par l'Assemblée nationale le 26 novembre 2014 est allée encore plus loin. Elle entend « réaffirmer » (comme si cela allait de soi) « le droit fondamental » à l'avortement (comme s'il existait en tant que tel et qu'il suffisait de le déclarer). En fait, sous couvert d'une fausse évidence et d'un télescopage de notions, ce texte prétend ériger une faculté offerte par le droit positif en une puissance tirée de la nature de l'être humain : « L'Assemblée nationale [...] réaffirme l'importance du droit fondamental à l'Interruption Volontaire de Grossesse pour toutes les femmes, en France, en Europe et dans le monde. » La puissance publique devrait non seulement permettre un droit-liberté (« le droit universel des femmes à disposer librement de leur corps ») mais aussi assurer un droit-créance : « L'Assemblée nationale [...] affirme la nécessité de garantir l'accès des femmes [...] à l'avortement sûr et légal. »

Or, interpréter l'avortement comme un droit de la femme conduit à une négation de l'humanité de l'enfant qu'elle porte. En effet, la mise à mort d'un être humain est un homicide ; seules des causes exonératoires de responsabilité (légitime défense, par exemple) peuvent conduire à ne pas le sanctionner. Par conséquent, puisqu'il n'y a plus besoin de justifier le recours à l'avortement, puisque celui-ci n'est plus une exception à l'infraction pénale d'homicide, puisqu'il est possible d'arrêter sa vie sans qu'aucune véritable condition restrictive ne soit exigée, puisqu'il est même envisagé que la femme enceinte disposerait d'un droit intrinsèque à l'éliminer et que la société serait contrainte de lui en assurer la jouissance, c'est que l'enfant à naître est rejeté hors de l'humanité. L'homme n'est plus « seulement » un loup pour l'homme (*Homo homini lupus est*) ; il se donne bonne conscience en niant l'humanité de celui qu'il veut exterminer sans culpabilité.

Pour un penseur classique, c'est moins la qualité d'homme de l'enfant à naître que sa parfaite innocence qui devrait le protéger : quel acte a-t-il commis qui mériterait, en rétribution, son élimination[6] ? Il n'en demeure pas moins que le système juridique moderne est supposé reposer sur la reconnaissance des mêmes droits naturels à tous les êtres disposant ontologiquement d'une nature humaine.

Une politique publique délibérée

Le droit positif récent fait basculer la pratique de l'avortement du drame individuel dans la tragédie sociale. Avec chaque année 200 000 cas (plus de 20 % des enfants conçus), c'est au moins sept millions d'avortements (pour certaines années les statistiques ne sont pas totalement fiables) qui ont été, depuis sa dépénalisation, pratiqués en France. Le point commun de chacun de ces actes (individuels), c'est la puissance publique qui, même si elle ne contraint pas à y recourir (encore qu'il existe une pression sociale quand l'enfant à naître est atteint

6. Guillaume Bernard, « Garder la mémoire de l'homme ou de la personne ? Les enjeux sociétaux de la bioéthique à travers la question de l'enfant à naître », in *La mémoire, Entre silence et oubli*, Stamatios Tzitzis, dir., Québec, Presses de l'université Laval, 2006, p. 261-325.

d'une maladie grave) mène une politique délibérée en sa faveur visant une catégorie déterminée d'êtres (les enfants conçus déclarés non désirés).

La puissance publique organise l'avortement dans le service public hospitalier. Elle le banalise en n'imposant plus de stricte condition : suppression de la situation de détresse pour y recourir (loi du 4 août 2014) et du délai de réflexion de sept jours (loi du 26 janvier 2016). Elle le publicise en en faisant supporter le coût par les finances publiques : le principe du remboursement par la Sécurité sociale a été mis en place par la loi Roudy du 31 décembre 1982, la gratuité totale de l'avortement s'appliquant depuis le 31 mars 2013, celle-ci ayant été étendue (arrêté du 26 février 2016) à tous les actes qui lui sont liés (consultations, examens de biologie médicale, échographies). Elle s'en fait d'autant plus le promoteur qu'elle tente de limiter la diffusion d'informations dissuasives (la loi du 27 janvier 1993 a créé le délit d'entrave à l'avortement qui a été étendu, par la loi du 4 août 2014, à toute action visant à bloquer l'accès à l'information sur l'avortement).

En définitive, la puissance publique légitime l'avortement et en endosse la responsabilité ; elle fait de l'addition d'actes individuels une pratique collective sous sa responsabilité. C'est d'ailleurs bien l'esprit de la résolution du 26 novembre 2014 qui ne prend pas la défense d'un simple laisser-faire individuel mais revendique une politique active garantissant et favorisant l'avortement : « Par cette résolution, la France réaffirme son engagement à défendre et promouvoir l'accès sûr et légal à l'avortement. » À l'avenir, d'aucuns ne pourraient-ils pas juger bien sévèrement cette œuvre commune de la classe politique ? Ne pourraient-ils pas regarder cette pratique comme génocidaire (s'il était établi que l'enfant à naître était bel et bien un être humain...) et ceux qui l'auraient permise et encouragée coupables d'un imprescriptible crime contre l'humanité ?

Ne pas avoir maintenu la condition de détresse pour recourir à un avortement et prétendre en faire un droit fondamental conduit à une explicite et délibérée chosification de l'enfant à naître. Quelle philosophie peut bien inspirer un système juridique qui s'arroge la compétence de dire qui est humain et qui ne l'est pas ? Après les droits-libertés, les droits-créances et les droits-solidarités, une nouvelle génération des droits de l'homme est en train d'émerger : elle s'appuie sur une conception artificialiste[7] de l'être humain niant la nature qui lui est donnée pour ne reconnaître que celle qu'il construit par sa seule volonté.

La pluralité idéologique des droits de l'homme

Les droits de l'homme consistent en des droits universels, inhérents à l'homme du fait de son appartenance à l'espèce humaine. Ils sont supposés être des prérogatives existant quel que soit le droit positif en vigueur. Ils reposent et traduisent une certaine conception de la

---

7. Cela contribue à expliquer que la résolution de novembre 2014 invoque la notion de « droit fondamental » et se garde d'utiliser l'expression de « droit de l'homme ».

dignité : c'est parce qu'il appartient à l'espèce humaine que l'homme est intrinsèquement digne. Cette notion s'oppose naturellement à la conception classique de la dignité conçue comme les mérites de la personne (*persona*) dans une pluralité de relations d'altérité. Cependant, la dignité moderne est, elle-même sujette à caution ; elle semble être polysémique.

Malgré l'unicité de la nature humaine de laquelle ils sont censés être dégagés, il existe plusieurs générations des droits de l'homme. Mais surtout, il semble que l'évolution législative et jurisprudentielle soit en passe de corroborer la naissance doctrinale d'une nouvelle génération de droits de l'homme fondée sur une dignité non plus tirée de la nature de tout être humain mais de la capacité de chacun d'eux à l'usage de sa liberté[8].

La conception anglo-américaine des droits de l'homme diverge de l'approche franco-continentale. La première manifeste plus un pragmatisme politique qu'un rationalisme juridique : il s'agit essentiellement de libertés opposables à la puissance publique. Elles ne consistent généralement pas en des principes abstraits, mais s'appuient, concrètement, pour les Anglais, sur des pratiques censées être confirmées par le temps (des coutumes) ou, pour les Américains, sur la logique de leur contrat social, de type lockien (les citoyens n'ayant abandonné qu'une partie de leurs droits naturels pour la constitution de

8. Les éléments *infra* sont tirés de l'étude suivante : Guillaume Bernard, « Vers des droits de l'homme… sans homme ! », in *Le mariage et la loi : Protéger l'enfant*, sous la dir. de G. Drago, Ch. Eoche-Duval, G. de Vries, Paris, Institut Famille & République, 2016, p. 101-109.

l'ordre politique, ils disposent, à l'état social, d'un certain nombre de droits que l'État doit respecter, voire protéger, comme la propriété privée).

L'idéologie française des droits de l'homme est assez différente puisqu'elle met en exergue des droits issus de la nature humaine. Cette conception s'appuie sur l'identité d'un homme abstrait, indifférencié, « décontextualisé » : tous les hommes ayant la même nature, ils ont donc les mêmes droits. L'égalité apparaît comme un principe fondateur duquel tous les autres sont tirés ou sur lequel ils s'appuient. Ainsi, cette approche « continentale » des droits de l'homme consiste-t-elle dans des droits à vocation universelle parce qu'appartenant à tout homme, quelles que soient les conditions socio-culturelles de son existence. La *Déclaration* révolutionnaire du 26 août 1789 faisait la distinction – ce qui a été par la suite édulcoré – entre les droits de l'homme et ceux du citoyen : si tous les hommes avaient les mêmes droits civils (égalité devant la loi, non-rétroactivité de la loi pénale), parce qu'ils ont la même nature, seuls les citoyens avaient les mêmes droits politiques (puisqu'ils sont partenaires d'un contrat social spécifique), ce qui se manifestait par l'affirmation de leur souveraineté (nationale quant à son expression et législatrice quant à sa fonction). Depuis l'époque révolutionnaire, la doctrine des droits de l'homme a évolué, passant d'une philosophie des droits de l'individu en tant qu'être humain à une idéologie des droits fondamentaux qui ne sont plus seulement individuels mais peuvent être également collectifs[9].

9. Xavier LATOUR, Bertrand PAUVERT, *Libertés publiques et droits fondamentaux*, Levallois-Perret, Studyrama, 6e éd., 2016.

L'empilement de générations successives

En effet, plusieurs générations des droits de l'homme se sont additionnées. Cependant, cet empilement n'a, jusqu'à récemment, pas conduit à remettre en cause leur fondement anthropologique commun : c'est l'homme en tant qu'il appartient à l'espèce humaine qui est susceptible de faire valoir ces droits.

La première génération, celle du XVIIIe siècle, était destinée à protéger les individus contre les abus des pouvoirs publics. Ces droits de l'homme sont des « droits de », des droits sur l'État : l'être humain peut, par exemple, dans le domaine privé, être propriétaire ou contracter et, dans le domaine public, s'exprimer ou se déplacer. Mais, au cours du XXe siècle, après la seconde guerre mondiale, une deuxième génération des droits de l'homme est apparue sous l'influence socialiste. Dès le siècle précédent, les droits-libertés ont été dénoncés comme n'étant que « formels », et non « réels », puisque tous les individus, en fonction de leurs moyens (notamment financiers), ne peuvent pas y accéder. Comment exercer un droit à la liberté d'expression si une instruction n'a pas, d'abord, été acquise ? Il était donc nécessaire de reconnaître des droits-créances. Cette nouvelle génération de droits s'est incarnée dans le préambule de la constitution française de 1946 et la *Déclaration universelle des droits de l'homme* de 1948 adoptée dans le cadre de l'Organisation des Nations unies. Ces nouveaux droits de l'homme existent, en particulier, dans les domaines économiques et sociaux. Il s'agit désormais de « droits à » (dans les domaines du travail, de l'éducation, de la santé ou de la culture), de droits contre l'État. Ils ne sont plus des protections contre la puissance publique, mais consistent dans l'affirmation que la société doit fournir certaines prestations. Les libéraux considèrent que ces nouveaux droits sont liberticides puisqu'ils ne peuvent être satisfaits qu'en en violant d'autres : le droit au logement n'entre-t-il pas en contradiction avec le droit de propriété ?

Plus récemment, une troisième génération de droits de l'homme a encore vu le jour : les droits-solidarité (droit à un environnement sain, à la paix, etc.). Les hommes d'aujourd'hui sont considérés comme redevables envers les générations futures : ils doivent leur léguer une planète salubre (d'où l'émergence du principe de précaution ou du concept de développement durable). Certains s'interrogent sur l'extensibilité, à l'infini, du concept des droits de l'homme. D'aucuns considèrent que la surenchère permanente de l'idéologie parfois qualifiée de « droit-de-l'hommiste » révèle le caractère éminemment ambigu de sa notion fondatrice. Car, si les droits de l'homme sont intimement liés au sujet (de droit) qu'est l'homme, les auteurs ne se sont jamais véritablement accordés sur la caractéristique essentielle de la nature humaine de laquelle ils sont tirés : son origine (une création divine, le hasard), sa capacité (la raison, la volonté), etc. ? C'est ainsi qu'une nouvelle génération des droits de l'homme dont le fondement anthropologique est éloigné des précédentes semble émerger.

La réécriture de la nature humaine

Les droits de l'homme changent de visage : ce n'est plus la nature humaine telle qu'elle est qui fonde les droits de l'homme, mais ce que chacun décide d'en faire au nom de son être singulier[10]. La nouvelle génération des droits de l'homme s'appuie sur une conception artificialiste de l'être humain niant la nature qui lui est donnée pour ne reconnaître que celle qu'il construit par sa seule volonté : idéologies (théorie du *gender* entre autres conceptions) et droit positif convergent pour lui donner naissance.

Certaines positions philosophiques servent, à la fois, de caution *a priori* et d'explication *a posteriori* aux évolutions juridiques de ces dernières années. Parmi elles, l'idée du *gender* est particulièrement mise à contribution[11]. Alors que le sexe est biologique, le genre est culturel : il est, d'une certaine manière, le sexe social de l'individu. Cette notion permet de mieux comprendre la célèbre formule de Simone de Beauvoir selon laquelle « on ne naît pas femme » mais « on le devient ». Identifiée à ses fonctions sexuelles et reproductives, la femme aurait été dépossédée d'elle-même. La conception stéréotypée des sexes l'aurait enfermée dans les rôles

10. Grégor Puppinck, *La famille, les droits de l'homme et la vie éternelle*, préf. de Mgr Aldo Giordano, Paris, L'homme nouveau, 2015 ; Philippe Darantière, *Le techno-nihilisme, Idéologie du changement de civilisation*, Paris, Presse de la Délivrance, 2016.

11. Béatrice Bourges, Aude Mirkovic, Elisabeth Montfort, *De la théorie du genre au mariage de même sexe…, L'effet dominos*, Paris, Peuple libre, 2013.

traditionnels de mère et de ménagère. Une réelle égalité entre hommes et femmes nécessiterait donc la non-différence sexuelle. L'idéologie du genre (exacerbation politique des recherches universitaires sur le genre) entend donc supprimer les rôles sociaux fondés sur le sexe (époux/épouse, père/mère) pour permettre à l'individu d'échapper à tout déterminisme. Le projet social qu'elle porte consiste dans la transformation des rapports sociaux en permettant à quiconque de s'approprier les attributs et les fonctions du sexe opposé. Le sexe anatomique ne devrait induire aucune sexualité : toutes les pratiques sont supposées être l'expression d'un choix (susceptible d'évoluer) et sont également légitimes. Alors que le couple générationnel est nécessairement constitué d'un homme et d'une femme, la théorie du genre a construit un concept alternatif à celui de parenté (sexuée) : la parentalité (sociale). La pluri-sexualité a, naturellement, comme corollaire les parentalités multiples.

Les études d'histoire et de sociologie du genre ont eu le mérite de rappeler que l'identité d'une personne se construit dans l'altérité. Ainsi, les authentiques parents sont-ils ceux qui éduquent l'enfant et non ses simples géniteurs. Mais, l'idéologie du genre entend nier, dans la personne humaine, la combinaison de l'essence et de l'existence (celle-ci actualisant celle-là), ne prenant en considération que la seconde. En affirmant que la sexualité de la personne n'est pas donnée par son anatomie, mais est culturellement construite, le *gender* semble désexualiser l'individu alors qu'il l'enferme dans ses pratiques sexuelles (il n'existe vraiment qu'en posant un choix). La personne ne se limite pas à son corps ; celui-ci ne se résume pas au sexe. Le corps fait partie de l'être, mais ce dernier n'est pas tout corporel. Comme l'illustrent la chasteté avant le mariage ou le célibat ecclésiastique, l'être humain n'est pas entièrement soumis à son sexe biologique ; l'identité dépend aussi des différents rôles sociaux de la personne. Celle-ci n'est pas qu'un donné biologique ; elle est aussi un construit social. Si les idéologues du genre réduisent l'identité de la personne à sa volonté (prométhéenne ?), leurs adversaires auraient tort de se faire les défenseurs d'un naturalisme biologiste. L'idéologie du genre est un constructivisme quand elle nie la nature humaine sexuée ; mais sa critique serait tout aussi réductrice si elle enfermait l'identité de la personne dans son corps. Se tromper d'angle d'attaque contre le *gender* pourrait rendre le combat totalement stérile. Or, sans l'avoir voulu, les théoriciens du genre ont indirectement remis à l'honneur l'idée de *persona*, notion centrale de la philosophie du droit alternative à celle qui fonde leur position. Répondre au *gender* ne suppose-t-il donc pas de défendre à nouveau le principe d'un droit attribué aux personnes (individuelles et collectives) en fonction de leurs mérites ?

De manière plus générale, la nouvelle conception des droits de l'homme s'inscrit dans cette idée : la valorisation de la puissance de la volonté. Si l'autonomie, physique ou intellectuelle, n'est pas jugée suffisante, l'être n'est pas considéré comme authentiquement humain et les droits attributs de son humanité lui sont refusés. Si en revanche il jouit de sa volonté et de sa rationalité, l'individu peut revendiquer que ses facultés soient appréhendées comme des droits. Ce n'est plus l'ontologie qui fait l'homme, mais l'exercice de la liberté (y compris et peut-être surtout lorsqu'elle est transgressive). C'est ainsi que l'enfant à naître peut être éliminé, même s'il est génétiquement humain, puisqu'il n'est pas considéré comme autonome : il ne respire pas seul. Mieux (ou pire) : n'étant pour rien dans son existence, son absence de volonté se retourne contre lui, malgré sa parfaite innocence.

Du constructivisme social à l'auto-construction individuelle

S'impose l'idée que seul l'homme qui a la force de se déconstruire et de se reconstruire est véritablement digne d'être considéré comme une personne[12]. Dans le fond, l'homme qui se soumet à sa nature est, *de facto*, ravalé au niveau de l'animal ou de la chose. N'est vraiment humain que celui qui se rebelle contre son humanité naturelle. Perfectible, l'homme doit chercher à s'arracher de sa propre nature. Telle est la position de l'idéologie post-humaniste où la volonté de l'individu doit dominer, dépasser et même remplacer la nature humaine. Celle-ci ne serait vraiment humaine qu'à la condition d'être augmentée[13]. Dans *Le meilleur des mondes* (1932), Aldous

12. Paulin Sabuy, « La question du dualisme anthropologique, Une analyse d'après Robert Spaemann », in *Acta philosophica*, 2000, vol. 9, p. 241-265.
13. Jean-Marie Le Méné, *Les premières victimes du transhumanisme*, Paris, Pierre-Guillaume de Roux, 2016.

Huxley avait comme prophétisé cette évolution : « La révolution véritablement révolutionnaire se réalisera non pas dans le monde extérieur, mais dans l'âme et la chair des êtres humains. » En affirmant l'existence d'un droit à mettre au monde un enfant qui ne soit pas affecté par la maladie (*Costa et Pavan c. Italie*, 28 août 2012[14]), la Cour européenne des droits de l'homme a intégré les techniques de dépistage génétique (autrement dit l'eugénisme) dans la définition de la nature humaine. Ainsi, une limitation à la volonté individuelle n'est-elle plus acceptée si elle est uniquement fondée sur une certaine conception de l'homme, celui-ci étant supposé en constante évolution et redéfinition. Dans cette logique, la Cour de Strasbourg s'est fait le défenseur de la liberté de définir son appartenance sexuelle, celle-ci devant être analysée comme un élément essentiel du « droit à l'autodétermination » (*Y. Y. c. Turquie*, 10 mars 2015).

Étant donné les fondements philosophiques de la société moderne, la présente situation est parfaitement logique : elle s'inscrit dans la continuité du contractualisme social. Puisque la société est considérée comme un artifice, l'homme peut également envisager de se construire lui-même. À cela peut s'ajouter la justification des théories évolutionnistes : de même que l'homme est supposé avoir déjà évolué naturellement, il a désormais la capacité technique de se transformer lui-même. L'humanité d'aujourd'hui ne serait donc qu'une étape provisoire dans le processus de l'évolution. C'est ainsi que la

14. Grégor Puppinck, « L'arrêt Costa-Pavan c/ Italie et la convergence des droits de l'homme et des biotechnologies », in *Revue générale de droit médical*, décembre 2013, n° 49, p. 221-243.

dignité de l'être humain est en passe d'être entièrement subjectivisée et transformée en un droit à l'auto-construction[15]. Le glissement du concept des droits de l'homme à celui de droits fondamentaux n'a-t-il pas d'ailleurs favorisé leur détachement de la nature de l'être humain ? Voilà pourquoi et comment des revendications dites « sociétales » peuvent, à la fois, nier le donné de la nature humaine et considérer que ceux à qui sont refusés des droits voient leur humanité bafouée.

15. Anne-Claire Aune, *Le phénomène de multiplication des droits subjectifs en droit des personnes et de la famille*, préf. d'Anne Leborgne, Aix, PUAM, 2007 ; Alain de Benoist, *Les démons du bien, Du nouvel ordre moral à l'idéologie du genre*, Paris, Pierre-Guillaume de Roux, 2014.

Chapitre 18

Santé publique : la perversion des bons sentiments

Il est couramment admis que les sondages sont sujets à caution. Les réponses données par les personnes interrogées dépendent très largement de la formulation de la question posée. L'opinion publique, ou du moins la perception qu'il est possible d'en avoir, peut être en partie fabriquée et pas seulement constatée[1]. La question de l'euthanasie l'illustre « à merveille ». À l'intimidation s'ajoute d'ailleurs un autre phénomène, mis au jour par Gabriel Tarde[2] : l'imitation. Par souci d'intégration sociale, l'individu épouse les idées dominantes du groupe, ce qui provoque un effet d'entraînement. N'étant pas omniscient, il formule des avis à l'aide des formulations fournies par les hommes politiques, les journalistes et les sondeurs.

Une fabrication de l'opinion publique

L'acceptation de la légalisation de l'euthanasie est très variable selon qu'il est ou non donné aux sondés la possibilité de préférer le recours aux soins palliatifs. Ainsi, à

1. Loïck Blondiaux, *La fabrique de l'opinion, Une histoire sociale des sondages*, Paris, Seuil, 1998.
2. Gabriel Tarde, *Les lois de l'imitation*, Paris, Alcan, 1890.

l'automne 2014, 96 % des personnes interrogées considéraient-elles que la loi française devrait autoriser les médecins à mettre fin à la vie des personnes atteintes de maladies insupportables et incurables si elles le demandent[3]. Mais, quelques semaines plus tard, un autre sondage établissait que seuls 47 % des Français désiraient que, dans le cas où ils seraient atteints d'une maladie grave en phase terminale, soit opérée sur eux une euthanasie, 53 % d'entre eux préférant pouvoir bénéficier de soins palliatifs[4]. La même enquête révélait que 95 % des Français pensaient utile de développer les soins palliatifs pour améliorer la prise en charge et l'accompagnement des personnes en fin de vie.

Les lobbys progressistes profitent à plein de l'imprécision du vocabulaire. Les spécialistes de la propagande n'ignorent pas que, pour obtenir sinon l'adhésion réelle du moins la neutralité de l'opinion publique, cela suppose de déplacer d'abord le débat sur le terrain de l'affectif en exploitant des cas, plus ou moins probants, appelant la compassion[5]. Le recours aux sentiments paralyse le discours rationnel de l'adversaire. Les repères étant émoussés, il est alors possible de faire glisser le sens des mots dans une perspective favorable à sa cause et d'imposer un vocabulaire spécifique orientant et canalisant le débat.

---

3. Ifop, *Le regard des Français sur la fin de vie*, Enquête pour l'*ADMD* (échantillon de 977 personnes), octobre 2014.
4. Ifop, *Les Français et la fin de vie*, Enquête pour *Ouest France* (échantillon de 1 005 personnes), décembre 2014.
5. Tugdual Derville, *La bataille de l'euthanasie, Enquête sur les sept affaires qui ont bouleversé la France*, Paris, Salvator, 2012.

Alors que le terme euthanasie signifie simplement « bonne mort », son sens a été étendu pour englober la mort volontaire afin d'échapper à d'éventuelles souffrances. Les partisans de l'euthanasie utilisent même le slogan de « mourir dans la dignité ». Leur propagande peut difficilement s'afficher comme une obsession narcissique de l'éternelle jeunesse. Mais, monopoliser une notion à connotation morale permet d'intimider le contradicteur : il est en effet délicat de s'opposer à « la » dignité. Mais celle qu'instrumentalisent les pro-euthanasie est purement matérialiste : ses critères sont physiques (ne pas donner spectacle de sa déchéance) et la nature culturelle de l'être humain est évacuée.

Compassion morbide et acharnement euthanasique

De même, leur dialectique amalgame des notions distinctes. La plus courante des confusions identifie la prescription de sédatifs (comme la morphine) dans le but de maîtriser la douleur avec l'injection de substances mortifères[6]. Il existe pourtant une profonde différence entre la prévision (la mort est possible) et l'intention (la mort est délibérément provoquée), entre ce qui n'est qu'une conséquence incertaine de l'acte et sa finalité.

6. Lucien Israël, « Causes et conséquences sociales de la revendication euthanasique », propos recueillis et appareil critique établi par Guillaume Bernard, in *Euthanasie et responsabilité médicale, Essais de philosophie pénale et de criminologie*, V, Paris, Eska, 2005, p. 49-63.

L'expression d'euthanasie passive n'est donc pas recevable car il n'y a d'authentique euthanasie qu'active ayant pour but de tuer. Celle-ci ne peut donc être justifiée par les soins visant à calmer des souffrances.

L'opinion publique déstabilisée et les termes du débat manipulés, la stratégie de conquête utilise ensuite l'encerclement. La divulgation par étapes de l'objectif final facilite l'acceptation petit à petit de ce qui, de prime abord, pourrait heurter. La mise en place de dispositions juridiques conduisant à l'euthanasie est faite progressivement.

Alors que l'accès aux soins palliatifs est assez théorique, la frontière entre laisser et faire mourir est devenue plus que perméable. La loi Leonetti du 22 avril 2005 a constitué une première étape vers l'euthanasie en permettant, sous prétexte d'éviter l'acharnement thérapeutique, de ne pas entreprendre un traitement ou d'arrêter des soins, la jurisprudence[7] ayant inclus dans ceux-ci l'hydratation et l'alimentation artificielles. Une dizaine d'années plus tard, la loi Claeys-Leonetti du 2 février 2016 permet de plonger, à sa demande, un patient présenté comme étant en phase terminale dans une sédation profonde et continue provoquant une altération de la conscience maintenue jusqu'au décès. Sous prétexte de ne pas prolonger inutilement la vie, il ne s'agit donc pas d'endormir le patient qui va mourir (sédation en phase

7. Conseil d'État, 24 juin 2014, *Mme F.* : arrêt rendu dans le cadre de l'affaire de Vincent Lambert. Cette position a été confirmée par la Cour de Strasbourg : CEDH, 5 juin 2015, *Lambert et autres c. France*. Sur ce sujet, cf. Viviane LAMBERT, *Pour la vie de mon fils*, Paris, Plon 2015.

terminale) mais de l'endormir pour le faire mourir (sédation terminale). Là, l'euthanasie est à peine voilée.

La mise à mort pour tous

Parallèlement, légitimer l'euthanasie passe par le contournement. Rejeter le « suicide assisté » créerait une discrimination entre celui qui a la capacité physique de mettre fin à ses jours et celui qui ne l'a pas. Cependant, la dépénalisation du suicide ne confère pas à l'individu un droit subjectif susceptible d'être transféré à un tiers, mais constate simplement une faculté (qu'il est d'ailleurs discutable de mettre en œuvre puisque personne ne se donne à lui-même la vie). De plus, l'inégalité est inscrite dans les faits et n'est pas produite par le droit ; sa modification ne changerait pas l'aptitude des personnes mais ne conduirait qu'à autoriser voire imposer la pratique de l'homicide.

C'est pourtant ce à quoi est arrivée la Cour européenne des droits de l'homme en s'appuyant sur une philosophie faisant de la volonté individuelle le critère de légitimité de l'acte. La juridiction de Strasbourg a glissé de la faculté de se suicider vers un droit subjectif d'exiger de se faire tuer[8]. Dans un premier temps, elle a admis un droit au respect de l'autonomie personnelle mais conditionné par les exigences de sécurité et de santé publiques (*Pretty*

8. Gregor Puppinck, Claire de La Hougue, « *The Right to assisted suicide in the case law of the European court of human rights* », in *The international journal of human rights*, juillet 2014, vol. 18, p. 735-755.

c. *Royaume-Uni*, 29 avril 2002). Puis, avec l'arrêt *Hass c. Suisse* (20 janvier 2011), elle a fait passer le suicide assisté de la qualité de liberté individuelle à celle de droit conventionnel : la juridiction a créé de toutes pièces le principe nouveau selon lequel le droit d'un individu de décider de sa mort était l'un des aspects du droit au respect de la vie privée. Dès lors qu'il était reconnu au suicide assisté la qualité de droit subjectif, il devenait logique qu'elle considérât que l'État devait être garant de la jouissance effective de ce droit (le droit-liberté entraînant le droit-créance) : l'État doit justifier de son refus de faciliter le suicide (*Koch c. Allemagne*, 19 juillet 2012). Les conditions d'exercice du droit au suicide assisté doivent même être suffisamment précises pour qu'il n'y ait pas d'ambiguïté sur qui a le droit d'y avoir accès (*Gross c. Suisse*, 14 mai 2013).

La propagande pro-euthanasie feint d'ignorer que celui qui tue, prétendument par pitié, n'est pas en état de légitime défense et que le consentement de la victime n'est pas une cause exonératoire de culpabilité. La volonté du malade peut être manipulée et son consentement vicié : la demande d'euthanasie peut être provoquée en exploitant l'abnégation et le désir de discrétion d'une personne fragile. Il est plus facile de la démoraliser que de lui donner courage. N'est-il pas cocasse que l'idéologie progressiste désespère de la science et suppose des maladies totalement incurables ?

Dans le monde enjôleur de « l'euthanasie pour tous », les dérives possibles ne sont jamais évoquées[9]. Mais, une

9. Jean-Claude Martinez, *Euthanasie, Stade suprême du capitalisme*, Versailles, Via Romana, 2013.

fois légalisée, ne pourrait-elle pas être utilisée dans un but individualiste (dissimuler un assassinat) ou à des fins collectives (eugénisme, diminution des dépenses sociales) ? Qui, alors, des pro- ou des anti-euthanasie se révéleraient les réels défenseurs de la dignité de la personne ?

L'euthanasie et le suicide assisté illustrent l'imbrication moderne de l'individualisme et du collectivisme : sous un certain angle, ils manifestent l'exacerbation de la liberté de l'individu qui entend choisir le moment de sa mort ; sous un autre, ils conduisent à une collectivisation de la responsabilité par l'exigence d'obtenir la mort donnée par un autre et avec l'autorisation de la société. Cette collectivisation en rejoint une autre tout aussi inquiétante : celle des cadavres.

Altruisme macabre et collectivisation des cadavres

Le consentement présumé du don d'organes a été mis en place par la loi de modernisation du système de santé (26 janvier 2016). Des prélèvements pourront être pratiqués sur une personne majeure décédée dès lors qu'elle n'aura pas fait connaître, de son vivant, un refus explicite de se voir soustraire un organe. Quant aux familles des défunts – dont un tiers s'oppose, dans la pratique, à tout prélèvement –, elles seront uniquement informées et non plus consultées. En revenant aux dispositions de la loi Caillavet du 22 décembre 1976, qui avaient été corrigées en juillet 1994, cette mesure vise à réduire le déficit d'organes destinés aux patients en attente de greffe.

Si le don (d'une partie) de soi peut être un geste de fraternité (pour soulager la souffrance voire guérir), la valeur altruiste de cet acte suppose qu'il soit décidé librement. Contraint, le don est dénaturé. Quelle est donc la logique d'un tel ordonnancement ? La contradiction entre l'individualisme forcené des vivants (disposition totale de soi jusqu'à la revendication euthanasique) et la collectivisation rampante des cadavres (résultant de l'automaticité du prélèvement si l'organe est sain) n'est qu'apparente. Deux justifications assurent la cohérence de cette combinaison. D'une part, une vision particulière de la dignité humaine où seul l'être faisant preuve d'une autonomie de la volonté guidée par la raison est considéré comme pleinement humain et respectable. L'enfant à naître, le comateux et qui plus est le cadavre ne remplissent pas cette condition ; ce dernier peut donc être traité – en attendant le clonage dit thérapeutique – comme un stock de pièces détachées de rechange. Et d'autre part, une conception contractualiste et déracinée de la société : celle-ci est supposée se construire en permanence, le passé étant perçu comme définitivement révolu. Qu'importe donc l'assentiment des familles puisque les liens intergénérationnels sont rompus. La terre renie ses morts. Dans ces conditions, pourquoi continuer à respecter les volontés testamentaires ou à incriminer la profanation de sépulture ?

Une bien utile redéfinition de la mort

Cependant, il y a plus délicat encore que la contrainte du don d'organe qui en annihile l'altruisme. Le moment du prélèvement pose aussi problème : le danger d'un prélèvement d'organe *ante-mortem* est bien réel[10]. En effet, la mort était jusqu'à peu identifiée à l'arrêt des battements du cœur et à l'exhalaison du dernier souffle : c'était la mort cardiaque. Mais, en août 1968, une nouvelle définition de la mort a été proposée à la *Harvard medical school* et s'est très rapidement imposée. Désormais la mort est encéphalique : elle consiste dans la cessation irréversible de toutes les fonctions du cerveau, celle-ci étant constatable… à l'autopsie. Identifier la mort de l'être humain à celle de son cerveau c'est, là encore, confondre humanité et rationalité. Ainsi, un patient dans le coma qui respire et dont le cœur bat peut-il être considéré comme un cadavre. Et pourtant, des morts cérébraux ont pu grandir, assimiler des nutriments, combattre des infections et même mener une grossesse à terme. Voilà des morts bien vivants ! La fiabilité de la détermination cérébrale de la mort est donc discutable. Le moment du passage de la vie à trépas est incertain. Prudemment, l'Église catholique administre le sacrement de l'extrême-onction à des personnes sous assistance respiratoire qu'elle estime donc comme encore vivantes.

Ne pas maintenir de manière disproportionnée la vie (laisser mourir) en interrompant, avant l'arrêt cardiaque,

10. Paolo Becchi, « La position de l'Église catholique sur la transplantation d'organes à partir de cadavres », in *Revue d'éthique et de théologie morale*, 2007-4, n° 247, p. 93-107.

les appareils de respiration artificielle – comme Pie XII en a admis, en 1957, la possibilité –, n'équivaut nullement à la volonté délibérée de mettre fin à la vie : les finalités sont différentes. Or, en assimilant à des cadavres des personnes peut-être en fin de vie, mais encore vivantes, le critère cérébral de la mort augmente le nombre d'organes utilisables pour une transplantation. L'admettre sans discuter, c'est accepter le risque que des personnes puissent être tuées parce qu'un organe vital leur est prélevé dans le but d'assurer la survie temporaire d'un autre jugé (rationnellement ?) devoir être privilégié. Le prétendu don d'organe pourrait alors se révéler être une authentique prédation.

La médecine hippocratique s'efface peu à peu pour laisser la place à un monstre saturnien qui dévore ses enfants.

Chapitre 19

Chronique d'une mort programmée de la famille

La question du maintien ou de l'abrogation de la loi Taubira (17 mai 2013) illustre parfaitement les techniques du marketing politique. Chacune des positions envisageables est représentée par au moins un ténor de la droite modérée (LR) : l'un est pour l'adoption comme pour le mariage (Alain Juppé) ; d'autres sont pour le second mais plutôt contre la première (Bruno Le Maire, François Fillon) ; il y a, enfin, celui qui est opposé aux deux (Hervé Mariton). Et, ambitionnant d'être au-dessus, dans la position du rassembleur, l'homme de la synthèse (Nicolas Sarkozy) préconise de réécrire la loi : cela laisse entendre que si certaines dispositions pourraient être revues, d'autres seraient susceptibles d'être maintenues.

Les techniques du marketing politique

Voilà comment ce parti compte, sur un sujet qui le divise plus que les autres (la gauche est, à part quelques individualités, favorable à la loi tandis que le FN a annoncé sa volonté de l'abroger), ratisser le plus largement possible, ceci n'excluant d'ailleurs pas la guerre des chefs pour la prééminence personnelle. Au nom de l'unité du mouvement et de la hiérarchie des priorités politiques, il ne sera permis à aucune de ces tendances de l'emporter sur les autres ; toutes devront cohabiter pour qu'à chaque élection les différents segments de l'électorat puissent se prononcer en faveur de ce parti.

Quant au FN, sa position sur la loi Taubira est quelque peu ambiguë : d'un côté, il n'a pas appelé à manifester (même si certains de ses membres éminents ont participé aux cortèges tout en n'étant que très tardivement invités sur la tribune, ce qui les a profondément vexés et a montré le manque d'habileté de LMPT) et, de l'autre, il est le seul parti à s'être explicitement engagé pour son abrogation (tout en voulant élargir les modalités du PACS). Il est assez vraisemblable que la direction du FN n'avait pas envisagé l'étendue de la mobilisation de 2013 et n'a pas voulu avoir l'air, contrairement à d'autres, de prendre le train en marche. En outre, il est possible qu'elle ait préféré ne pas heurter de front les homosexuels (qui, dans leur majorité, n'ont d'ailleurs pas, semble-t-il, l'intention de se marier), considérant qu'ils étaient susceptibles de se rallier au FN par hostilité envers l'islam[1]. Enfin, et surtout, elle sait que même si le vote FN progresse parmi les catholiques, son ressort n'est pas directement lié aux valeurs religieuses, mais à la question identitaire.

Tous ces partis montrent que la cohérence doctrinale n'est pas leur principale inquiétude. La quasi-totalité des forces politiques, partis et candidats, ne cherchent-elles pas à être « attrape-tout » ? Elles pratiquent donc la

1. François Kraus, « Après Orlando… Le FN face aux enjeux du vote gay et des questions de société », in *La lettre de l'opinion*, juillet 2016, n° 99, p. 2-3.

segmentation du discours politique pour envoyer des signaux aux différentes strates du corps électoral en tablant sur le fait qu'aucune ne procédera à une analyse globale du discours qui révélerait les contradictions. Tenir des propos ambigus, confus ou à double sens, permet de laisser la responsabilité de l'interprétation au récepteur. Chaque électeur peut comprendre à sa guise, selon son prisme idéologique ; désillusions et ressentiments ne viennent qu'après le scrutin et donc trop tard pour se raviser. Mais la stratégie du grand écart, pour ne froisser personne, risque à terme de décevoir un assez grand nombre. À jouer ce jeu, la distorsion entre les élites politiques et les citoyens ne peut que s'aggraver encore.

Le clivage doctrinal de fond

Il est vrai que les politiques peuvent arguer de la prohibition du mandat impératif depuis la Révolution française : il est impossible de destituer un élu parce qu'il irait à l'encontre de ce qu'il avait annoncé pour obtenir son mandat. La formule est bien connue : les promesses électorales n'engagent que ceux qui y croient. L'ancien chef de l'État l'a explicitement avoué lors d'un meeting de Sens commun en novembre 2014 : « Si cela vous fait plaisir, franchement, ça ne coûte pas très cher » ! Malgré ses déclarations d'intention (qu'elles aient été ou non sincères), il est toujours loisible à un président de la République de ne pas tenir certains de ses engagements en invoquant, sur une mesure, des circonstances peu favorables ou l'absence de majorité parlementaire.

Et, en effet, il est certain que les élus de droite sont, sur les questions de mœurs et de bioéthique, d'identité et de culture, profondément divisés. Sur ces sujets, le clivage politique ne passe pas entre la droite et la gauche (définies d'un point de vue électoral) mais, de manière sinueuse, au sein de la première. C'est dans l'opposition entre la défense (classique) d'un ordre naturel des choses et les partisans (modernes) d'un artificialisme juridique que réside le marqueur de différenciation de la droite et de la gauche au sens idéologique des termes. L'avenir de la loi Taubira est donc hautement significatif. Si elle revenait au pouvoir sans l'abroger, la droite révélerait partager les idéaux sociétaux de la gauche et n'avoir avec elle qu'une différence de degré et non de nature.

L'opposition entre pensées classique et moderne s'illustre parfaitement avec la question du mariage homosexuel et de l'adoption par des couples de même sexe. Au cours de l'histoire, les sociétés ont été plus ou moins tolérantes vis-à-vis des pratiques homosexuelles. Pour autant, jusqu'à récemment, aucune ne les avait jamais élevées au rang de l'institution du mariage. D'ailleurs, si celui-ci peut canaliser la sexualité, il n'est pas voué à elle et ne s'y réduit pas. Il est l'union profonde, presque fusionnelle, de deux êtres en vue de protéger, échanger et transmettre. Le mariage n'est donc pas seulement le signe d'une relation de deux personnes, mais le moyen d'inscrire la famille qu'il officialise dans un ensemble plus vaste, la société qui, au nom de l'ordre public, lui impose des règles comme la prohibition de l'inceste ou l'obligation alimentaire et, donc, limite la liberté contractuelle des époux. Ainsi, madame Christiane Taubira a-t-elle eu raison d'affirmer que la loi sur le « mariage pour tous » engageait une authentique « réforme de civilisation[2] ».

La subjectivisation du lien familial

La transformation de la famille traditionnelle a d'ailleurs été pleinement actée par la Cour européenne des droits de l'homme. Elle a donné une définition de la vie familiale fondée sur la volonté des individus et non plus sur une relation objective ayant une finalité procréatrice et éducatrice[3]. Elle considère le mariage comme un droit en soi, *in abstracto*. L'arrêt *Goodwinn c. Royaume-Uni* (11 juillet 2002) affirme que le droit de se marier existe de façon autonome, indépendamment de la notion de famille. De même, elle considère que les relations homosexuelles sont un mode légitime de vie familiale (*Schalk et Kopf c. Autriche,* 24 juin 2010) : les relations qu'entretient un couple homosexuel cohabitant de manière stable relèvent de la notion de vie familiale au même titre qu'un couple hétérosexuel. Dans cette définition, ni le mariage ni la présence d'enfants ne sont nécessaires pour qu'il y ait une vie familiale. Avec l'arrêt *Vallianatos c. Grèce*

2. *Ouest France*, 7 novembre 2012.
3. Grégor Puppinck, « L'affaire *Vallianatos et autres c/ Grèce* et la dilution progressive de la notion de vie familiale », in *RLDC*, janvier 2014, 111, p.79-83.

(7 novembre 2013), la CEDH en est arrivée à considérer que la cohabitation n'est même plus nécessaire.

En matière de filiation, la juridiction de Strasbourg (*Mennesson c. France* et *Labassee c. France*, 26 juin 2014) ne condamne pas l'interdiction par un État de la GPA, mais intègre cette pratique dans les droits de l'homme[4] : dès lors qu'une filiation est établie dans un pays, l'enfant doit bénéficier partout ailleurs d'une sécurité juridique, le refus de reconnaissance (transcription à l'état civil) de la filiation (l'un des deux parents commanditaires ayant un lien biologique avec l'enfant) portant atteinte au droit au respect de la vie privée. Il est donc permis aux adultes de traiter l'enfant comme une chose, un objet de contrat. Mais la CEDH est allée encore plus loin au nom du respect de toute forme de vie familiale, celle-ci résultant de la seule volonté des adultes (*Paradiso et Campanelli c. Italie*, 27 janvier 2015[5]). La vie familiale mérite protection indépendamment de sa cause, y compris, d'une part, s'il n'y a aucun lien biologique entre les parents commanditaires et l'enfant et, d'autre part, s'il y a eu vente de gamètes et contrat de gestation pour le compte d'autrui. Cette jurisprudence conduit à ce qu'un État qui interdirait la GPA dans son droit interne serait, de toute manière, contraint

4. Grégor Puppinck, Claire de La Hougue, « Cour européenne des droits de l'homme : vers la libéralisation de la GPA, À propos des affaires Mennesson c/ France et Labassee c/ France », in *RLDC*, septembre 2014, 118, p. 78-84.

5. G. Puppinck, Claire de La Hougue, « Paradiso et Campanelli c/ Italie : la CEDH entérine une *vente d'enfant par GPA* », in *RLDC*, mai 2015, 126, p. 41-45.

de reconnaître la vie familiale issue d'une telle pratique réalisée à l'étranger.

Conjugalité et sociabilité

Cependant, la famille est-elle un corps social donné par un ordre des choses (position classique) ou une construction artificielle (orientation moderne) ? Dans ces deux approches, un consentement doit être exprimé par chacun des époux. Cependant, dans la vision moderne, la volonté prétend créer seule le corps social, en lui donnant ses fondements et règles de fonctionnement. À l'inverse, pour la pensée classique, la volonté n'est qu'un moyen de s'inscrire dans une institution sociale qui dépasse ses membres et dont la définition ne dépend pas d'eux.

Quel degré d'altérité est nécessaire pour qu'une relation d'amour puisse être matérialisée dans et par un lien matrimonial[6] ? Si l'amour est plus que souhaitable dans le cadre d'un mariage (à moins d'y réduire notamment la sexualité à la bestialité[7]), toute relation d'amour n'aboutit pas et ne peut donner naissance à une relation intime et un lien conjugal. En effet, une parenté – tant biologique que sociale – trop proche exclut le

6. Xavier Lacroix, *La confusion des genres*, Paris, Bayard, 2005 ; Tony Anatrella, *Le règne de Narcisse, Les enjeux du déni de la différence sexuelle*, Paris, Presses de la Renaissance, 2005.

7. Jean-Marc Joubert, « La sexualité comme réalité et comme métaphore, et ses limites », in *Le messager orthodoxe*, 2004, n° 141, p. 26-41.

mariage, en particulier s'il devait y avoir une conjonction avec un ascendant ou un descendant.

Dans le mariage, la dualité des sexes est-elle nécessaire ? L'amour ne suppose nullement l'altérité homme-femme, mais cette dernière est indispensable à la procréation (y compris dans le cadre de la procréation médicalement assistée[8]) et donc à la projection des personnes dans l'avenir. Pour la modernité, le mariage peut être une fin en soi (officialiser l'amour entre deux individus) et se réduire au couple. Cependant, puisque le droit moderne est fondé sur la nature humaine et que celle-ci est sexuée, il existe une contrainte anthropologique imposant que le mariage soit l'union d'un homme et d'une femme. Quant à la pensée classique, elle voit dans le mariage un moyen pour réaliser une finalité plus large : perpétuer le lignage. Dans ce cas, n'importe quelle rencontre de volonté ne peut l'incarner : certains choix de vie sont intrinsèquement « anti-institutionnalisants », tandis que d'autres ne le sont que circonstanciellement. Ce n'est pas l'hétérosexuel (ou l'homosexuel) qui a le droit (ou non) de se marier, c'est la personne (en tant qu'homme ou femme) qui, sous certaines conditions notamment d'âge (majorité matrimoniale), se voit reconnaître la faculté (ordonnée à une fin sociale et non individualiste) de se marier.

8. Aude Mirkovic, *PMA, GPA, Quel respect pour les droits de l'enfant ?*, Paris, Téqui, 2e éd., 2016.

Parenté et responsabilité

Pour ce qui concerne la définition du droit, là encore, pensées classique et moderne méritent d'être distinguées. Pour la première, le droit est une chose ou un pouvoir attribué à une personne (individuelle ou collective) en fonction de son rôle social, en raison de ses mérites : le droit s'inscrit dans le cadre d'une relation d'altérité. Pour la seconde, le droit est une puissance que l'homme possède en lui-même en tant qu'il est un être humain : il est un droit subjectif.

Cette différence d'approche a des conséquences quant à la relation de l'enfant avec ses parents. Dans la pensée classique, l'autorité que ces derniers exercent sur l'enfant est fondée sur la fonction qu'ils remplissent vis-à-vis et au profit de celui-ci (en particulier la protection et l'éducation). Dans la vision moderne, elle est inscrite dans le droit qu'a l'adulte d'être parent : c'est parce que (et si) l'adulte le désire qu'il a un enfant. Ainsi, pour la pensée classique, la question de l'adoption par un « duo » homosexuel consiste moins à savoir s'il est ou non naturellement stérile – puisqu'en raison même de l'adoption, filiation biologique et sociale peuvent effectivement être dissociées –, mais à déterminer si un homme peut jouer le rôle d'une mère ou, à l'inverse, une femme remplir la fonction d'un père[9]. Pour la conception classique du droit, les rôles de père et de mère ne sont pas interchangeables.

9. Michel Boyancé, *Masculin, féminin, Quel avenir ?*, Paris, Edifa-Mame, 2007.

Dans la vision moderne, l'égalité des droits repose sur l'identité de nature des hommes. Ne pas reconnaître les mêmes droits à deux personnes identiques revient à nier ou à édulcorer la nature humaine de celle qui est, ainsi, discriminée. Mais, d'une part, encore faut-il qu'il y ait identité de situation : il paraît délicat de revendiquer une égalité au nom d'une singularité. D'autre part, si le droit appartient à l'homme en tant qu'il est un être humain, l'enfant a lui aussi des droits, à moins de le réduire à une chose, un objet de transactions : étant nécessairement issu d'une conjonction masculine et féminine, l'enfant n'a-t-il pas le droit intrinsèque à son humanité de ne pas avoir (artificiellement) deux mères ou deux pères, le droit de ne pas se voir imposer une « homo-filiation » invraisemblable ?

Celle-ci pourrait d'ailleurs conduire à une collectivisation (et donc à la dissolution) des liens intergénérationnels aboutissant à l'atomisation de la société (face à la puissance publique). Ainsi, d'aucuns peuvent-ils craindre que la famille ne soit, à terme, plus porteuse et reproductrice d'une identité propre mais transformée, à l'image des institutions scolaires, en une éducatrice à l'idéologie du régime politique en place[10]. Il est vrai que l'emprise de la puissance publique sur l'instruction des enfants est quasi-totale, même dans le cadre de l'enseignement à domicile[11] ou dans les établissements primaires

10. Yves Morel, Godefroy de Villefollet, *En finir avec l'école républicaine*, Poitiers, DMM, 2015.

11. Alexandre Desrameaux, « L'instruction à domicile, Une survivance sous surveillance », in *AJDA*, 1er août 2009, n° 8, p. 9-16.

et secondaires dits privés[12] jusqu'à l'université (où l'État dispose du monopole de la collation des grades[13]).

Au-delà des évolutions récentes, la famille[14] est mise à mal par l'acceptation et la promotion de nombre de revendications hédonistes. La famille est en passe d'être déstructurée par l'action conjointe des libéraux et des socialistes.

L'atomisation de la famille

Libéraux (classés à droite) et socialistes plus ou moins sociaux-démocrates (positionnés à gauche) s'accordent sur des mesures progressistes. Cela tient au fait que leurs philosophies politiques reposent sur la même hypothèse contractualiste. Les individus disposent, en raison de leur égale humanité, de droits identiques. Ceux-ci sont, à l'état de nature, l'instrument de l'insécurité ; mais, à l'occasion du contrat social, leur abandon permet l'émergence de la puissance publique devant assurer la coexistence pacifique. Pour les libéraux, ce transfert de droits est partiel et limité au strict minimum : les individus conservent des droits naturels dans l'état de société. Pour les socialistes, il est total : les individus ne disposent

12. Ferdinand Bellengier, *Le chef d'établissement privé et l'État*, Paris, Berger-Levrault, 3e éd., 2004 ; Pierre de Laubier, *L'école privée… de liberté*, s.l., 2015.

13. Pierre-Henri Prélot, « Le monopole de la collation des grades, Étude historique du droit positif et de ses évolutions contemporaines », in *RDP*, 2008, n° 5, p. 1264-1303.

14. Sur le droit positif de la famille, cf. Aude Mirkovic, *Droit de la famille et des personnes*, Levallois-Perret, Studyrama, 4e éd., 2014.

plus que des droits distribués par l'État. Tous s'accordent sur le fait que les corps sociaux, comme la famille, n'existent pas en tant que tels, mais sont le fruit d'une construction de l'homme.

Le droit n'est plus une attribution à la personne en fonction du rôle qu'elle remplit ; la volonté n'est plus le moyen de s'inscrire dans un ordre cosmologique des choses dépassant l'individu : elle devient le principe de toute légitimité. D'un côté, c'est la rencontre de volontés des libéraux dans le contrat s'épanouissant en dehors de la contrainte restreinte de l'ordre public. Seule l'absence du consentement d'autrui peut limiter l'initiative de l'individu. De l'autre, c'est la volonté générale des socialistes dans laquelle les individus se sont fondus, ayant abdiqué leur individualité dans le tout. Ainsi, la personne (comme l'enfant) doit-elle être arrachée au déterminisme social (en particulier familial) pour être socialisée (formatée) de manière égalitaire (c'est-à-dire uniforme).

La collectivisation des personnes

Certes, il n'y a plus guère d'hommes politiques pour ouvertement préconiser la disparition de toute sphère privée. Cependant, comme il n'y a pas de différence de nature, mais seulement de degré, entre les idéologies libérale et socialiste, il s'avère que la première permet d'atteindre au moins une partie des objectifs de la seconde. Les évolutions (récentes ou envisagées) en matière de mœurs et de bioéthique manifestent un double processus concomitant d'atomisation de la famille et de collectivisation des personnes. Les mêmes actes illustrent l'exacerbation de la liberté et la dilution de la singularité des êtres. Toutes les tendances de l'idéologie moderne y trouvent donc leur compte : la satisfaction des libéraux tient à la reconnaissance de la puissance individualiste, celle des socialistes à la réanimation de leur idéal collectiviste.

La libéralisation des mœurs (multiplication des pratiques et des partenaires sexuels) sert l'assouvissement des pulsions égocentriques de l'individu, tout en conduisant à l'éparpillement de la personne et à la collectivisation de son corps. La procréation médicalement assistée avec donneur et l'adoption par des couples homosexuels permettent de contenter le désir d'enfant, tout en démultipliant les filiations (biologiques et juridiques). La libéralisation envisagée de la recherche des origines biologiques est supposée favoriser la quête d'équilibre psychologique de la personne adoptée, mais déstructure les liens familiaux enracinés dans l'éducation de l'enfant. L'établissement possible d'un statut du beau-parent facilite la vie sentimentale des adultes, mais collectivise l'autorité parentale. La préconisation de l'individualisation de l'impôt sur le revenu au sein du couple est justifiée par l'émancipation de la femme (poussée à travailler à l'extérieur de son foyer...), mais provoque l'abandon de l'éducation des enfants aux pouvoirs publics. Pour couronner le tout, d'aucuns ne préconisent-ils pas de légaliser la polygamie et le « mariage » unissant plus de deux personnes ?

La déstructuration de la famille traditionnelle favorise l'emprise collectiviste (aussi bien publique que privée) sur les personnes : l'individualisme fait le lit d'une forme larvée de totalitarisme d'autant plus puissante qu'elle n'est pas imposée par la force mais résulte des actes (nombrilistes) des individus eux-mêmes.

Chapitre 20

L'« avenir radieux » du totalitarisme

Le totalitarisme[1] apparaît dans le contexte de la première guerre mondiale. Il est au moins en partie lié au phénomène de la guerre totale et donc de l'expansion de l'intervention de l'État et de la « brutalisation » des sociétés européennes (ensauvagement des populations des pays belligérants et contamination de la société civile en temps de paix par les habitudes contractées pendant la guerre[2]).

L'origine du terme et l'itinéraire du concept

Le totalitarisme est un concept hybride : simultanément heuristique (il permet de classer les régimes politiques) et idéologique (il sert à dénoncer l'un d'entre eux). Géographiquement, il est d'origine italienne. Il est d'abord utilisé par les milieux antifascistes. Ce fut le libéral Giovanni Amendola qui, dans un éditorial du journal *Il Mondo* dénonça, le 12 mai 1923, les pratiques

---

1. En France, le travail novateur a été l'ouvrage suivant : Claude Polin, *L'esprit totalitaire*, Paris, Sirey, 1977.
2. George Lachmann Mosse, *De la grande guerre au totalitarisme, La Brutalisation des sociétés européennes*, trad. de l'américain, Paris, Hachette, 1999.

électorales totalitaires des fascistes. Le concept fut ensuite repris par les tenants du nouveau régime, Mussolini en tête, en particulier lors du congrès fasciste réuni à Rome les 21 et 22 juin 1925 : le totalitarisme, c'est un État total par opposition aux régimes faibles minés par la division entre la puissance publique et la société. Pie XI dénonça cette idéologie qui faisait de l'État une religion, qui voyait en lui une fin ultime et se suffisant à elle-même.

La réflexion sur le totalitarisme se développa pendant l'entre-deux-guerres mondiales dans principalement trois types de milieux intellectuels : les démocrates-chrétiens (Luigi Sturzo, Jacques Maritain), les libéraux (Elie Halévy, José Ortega y Gasset, Raymond Aron) et les dissidents du communisme (Boris Souvarine, Victor Serge). Le concept de totalitarisme s'étendit à l'Union soviétique, aspect qui se développa naturellement pendant la guerre froide. En France, l'influence intellectuelle exercée par le Parti communiste après la seconde guerre mondiale conduisit à considérer le totalitarisme comme une idée de droite (comme à l'occasion du procès fait à Victor Kravtchenko[3]). L'analyse de la notion continua toutefois à se préciser avec, en particulier, à partir des années 1950, l'œuvre d'Hannah Arendt[4]. Enfin, la dissidence[5] puis la chute du régime soviétique permirent d'inclure

3. Victor Kravtchenko, *J'ai choisi la liberté* [1946], trad. de l'américain, Paris, Self, 1947.
4. Hannah Arendt, *Les origines du totalitarisme*, suivi de *Eichmann à Jérusalem*, éd. Pierre Bouretz et *alii*, Paris, Gallimard, 2002.
5. Alexandre Soljenitsyne, *Une journée d'Ivan Denissovitch* [1962], trad. du russe, Paris, Union générale d'éditions, 1970.

définitivement le communisme dans les régimes totalitaires[6] et de briser les tabous de l'historiographie antifasciste[7].

Une notion difficilement saisissable

Tous les auteurs ne convergent pas sur les régimes devant être classés dans la catégorie du totalitarisme. Ainsi le fascisme italien doit-il ou non être mis au rang des régimes totalitaires ? Hannah Arendt ne le fit pas. Pourtant, dès le milieu de la décennie 1920, le démocrate-chrétien Luigi Sturzo[8] considérait que le bolchevisme était le fascisme de gauche tandis que le fascisme était le bolchevisme de droite. Plus récemment, Renzo De Felice s'est finalement rallié, au début des années 1980, à la position d'Emilio Gentile[9] : le régime fasciste doit être qualifié de totalitaire en raison, d'une part, de la mise en œuvre d'une politique de masse sous la direction de l'État pour empêcher la société de sombrer dans le chaos et, d'autre part, d'un objectif de dissolution du privé dans le public et la subordination de toutes les valeurs à l'État. Cependant, le processus de totalitarisation n'a été que progressif (il s'accentua quand le *Duce* voulut

---

6. Stéphane COURTOIS, dir., *Le livre noir du communisme, Crimes, terreur, répression*, Paris, Robert Laffont, 1997.
7. François FURET, *Le passé d'une illusion, Essai sur l'idée communiste au XXe siècle*, Paris, Robert Laffont-Calmann Lévy, 1995.
8. Luigi STURZO, *L'Italie et le fascisme*, trad. de l'ital., Paris, Alcan, 1927.
9. Emilio GENTILE, *Renzo De Felice, L'historien dans la Cité*, trad. de l'ital., Paris, Éditions du Rocher, 2008.

prévoir l'après-Mussolini) et ne fut jamais mené à terme (pas de pratique de la terreur et absence de l'univers concentrationnaire).

En outre, les contours du concept présentent un certain flou et son contenu est quelque peu fluctuant. De nombreux auteurs (Carlton Hayes, Carl Friedrich entre autres) se sont essayés à donner les traits caractéristiques du totalitarisme[10]. Malgré des divergences, ils s'accordent généralement sur ces points :

– le régime est révolutionnaire dans le sens où il rejette l'héritage civilisationnel traditionnel pour construire une société nouvelle ;
– le régime s'empare de tous les pouvoirs pour que l'État-parti puisse diriger l'ensemble des activités des citoyens ; il cherche donc à exercer un contrôle étroit de l'économie et à mettre sous tutelle l'ensemble des moyens de communication ;
– le régime exalte la puissance et la force ; il n'hésite pas à utiliser la violence et à mettre en œuvre une terreur policière systématique ;
– le régime met en place une idéologie globalisante ; il établit de nouvelles mythologies (d'où notamment le culte de la personnalité du chef charismatique) et se maintient par l'éducation et la propagande ;
– le régime dispose du soutien des masses et justifie ses décisions par ce soutien ; sur ce point, Hannah Arendt précisa que l'adhésion de la foule à l'idéologie du régime ne reposait pas sur la conviction mais sur

10. Bernard Bruneteau, *Le totalitarisme, Origines d'un concept, genèse d'un débat*, Paris, Cerf, 2010 ; Jean Baudouin, Bernard Bruneteau, dir., *Le totalitarisme, Un concept et ses usages*, Rennes, PUR, 2014.

son incapacité à se forger une opinion d'où découlait, d'un côté, sa passivité et, de l'autre, la capacité du régime totalitaire à la mettre en mouvement; cette explication rejoint d'ailleurs les résultats de l'expérience de Stanley Milgram[11] (force symbolique de l'autorité légale, obéissance des exécutants facilitée par la parcellisation des tâches, etc.).

La délicate comparaison des différents régimes totalitaires

Plusieurs raisons expliquent que la comparaison des régimes communiste et nazi ait, longtemps, souffert d'un déséquilibre, au bénéfice du premier: l'habileté des partis communistes de s'insérer dans l'entre-deux-guerres dans le combat antifasciste; la place de l'Union soviétique parmi les vainqueurs de la seconde guerre mondiale (malgré le pacte germano-soviétique de non-agression de 1939); la dénonciation d'une supposée intention de relativiser le génocide commis par les nazis s'il était comparé aux crimes communistes; l'aveuglement envers le communisme dont le totalitarisme n'aurait été qu'une dérive à cause de Staline et non le fonctionnement réel du régime depuis Lénine. Si les nazis étaient criminels par nature, les communistes auraient été inspirés de bonnes intentions et ne le seraient devenus que par accident. C'était notamment oublier que le goulag fonctionnait depuis des années quand Hitler

11. Stanley Milgram, *Soumission à l'autorité, Un point de vue expérimental*, trad. de l'américain, Paris, Calmann-Lévy, 1979.

arriva au pouvoir. De récents travaux ont remis profondément en cause la vision qui dédouanait le régime communiste de toute pensée criminelle intrinsèque à son système.

L'expression de génocide de classe (répondant à celle de génocide de race perpétré par les nazis) a été proposée par Klaus Hildebrand (1986). Elle est rejetée par certains auteurs parce qu'elle pourrait remettre en cause la distinction, présente notamment chez Raymond Aron[12], entre les camps de concentration (dont la finalité était le travail forcé et la mort une conséquence des conditions faites aux déportés) et les camps d'extermination (conçus comme des centres de mise à mort administrative et industrielle). Or, le régime communiste a, dès ses débuts avec Lénine, mis en œuvre une volonté d'éliminer des personnes en raison de l'une des caractéristiques de leur être (et pas seulement de leurs actes, comme l'opposition politique). Comme l'a montré Stéphane Courtois, le processus génocidaire est passé, dans le cas communiste comme dans celui nazi, par cinq étapes : la désignation de l'ennemi, les ségrégations sociale et spatiale, la déportation et, enfin, l'extermination (notamment par l'organisation de la famine[13]).

Le génocide de classe semble cependant présenter deux différences avec le génocide de race, ce qui devrait,

---

12. Raymond Aron, *Démocratie et totalitarisme*, Paris, Gallimard, 1965.
13. Stéphane Courtois, « Le génocide de classe : définition, description, comparaison », in *Les cahiers de la Shoah*, janvier 2002, p. 89-122 ; du même auteur : *Communisme et totalitarisme*, Paris, Perrin, 2009.

a priori, les rendre inassimilables. D'une part, alors que le génocide de race nazi était homogène, le génocide de classe communiste n'apparaît pas avoir de substance tant ses victimes furent, *a priori,* disparates. Mais, du point de vue du régime soviétique, elles avaient toutes un même point commun : elles appartenaient à des classes sociales ou des peuples « condamnés par l'histoire ». D'autre part, le génocide de classe fut moins « automatique » que celui de race, l'ennemi du peuple étant identifiable d'une manière assez aléatoire puisqu'il l'était à la fois par son groupe social d'origine ou d'appartenance et par son attitude à l'égard du pouvoir. C'est donc la concentration dans le temps et l'efficacité industrielle du génocide nazi qui a conduit à hésiter à qualifier, par le même terme, les crimes communistes. Il existe pourtant une identité substantielle du communisme et du nazisme : ils sont deux régimes totalitaires fondés sur une volonté exterminatrice de ceux qu'ils désignaient comme leurs ennemis. Staline ne fut pas seul responsable du régime totalitaire et criminel soviétique. Celui-ci fut mis en place par Lénine et Trotsky l'approuva. Staline, proche collaborateur du premier, ne fit que le confirmer et le parachever.

Communisme et nazisme aboutirent aux mêmes types de crimes parce qu'ils partageaient des principes idéologiques communs, en particulier l'artificialisme social. Leur objectif était de bâtir, sur des bases présentées comme scientifiques, une société régénérée (sans classe pour les uns, racialement pure pour les autres). Au nom de la lutte pour la survie, le constructivisme politique se fit darwinisme social (le hasard de l'évolution étant remplacé par une politique épuratrice délibérée). Le phénomène totalitaire s'inscrit donc parfaitement dans la modernité politique (sociabilité contractuelle) et morale (absence d'un ordre naturel supérieur à l'homme) ; il en épouse l'aspiration prométhéenne à la table rase du passé pour construire un homme nouveau.

Démocratie libérale, droits de l'homme et totalitarisme

Le régime totalitaire est couramment opposé à la société libérale ; c'est en particulier le cas chez Raymond Aron. Or, le fait que le totalitarisme ait été en partie conçu en réaction à l'individualisme ne permet pas de dédouaner la démocratie libérale de toute responsabilité dans son éclosion[14]. Dès le second quart du XIXe siècle, Alexis de Tocqueville a mis en exergue les dérives possibles de l'individualisme égalitaire[15]. Il analysa l'espèce d'oppression dont les peuples vivant dans un régime démocratique étaient menacés : « Je vois une foule innombrable d'hommes semblables et égaux qui tournent sans repos sur eux-mêmes pour se procurer de petits et vulgaires plaisirs, dont ils emplissent leur âme. ». Chacun vit à côté de ses concitoyens mais ne les voit pas. Au-dessus d'eux, la puissance publique règne :

14. Bertrand DE JOUVENEL, *Du pouvoir*, Genève, Bourquin, 1945.
15. Alexis DE TOCQUEVILLE, *De la démocratie en Amérique*, Paris, Pagnerre, 1848, 4 vol.

> « Au-dessus de ceux-là s'élève un pouvoir immense et tutélaire, qui se charge seul d'assurer leur jouissance et de veiller sur leur sort. Il est absolu, détaillé, régulier, prévoyant et doux. [...] le souverain étend ses bras sur la société tout entière ; il en couvre la surface d'un réseau de petites règles compliquées, minutieuses et uniformes. [...] il ne brise pas les volontés, mais il les amollit, les plie et les dirige [...] ; il ne tyrannise point, il gêne [...], et il réduit enfin chaque nation à n'être plus qu'un troupeau d'animaux timides et industrieux, dont le gouvernement est le berger. »

Voilà une servitude « réglée, douce et paisible », les citoyens s'en consolant « en songeant qu'ils ont eux-mêmes choisi leurs tuteurs ».

Le totalitarisme prétend renouer avec le holisme de la sociabilité classique mais le déforme profondément[16] : ce n'est plus la nature humaine qui est sociale, c'est l'intégration dans la société qui fait l'homme véritablement humain. C'est le régime totalitaire qui confère à l'homme sa nature. Ainsi, le totalitarisme conserve-t-il le principe central de la pensée politique moderne : la construction de l'ordre social sur la base des individus qui ne pourront atteindre l'unité que grâce à l'action bienfaisante de l'État. Comme dans le contrat social rousseauiste, la personne doit se dissoudre dans la volonté générale[17] où la

16. Michel Massenet, « Le totalitarisme tyrannie abstraite », in *Laval théologique et philosophique*, 1952, 8-1, p. 87-100.

17. Jacob Talmon, *Les origines de la démocratie totalitaire* [1952], Paris, Calmann-Lévy, 1966.

minorité doit être contrainte (puisqu'elle se trompe sur ses propres intérêts) voire éliminée (si elle porte atteinte à l'existence de l'ordre social nouveau).

Le nihilisme libéral a créé le vide que le totalitarisme est venu combler. Celui-ci aurait-il été possible si les communautés naturelles n'avaient pas été brisées par la modernité, si l'individualisme n'avait pas été substitué à l'organicisme social ? Quant à l'idéologie des droits de l'homme, elle apparaît de prime abord comme l'antithèse du totalitarisme en ce que ce dernier est exterminateur. Mais elle est parfaitement (et, ce, dès ses origines) ambiguë[18] : ne sont protégés que ceux dont la plénitude de la nature humaine est reconnue. Certains hommes peuvent en être exclus et déclarés ennemis du genre humain.

Totalitarisme(s) : au singulier ou au pluriel ?

Existe-t-il une essence du totalitarisme ? Les différents régimes totalitaires peuvent-ils être analysés comme les visages d'un même système ? Le totalitarisme dépasse la seule question du régime politique pour englober les rapports des citoyens avec l'État et des citoyens entre eux. Le totalitarisme n'est réductible ni à la tyrannie, ni au despotisme. Pour autant, des aspects de ces régimes s'y retrouvent : la tyrannie dans le sens où le bien commun est réduit à un intérêt particulier, celui de l'État, même s'il est prétendu qu'il s'agirait de celui de la

18. Xavier Martin, *Naissance du sous-homme au cœur des Lumières, Les races, les femmes, le peuple*, Poitiers, DMM, 2014.

société ; le despotisme puisque le système repose sur une fusion de l'État et de la société, une confusion du public et du privé, l'organisation sociale englobant l'homme au lieu d'être à son service. Faut-il, dès lors, considérer que le totalitarisme a été un régime politique inédit apparu au XXe siècle ? C'est la position défendue par Hannah Arendt qui est la plus connue des auteurs s'étant attelés à l'élaboration d'un modèle abstrait du totalitarisme.

Son analyse s'appuie sur l'idée de Montesquieu selon laquelle chaque régime politique trouve son fondement dans un principe d'action : l'honneur pour la monarchie, la vertu pour la république, la crainte pour le despotisme. Arendt considère que le régime totalitaire s'inscrit dans le cadre d'une société de masse où les repères traditionnels se sont effondrés et qui est confrontée à une perte d'appartenance qu'elle appelle la désolation, notion qui renvoie à l'idée de déracinement et d'abandon. Le principe d'action du régime totalitaire est donc double : la désolation en est le premier stade, l'idéologie en est le second. La désolation est un vide de conviction et d'intérêt que l'idéologie vient ensuite combler. Cette idéologie peut être variable en fonction des lieux. Mais, dans tous les cas, elle se caractérise par la prétention de réduire le réel à la rationalité du détenteur du pouvoir (qui sait décrypter les lois de l'histoire des races ou des classes) : le vrai devient le produit de la volonté du détenteur de la force légale. Le totalitarisme dépasse largement l'identification du parti et de l'État ; il se situe au-delà du mensonge et de la vérité. L'idéologie permet l'organisation de la société qui, sans elle, serait chaotique et privée de sens. Elle n'a donc pas besoin de démonstration scientifique ;

elle est le cadre même de la vie des hommes vivant dans le régime totalitaire.

La terreur tournée contre les ennemis et les traîtres est donc intrinsèque au régime totalitaire (et non un dérapage). La terreur, c'est l'idéologie mise en acte. Là se situe l'identité, la marque signalétique du totalitarisme. La désignation d'un ennemi dit « objectif » le distingue fondamentalement de la tyrannie et du despotisme : le totalitarisme prémédite l'élimination de certains hommes non pour ce qu'ils ont fait ou pourraient faire mais pour ce qu'ils sont ou sont décrétés être.

Les deux formes actuelles du totalitarisme

Dans ces conditions, n'est-il pas envisageable que le totalitarisme ne soit pas qu'une expérience du passé mais qu'il survive toujours – sans même parler du cas de la Corée du Nord ou, dans une moindre mesure, de la Chine – dans le présent ? Le sujet intéresse toujours et il est d'actualité[19]. Les sociétés occidentales voient la tenue régulière d'élections et ne connaissent pas de monopole d'État de la propagande ; elles ne subissent pas de privation systématique de libertés ni de violence policière généralisée. Elles ne peuvent donc pas, *a priori*, être considérées comme une incarnation du totalitarisme. Et pourtant. Bien de ses éléments constitutifs sont parfaitement en place :

19. Chantal Delsol, *La haine du monde, Totalitarismes et postmodernité*, Paris, Cerf, 2016.

– les personnes sont en perte de repères (multiculturalisme pour les autochtones, absence d'assimilation pour les immigrés) et donc influençables ;
– les corps sociaux sont atomisés et ne trouvent leur unité que grâce à la puissance publique qui distribue des prestations aux individus (providentialisme) et des droits à certains groupes (communautarisme) ;
– la *doxa* officielle se prémunit de la concurrence (éviction de la religion de la sphère publique) et impose ses dogmes (« valeurs républicaines ») ;
– la surveillance idéologique est diffuse mais réelle (endoctrinement scolaire, uniformité médiatique) ;
– la puissance publique prétend avoir la légitimité d'intervenir dans tous les domaines (écriture de l'histoire par les « lois mémorielles[20] », détermination de la nature humaine).

Tel est le règne du totalitarisme mou. Mais il en est un autre, dur celui-là, qui menace encore plus les sociétés occidentales : c'est l'islam(isme). Par quels traits politiques et psychologiques se caractérise-t-il et en quoi peut-il être considéré comme un système totalitaire ? L'islam(isme), c'est une idéologie :
– omnisciente : elle explique tout et a réponse à tout aussi bien dans le domaine de la sexualité que de l'économie ;
– globalisante : elle ne concerne pas que la foi individuelle mais entend organiser toute la société ; elle vise

20. Guillaume Bernard, « Les *lois mémorielles* : vers une histoire officielle ? », in *Liberté d'expression, Liberté de religion*, Joël-Benoît d'Onorio, dir., Paris, Téqui, 2013, p. 117-139.

donc à prendre possession de tous les leviers du pouvoir sans distinction du spirituel et du temporel ;
– volontariste et manichéenne : la loi (*charia*) est l'expression de la volonté impénétrable d'*Allah* ; elle dit le licite (*halal*) et l'illicite (*haram*) : ce qui est légal est juste ;
– rassurante et sécurisante : elle a pour ambition de contrôler tous les aspects et toutes les activités de la vie humaine ; elle ambitionne de diriger l'ensemble de la conduite de la personne : elle ne laisse aucune place au libre-arbitre et, par là même, délivre du doute ;
– justificatrice et purificatrice : elle donne un sens à la vie (et peut d'ailleurs, ce qui contribue à expliquer son succès, remplir un vide existentiel) en proposant un chemin de perfectionnement moral en même temps qu'une aventure valorisante (*djihad*) ; pour cela, elle offre un parti unique (la religion) et un chef à admirer et à imiter (Mahomet) ;
– constructiviste : elle vise à bâtir une communauté (*oumma*) réunissant tous les musulmans en ignorant toutes les autres appartenances sociales ou culturelles ;
– impérialiste : elle a pour but de s'étendre, y compris par la force et la violence, au monde entier ; celui-ci est divisé en deux parties : le domaine de l'islam (*dar al-islam*) et le domaine de la guerre (*dar al-harb*), c'est-à-dire là où l'islam ne règne pas encore et où il doit s'imposer ;
– exterminatrice : elle sépare les hommes en deux catégories, les musulmans et les autres ; elle permet de persécuter ceux-ci (en les réduisant à un statut

d'infériorité juridique : ils sont les *dhimmis*) et même de les tuer puisqu'elle les désigne comme les ennemis honnis de son dieu : pour les *kouffar*, c'est la conversion ou la mort.

Ce totalitarisme est d'autant plus puissant qu'il se justifie par la foi ; il est d'autant plus dangereux qu'il s'excuse de ses exactions par l'obéissance à une autorité divine.

Épilogue

Une indispensable clarification des options doctrinales

Arrivé au terme de ce périple ayant cherché à analyser la politique tant sous l'angle partisan que doctrinal, et pour paraphraser le titre d'un ouvrage récent à grand succès de Philippe de Villiers[1], le moment est venu pour les Français de prendre pleinement conscience des enjeux idéologiques sous-jacents aux crises auxquelles ils sont confrontés. Comme le montre le sursaut identitaire, ils les sentent au tréfonds d'eux-mêmes : une grande majorité d'entre eux n'entend plus s'excuser de vouloir rester enracinés et se laisse de moins en moins intimider par la condescendance des élites.

Cependant, leur réveil politique est assez brutal : ils se rendent compte que, converties à la modernité (constructivisme politique, indifférentisme culturel), les élites censées les représenter (la quasi-totalité des élus) et même les guider (un assez grand nombre de religieux) ont favorisé le multiculturalisme au détriment des traditions françaises. Mais, reprenant conscience de leur identité, nombre de Français se dégagent d'une confiance déraisonnable et d'une obéissance aveugle. Ils se libèrent, peu à peu, autant des intimidations moralisatrices assenées par des politiques (il ne serait pas charitable de

1. Philippe de Villiers, *Le moment est venu de dire ce que j'ai vu*, Paris, Albin Michel, 2015.

ne pas être ouvert à la diversité du monde) que des contresens politiques proférés par des ecclésiastiques (la mise sur un pied d'égalité d'une démesure illégitime pouvant être commise par des chrétiens avec une violence légale inscrite dans l'ADN de l'islamisme).

Conditionnés par des années d'habitude, ils ne formulent pas encore explicitement les alternatives philosophiques pour l'ensemble des sujets qui, pourtant, se tiennent intimement (pour la position classique, l'association de la sociabilité naturelle, du principe de subsidiarité et de la justice rétributive). Ils semblent cependant ouvrir les yeux. Car c'est, par exemple, autant l'égalité des chances (du libéralisme), pouvant aboutir à d'immenses écarts dans les situations sociales, que l'égalité de résultat (du socialisme), nivelant les mérites, qui n'emportent plus leur adhésion. Les Français ne veulent ni de la loi de la jungle ni de l'égalitarisme, mais une juste rétribution des actes, un État de justice qui rend à chacun son dû[2]. Dans le même ordre d'idées, et ce dans un esprit très gaulois, ils rejettent l'augustinisme politique qu'il soit clérical ou laïciste. Même s'ils ne pratiquent pas, ils savent que la religion catholique est le substrat culturel de la France et que sa visibilité est un enjeu identitaire (d'où leur soutien aux crèches de Noël dans l'espace public). Pour l'Europe, ils souhaitent la constitution d'une puissance géopolitique, mais se méfient de plus en plus d'une Union européenne uniformisatrice.

2. Sur la question du libéralisme et de l'intervention de l'État, cf. Ifop, *Les Français et le libéralisme*, Enquête pour *l'Opinion*, *Génération libre* et *iTELE* (échantillon de 1 050 personnes), avril 2014.

Ainsi, au-delà de l'état actuel du système partisan (tripolarisation transitoire, vraisemblable « grande coalition » contre le FN), des forces plus profondes poussent-elles à une recomposition du spectre électoral. Pendant deux siècles, la vie politique s'est organisée sur la base du sinistrisme : les nouvelles forces politiques sont apparues par la gauche et ont repoussé sur la droite du système partisan celles qui étaient plus anciennes. Mais, la dynamique s'est inversée : c'est désormais par la droite que viennent l'innovation et la pression idéologiques : c'est le « mouvement dextrogyre » (ou « dextrisme »). Il ne consiste pas en un durcissement idéologique dans la modernité, mais dans un retour en force des idées classiques.

Il y a, dans tous les mouvements politiques classés à droite, depuis le centre jusqu'au FN compris, des personnes qui professent une philosophie politique réaliste et qui sont doctrinalement plus proches qu'elles ne le sont de certains membres de leurs propres partis. Une saine recomposition du spectre politique passe par leur association supposant un décloisonnement partisan. Or, les actuelles organisations politiques n'y ont évidemment pas intérêt et redoutent la clarification doctrinale qui entraînerait leur implosion. Il apparaît donc indispensable que ce soit la base qui l'exige et l'impose ; sans quoi, alors qu'ils n'en sont pourtant pas dupes[3], les Français

3. Odoxa, *Les Français et les partis politiques*, Enquête pour *Le Parisien* (échantillon de 1 011 personnes), juin 2015 : 89 % des Français ont une mauvaise opinion des partis politiques et 83 % d'entre eux considèrent qu'ils sont trop centrés sur les élections.

resteront prisonniers des intérêts politiciens de quelques-uns.

La guerre entre la droite classique (illustrant une philosophie de l'ordre naturel des choses) et la droite moderne (adhérant à l'idée du contractualisme social) aura bien lieu : à terme, la première restera la droite et occupera tout son espace politique ; la seconde, profitant de l'effacement du socialisme, redeviendra la gauche.

Orientations bibliographiques

ALTHUSSER (Louis), *Montesquieu, La politique et l'histoire*, Paris, PUF, 1959.

ANATRELLA (Tony), *Le règne de Narcisse, Les enjeux du déni de la différence sexuelle*, Paris, Presses de la Renaissance, 2005.

ARENDT (Hannah), *Les origines du totalitarisme*, suivi de *Eichmann à Jérusalem*, éd. Pierre Bouretz et *alii*, Paris, Gallimard, 2002.

ARISTOTE, Éthique à Nicomaque, éd. Jean Tricot, Paris, Vrin, 1983.

ARON (Raymond), *Démocratie et totalitarisme*, Paris, Gallimard, 1965.

AUGÉ (Guy), « Droit et justice (dans les écoles du droit naturel classique et moderne) », éd. Guillaume Bernard, in *La Légitimité*, 49, Paris, 2005, p. 107-131.

AUGÉ (Guy), « Esquisse philsophico-historique de la notion de légitimité politique », éd. Guillaume Bernard, in *La Légitimité*, 2010, 59, p. 135-160.

AUGÉ (Guy), « La pensée politique de saint Augustin », éd. Guillaume Bernard, in *Légitimité*, 2011, 61, p. 159-180.

AUGÉ (Guy), « L'augustinisme politique et ses avatars (V^e^-XIe siècles) », éd. Guillaume Bernard, in *La Légitimité*, 2013, 65, p. 145-179.

AUNE (Anne-Claire), *Le phénomène de multiplication des droits subjectifs en droit des personnes et de la famille*, préface d'Anne Leborgne, Aix, PUAM, 2007.

BABEUF (Gracchus), *La guerre de la Vendée et le système de dépopulation*, Paris, Cerf, 2008.

BAILLY (Jean-Paul), *Les mutations de la société et les activités dominicales*, Paris, Conseil économique et social, 2007.

BAILLY (Jean-Paul), *Rapport sur la question des exceptions au repos dominical dans les commerces, Vers une société qui s'adapte en gardant ses valeurs*, Paris, s. d. [2013].

Barbey (Jean), *La fonction royale, Essence et légitimité d'après les Tractatus de Jean de Terrevermeille*, préf. M. Boulet-Sautel, Paris, NEL, 1983.

Barbey (Jean), « Genèse et consécration des lois fondamentales », in *Droits*, 1986, 3, p. 75-86.

Barjot (Dominique), Christophe Réveillard, dir., *L'américanisation de l'Europe occidentale au xx*e *siècle, Mythe et réalité*, Paris, PUPS, 2002.

Barral (Pierre-Emmanuel), *Les grands théoriciens des relations internationales*, Levallois-Perret, Studyrama, 2015.

Barral (Pierre-Emmanuel), Hanne (Olivier), *La grande Syrie, Des premiers empires aux révoltes arabes*, Paris, Giovanangeli, 2016.

Barthe (Claude), *Propositions pour une « paix dans l'Église », L'union des forces vives, Une nécessité*, Paris, Hora Decima, 2006.

Bastié (Eugénie), *Adieu mademoiselle, La défaite des femmes*, Paris, Cerf, 2016.

Bastit (Michel), *Naissance de la loi moderne, La pensée de la loi de saint Thomas à Suarez*, Paris, PUF, 1990.

Baudet (Thierry), *Indispensables frontières, Pourquoi le supranationalisme et le multiculturalisme détruisent la démocratie*, trad. de l'angl., Paris, Toucan, 2015.

Baudouin (Jean), Bruneteau (Bernard), dir., *Le totalitarisme, Un concept et ses usages*, Rennes, PUR, 2014.

Bauer (Alain), Rizk (Cyril), Soullez (Christophe), *Statistiques criminelles et enquêtes de victimation*, Paris, PUF, 2010.

Bauer (Alain), Soullez (Christophe), *Violences et insécurité urbaines*, Paris, PUF, 12e éd., 2010.

Baudriller (Marc), *Les réseaux cathos, Politique, société, économie, culture*, Paris, Robert Laffont, 2011.

Bazin (François), *Le sorcier de l'Élysée, L'histoire secrète de Jacques Pilhan*, Paris, Plon, 2009.

Bazin (François), *Les ombres d'un Président*, Paris, Plon, 2015.

Beccaria (Cesare), *Des délits et des peines*, trad. M. Chevalier, éd. Fr. Venturi, Genève, Droz, 1965.

Becchi, (Paolo), « La position de l'Église catholique sur la transplantation d'organes à partir de cadavres », in *Revue d'éthique et de théologie morale*, 2007-4, n° 247, p. 93-107.

BECK (Robert), *Histoire du dimanche de 1700 à nos jours*, Paris, Les éditions de l'Atelier, 1997.

BÉGAUDEAU (François), dir., *La politique par le sport*, Paris, Denoël, 2009.

BELLAGAMBA (Ugo), et *alii*, *Histoire des idées politiques*, Levallois-Perret, Studyrama, 2e éd., 2013.

BELLAMY (François-Xavier), *Les déshérités, Ou l'urgence de transmettre*, Paris, Plon, 2014.

BELLENGIER (Ferdinand), *Le chef d'établissement privé et l'État*, Paris, Berger-Levrault, 3e éd., 2004.

BENOIST (Alain DE), *Les démons du bien, Du nouvel ordre moral à l'idéologie du genre*, Paris, Pierre-Guillaume de Roux, 2014.

BENTHAM (Jérémy), *Traité de législation civile et pénale*, éd. Et. Dumont, Paris, 3e éd., 1830, 3 vol.

BERCOFF (André), *Donald Trump, Les raisons de la colère*, Paris, First, 2016.

BERNARD (Guillaume), « Morale, politique et droit, Des Classiques aux Modernes : remarques sur l'inversion des principes philosophiques du droit pénal », in *Anales de la Fundacion Francisco Elias de Tejada*, 1999, V, p. 87-128.

BERNARD (Guillaume), *Du roi juge au roi législateur en France au second XVIe siècle : « une foi, une loi, un roi »?*, Thèse de droit, dir. Hubert Guillotel, Rennes, 2000, 2 vol., dactyl.

BERNARD (Guillaume), « La querelle du Spirituel et du Temporel : gallicanisme et laïcité, L'influence du gallicanisme dans la formation du concept contemporain de laïcité ? », in *Liberté politique*, automne 2005, 31, p. 41-55.

BERNARD (Guillaume), « Garder la mémoire de l'homme ou de la personne ? Les enjeux sociétaux de la bioéthique à travers la question de l'enfant à naître », in *La mémoire, Entre silence et oubli*, Stamatios Tzitzis, dir., Québec, Presses de l'université Laval, 2006, p. 261-325.

BERNARD (Guillaume), « Un clivage pertinent ?, Permanences et évolutions de la droite et de la gauche », in *Les forces politiques françaises*, Guillaume Bernard, Éric Duquesnoy, dir., Paris, PUF, 2007, p. 197-218.

Bernard (Guillaume), « L'enfermement positiviste de Michel Foucault (1926-1984) ? », in *Enfermement et sécurité pénale, Essais de philosophie pénale et de criminologie*, Paris, Dalloz, 2007, VI, p. 165-175.

Bernard (Guillaume), « Entre droit naturel et droit positif : crise de légitimité du lien social et de la justice pénale ? », in *Revue de science pénitentiaire et de procédure pénale*, 2007, 2, p. 261-276.

Bernard (Guillaume), « L'empire dans l'histoire de l'Europe : continuités et ruptures », in *Conflits actuels*, 2007-1, n° 19, p. 27-42.

Bernard (Guillaume), « L'évolution de la notion de dignité en droit », in *Généticisation et responsabilités*, Christian Hervé, *et alii*, dir., Paris, Dalloz, 2008, p. 9-18.

Bernard (Guillaume), « Approches dialectiques sur la charité et la pauvreté », in *Philosophia*, 2008, 38, p. 11-27.

Bernard (Guillaume), « Légalité des droits de l'homme c/ légitimité du droit des minorités ? », in *Conflits actuels*, 2008-2, p. 142-161.

Bernard (Guillaume), « Entre essence et existences : les identités classiques et modernes de l'Europe », in *Analele Universitatii Bucuresti, Stiinte Politice*, 2010, p. 3-12.

Bernard (Guillaume), « La sanction pénale des classiques aux modernes : de la distinction à la confusion du droit et de la morale », in *Entre droit et morale, La finalité de la peine*, A. Sousa Costa, dir., Berne, Peter Lang, 2010, p. 123-138.

Bernard (Guillaume), « La dangerosité sociale du communautarisme ? », in *Essais de philosophie pénale et de criminologie*, IX, Paris, Dalloz, 2010, p. 353-365.

Bernard (Guillaume), « L'organisation juridique et sociale des métiers dans l'ancienne France », in *Les forces syndicales françaises*, Guillaume Bernard, Jean-Pierre Deschodt, dir., Paris, PUF, 2010, p. 5-16.

Bernard (Guillaume), Lopez (Gérard), Tzitzis (Stamatios), dir., *Pratiques de la criminologie*, Levallois-Perret, Studyrama, 2010.

Bernard (Guillaume), Deschodt (Jean-Pierre), dir. *Les forces syndicales françaises*, Paris, PUF, 2010.

Bernard (Guillaume), Jolivet (Denise), Tzitzis (Stamatios), dir., *Dictionnaire de la police et de la justice*, Paris, PUF, 2011.

BERNARD (Guillaume), « Identité nationale », in *Dictionnaire de la politique et de l'administration*, Guillaume Bernard, Jean-Pierre Deschodt, Michel Verpeaux, dir., Paris, PUF, 2011, p. 131-132.

BERNARD (Guillaume), *Introduction à l'histoire du droit et des institutions*, Levallois-Perret, Studyrama, 2e éd., 2011.

BERNARD (Guillaume), « Un enjeu théologico-juridique de la peine de mort ? », in *Essais de philosophie pénale et de criminologie*, X, Paris, Dalloz, 2012, p. 251-257.

BERNARD (Guillaume), « Catholicisme social et légitimisme politique » suivi de : Henri, comte de Chambord : « Lettre publique sur la question ouvrière », in *Démocratie et Révolution, Cent manifestes de 1789 à nos jours*, Stéphane Courtois, Jean-Pierre Deschodt, Yolène Dilas-Rocherieux, Paris-La Roche sur Yon, Cerf-PU de l'ICES, 2012, p. 347-359.

BERNARD (Guillaume), « La *laïcité positive* : entre stratégie politique et droits fondamentaux », in *L'année canonique*, 2012, 54, p. 283-296.

BERNARD (Guillaume), « Les *lois mémorielles* : vers une histoire officielle ? », in *Liberté d'expression, Liberté de religion*, Joël-Benoît d'Onorio, dir., Paris, Téqui, 2013, p. 117-139.

BERNARD (Guillaume), « Les doctrines de la dangerosité (XVIIIe-XXe siècles) », in *Revue pénitentiaire et de droit pénal*, 2013-1, p. 63-71.

BERNARD (Guillaume), « Transformation du lien social et dilution de l'intérêt général », in *Les métamorphoses de l'intérêt général*, La Roche-sur-Yon, Presses universitaires de l'ICES, 2013, p. 19-134.

BERNARD (Guillaume), « Entre crise idéologique et recomposition du système partisan : le mouvement dextrogyre », in *Le mouvement des idées*, octobre 2014, 8, p. 121-127.

BERNARD (Guillaume), TZITZIS (Stamatios), « *The philosophy of the natural right in France (during the xxth century)* », in *Treatise of legal philosophy and general jurisprudence*, vol. 12 (2) : *Legal philosophy in the twentieth century, The civil law world*, édited by E. Pattaro, C. Roversi, Milan, Springer, 2015, p. 111-118.

BERNARD (Guillaume), « Vers des droits de l'homme… sans homme ! », in *Le mariage et la loi : Protéger l'enfant*, sous la dir. de G. Drago, Ch. Eoche-Duval, G. de Vries, Paris, Institut Famille & République, 2016, p. 101-109.

Bernard (Guillaume), « Une exigence politique : questions sociétales et enjeux électoraux », in *Le mariage et la loi : Protéger l'enfant*, sous la dir. de G. Drago, Ch. Eoche-Duval, G. de Vries, Paris, Institut Famille & République, 2016, p. 133-144.

Bernard (Guillaume), « Les édits de pacification au temps des guerres de religion : une politique de tolérance ? », in *Coexistences confessionnelles en Europe à l'époque moderne, Théories et pratiques, XVIe-XVIIe siècles*, Martin Dumont, dir., Paris, Cerf, 2016, p. 11-33.

Bernard (Guillaume), « Pie X et la séparation de l'Église catholique et de l'État », in *Le contrôle des religions par l'État en Europe hier et aujourd'hui*, Bernard Callebat, Hélène de Courrèges, dir., Toulouse, Presses de l'université Toulouse 1 Capitole, 2016, p. 105-126.

Berthod-Wurmser (Marianne), et *alii*, *Pauvreté, précarité, solidarité en milieu rural*, s. l. [Paris], 2009.

Bidault (Georges), *D'une résistance l'autre*, Paris, Les presses du siècle, Paris, 1965.

Binet (Jean-René), *Droit de la bioéthique*, Paris, LGDJ, 2016.

Bled (Jean-Paul), Jouve (Edmond), Réveillard (Christophe), dir., *Dictionnaire historique et juridique de l'Europe*, Paris, PUF, 2013.

Blondiaux (Loïck), *La fabrique de l'opinion, Une histoire sociale des sondages*, Paris, Seuil, 1998.

Bluche (Frédéric), Rials (Stéphane), « Fausses droites, centres morts et vrais modérés dans la vie politique française contemporaine », in *RRJ*, 1983-3.

Bock-Côté (Mathieu), *Le multiculturalisme comme religion politique*, Paris, Cerf, 2016.

Bonaparte (Louis-Napoléon), *Extinction du paupérisme*, Paris, Pagnerre, 1844.

Boulainvilliers (Henri de), *Histoire de l'ancien gouvernement de la France, avec XIV lettres historiques sur les Parlements ou États généraux*, La Haye-Amsterdam, 1727, 3 vol.

Bourdieu (Pierre), Passeron (Pierre), *Les héritiers, Les étudiants et la culture*, Paris, Éditions de minuit, 1966.

Bourges (Béatrice), Mirkovic (Aude), Élisabeth Montfort, *De la théorie du genre au mariage de même sexe…, L'effet dominos*, Paris, Peuple libre, 2013.

BOYANCÉ (Michel), *Masculin, féminin, Quel avenir?*, Paris, Edifa-Mame, 2007.

BRANCOURT (Jean-Pierre), « Des *estats* à l'État : évolution d'un mot », in *APD*, 1976, 21, p. 39-54.

BRENNER (Emmanuel), dir., *Les territoires perdus de la République, Antisémitisme, racisme et sexisme en milieu scolaire*, Paris, Mille et une nuits, 2002.

BRIAND (Aristide), *La séparation, Discussion de la loi (1904-1905)*, Paris, Fasquelle, 1908.

BRIGHELLI (Jean-Paul), *La fabrique du crétin, La mort programmée de l'école*, Paris, Jean-Claude Gawsewitch, 2005.

BRUN (Jean), *Le mal*, suivi de *Sombres « Lumières »*, Perpignan, Artège, 2013.

BRUNET (Jean-Paul), *Histoire du socialisme en France de 1871 à nos jours*, Paris, PUF, 1998.

BRUNETEAU (Bernard), *Le totalitarisme, Origines d'un concept, genèse d'un débat*, Paris, Cerf, 2010.

BRUSTIER (Gaël), *La guerre culturelle aura bien lieu*, Paris, Fayard-Mille et une nuits, 2013.

BRUSTIER (Gaël), *Le Mai 1968 conservateur, Que restera-t-il de La manif pour tous?*, Paris, Cerf, 2014.

CALDWELL (Christopher), *Une révolution sous nos yeux, Comment l'islam va transformer la France et l'Europe*, Paris, Toucan, 2011.

CAMBY (Christophe), *Wergeld ou uueregildus, Le rachat pécuniaire de l'offense entre continuités romaines et innovation germanique*, Genève, Droz, 2013.

CAMUS (Jean-Yves), LEBOURG (Nicolas), *Les droites extrêmes en Europe*, Paris, Seuil, 2015.

CAMUS (Renaud), *Le grand remplacement*, Neuilly-sur-Seine, Reinharc, 2011.

CAUCHY (Pascal), *La IVe République*, Paris, PUF, 2004.

CAUCHY (Pascal), *L'élection d'un notable*, Paris, Vendémiaire, 2e éd., 2013.

CHAUNU (Pierre), *La France, Histoire de la sensibilité des Français à la France*, Paris, Robert Laffont, 1982.

CHAUPRADE (Aymeric), *Géopolitique, Contrastes et changements dans l'histoire*, Paris, Ellipses, 3e éd., 2007

CHAUVEL (Louis), *La spirale du déclassement, Essai sur la société des illusions*, Paris, Seuil, 2016.

CHEMIN (Ariane), SCHNEIDER (Vanessa), *Le mauvais génie*, Paris, Fayard, 2015.

CHOMSKY (Noam), HERMAN (Edward S.), *La fabrique du consentement, De la propagande médiatique en démocratie*, Marseille, Agone, nelle éd., 2008.

CLUZEL (Gabrielle), *Méfiez-vous de la France bien élevée !*, Paris, Mordicus, 2013.

CLUZEL (Gabrielle), *Adieu Simone !, Les dernières heures du féminisme*, Paris, Le Centurion, 2016.

COLÉ (Gérard), *Le conseiller du Prince*, Neuilly-sur-Seine, Michel Lafon, 1999.

COLLIN (Thibaud), *Individu et communauté, Une crise sans issue ?*, Paris, Edifa-Mame, 2007.

Compte rendu des séances de l'Assemblée nationale, Paris, Panckoucke, 1848-1849, 10 vol.

COUJOU (Jean-Paul), *Droit, anthropologie & politique chez Suarez*, Perpignan, Artège, 2012.

COURTOIS (Stéphane), dir., *Le livre noir du communisme, Crimes, terreur, répression*, Paris, Robert Laffont, 1997.

COURTOIS (Stéphane), « Le génocide de classe : définition, description, comparaison », in *Les cahiers de la Shoah*, janvier 2002, p. 89-122.

COURTOIS (Stéphane), dir., *Dictionnaire du communisme*, Paris, Larousse, 2007.

COURTOIS (Stéphane), *Communisme et totalitarisme*, Paris, Perrin, 2009.

COURTOIS (Stéphane), DESCHODT (Jean-Pierre), DILAS-ROCHERIEUX (Yolène), dir., *Démocratie et Révolution, Cent manifestes de 1789 à nos jours*, Paris, Cerf-PU de l'ICES, 2012.

CRAY (Pierre-Édouard DU), *Retraites, Les privilèges de la fonction publique*, Asnières, Les 4 vérités, 2009.

CRAY (Pierre-Édouard DU), *La compensation entre régimes de sécurité sociale, L'exemple de la branche vieillesse*, Paris, LGDJ, 2014.

DAMON (Julien), *Les classes moyennes*, Paris, PUF, 2013.

DARANTIÈRE (Philippe), *Le techno-nihilisme, Idéologie du changement de civilisation*, Paris, Presse de la Délivrance, 2016.

DEBBASCH (Charles), PONTIER (Jean-Marie), éd., *Les constitutions de la France*, Paris, Dalloz, 3e éd., 1996.

DEBOVE (Frédéric), et *alii*, *Précis de droit pénal et de procédure pénale*, Paris, PUF, 6e éd., 2016.

DEBRAY (Régis), *Éloge des frontières*, Paris, Gallimard, 2010.

DELRUE (Baptiste), *L'Antiquité dans les débats constitutionnels français au XIXe siècle*, Thèse de droit, dir. Jacques Bouineau et Philippe Sturmel, La Rochelle, 2014, dactyl.

DELSOL (Chantal), *L'État subsidiaire*, Paris, PUF, 1992.

DELSOL (Chantal), *Populisme, Les demeurés de l'histoire*, Paris, Le Rocher, 2015.

DELSOL (Chantal), *La haine du monde, Totalitarismes et postmodernité*, Paris, Cerf, 2016.

DEL VALLE (Alexandre), *Le totalitarisme islamiste à l'assaut des démocraties*, Genève, Éditions des Syrtes, 2002.

DEL VALLE (Alexandre), *Le complexe occidental, Petit traité de déculpabilisation*, Paris, Toucan, 2014.

DERVILLE (Tugdual), *La bataille de l'euthanasie, Enquête sur les sept affaires qui ont bouleversé la France*, Paris, Salvator, 2012.

DESCHODT (Jean-Pierre), HUGUENIN (François), *La république xénophobe, 1917-1939, de la machine d'État au « crime de bureau »*, Paris, Jean-Claude Lattès, 2001.

DESCHODT (Jean-Pierre), « Le nationalisme, Aux origines d'un mot », in *Commentaire*, 2006, 115, p. 767-775.

DESCHODT (Jean-Pierre), dir., *Pierre-Joseph Proudhon, L'ordre dans l'anarchie*, Paris, Cujas, 2009.

DESCHODT (Jean-Pierre), « La preuve par le carnet B », in *Cahiers du Centre de recherches historiques*, EHESS, 2010, 45, p. 181-193.

DESCHODT (Jean-Pierre), « Socialisme », in *Dictionnaire de la politique et de l'administration*, Guillaume Bernard, Jean-Pierre Deschodt, Michel Verpeaux, dir., Paris, PUF, 2011, p. 269-271.

DESCHODT (Jean-Pierre), « Un curieux mouvement semi-socialiste », in *Populismes, l'envers de la démocratie*, Marie-Claude Esposito, Alain Laquièze, Christine Manigand, dir., Paris, Vendémiaire, 2012, p. 35-43.

DESRAMEAUX (Alexandre), « L'instruction à domicile, Une survivance sous surveillance », in *AJDA*, 1er août 2009, n° 8, p. 9-16.

DESRAMEAUX (Alexandre), *Finances publiques*, Paris, PUF, 2013.

DESRAMEAUX (Gérard-David), *François Mitterrand*, Paris, Ellipses, 2012.

DESRAMEAUX (Gérard-David), *Droit électoral*, Levallois-Perret, Studyrama, 2013.

DESRAMEAUX (Gérard-David), DESRAMEAUX (Alexandre), *Introduction à la science politique*, Levallois-Perret, Studyrama, 2015.

DUBOS (Jean-Baptiste), *Histoire critique de l'établissement de la monarchie française dans les Gaules*, Paris, 1734, 3 vol.

DUMONT (Bernard), AYUSO (Miguel), CASTELLANO (Damilo), dir., *Église et politique, Changer de paradigme*, Perpignan, Artège, 2013.

DUMONT (Louis), *Essais sur l'individualisme, Une perspective anthropologique sur l'idéologie moderne*, Paris, Seuil, 1993.

DUMONT (Gérard-François), *Les migrations internationales, Les nouvelles logiques migratoires*, Paris, Sedes, 1995.

DUMONT (Gérard-François), LE BRAS (Hervé), *Doit-on contrôler l'immigration ?*, Bordeaux, Prométhée, 2009.

DUPÂQUIER (Jacques), dir., *Histoire de la population française*, Paris, PUF, 1995, 4 vol.

DURAND (Yves), « Les privilèges selon Sieyès ou le triomphe de la désinformation », in *Histoire, économie et société*, 1992-2, p. 295-323.

DUROSELLE (Jean-Baptiste), *Les débuts du catholicisme social en France (1822-1870)*, Paris, PUF, 1951.

EISENMANN (Charles), « *L'Esprit des Lois* et la séparation du pouvoir » (1933), in *Cahiers de philosophie politique*, 1985, 2-3, p. 3-34.

EISENMANN (Charles), « La pensée constitutionnelle de Montesquieu », in *Cahiers de philosophie politique*, 1985, 2-3, p. 35-66.

ELABE, *Les propositions des Français pour changer la politique*, Enquête pour *RMC* (échantillon de 1 001 personnes), juin 2016.

ELLUL (Jacques), *Trahison de l'Occident*, Paris, Calmann-Lévy, 1975.

ERNÉ-HEINTZ (Valentine), *Économie politique*, Levallois-Perret, Studyrama, 2012.

FADELLE (Joseph), *Le prix à payer* [2010], Paris, Pocket, 2011.

FINCHELSTEIN (Gilles), *Avant la (vraie) bataille : le nouveau paysage idéologique*, Fondation Jean Jaurès, Note n° 107, 3 novembre 2011.

FINKIELKRAUT (Alain), *L'identité malheureuse*, Paris, Stock, 2013.

FOLCH (Arnaud), PERRAULT (Guillaume), *Les présidents de la République pour les nuls*, Paris, First, 2011.

FOURQUET (Jérôme), LE BRAS (Hervé), *La religion dévoilée, Nouvelle géographie du catholicisme*, préf. d'E. Todd, Paris, Fondation Jean Jaurès, 2014.

FOURQUIN (Guy), *Les soulèvements populaires au Moyen Âge*, Paris, PUF, 1972.

FURET (François), *Le passé d'une illusion, Essai sur l'idée communiste au XXe siècle*, Paris, Robert Laffont-Calmann Lévy, 1995.

FUSTEL DE COULANGES (Numa Denis), *La cité antique*, Paris, Durand, 1864.

GALLEZ (Édouard-Marie), *Le malentendu islamo-chrétien, Repenser le dialogue*, Paris, Salvator, 2012.

GAUCHON (Pascal), dir., *Dictionnaire de géopolitique et de géoéconomie*, Paris, PUF, 2011.

GENTILE (Emilio), *Renzo De Felice, L'historien dans la Cité*, trad. de l'ital., Paris, Éditions du Rocher, 2008.

GODET (Aurélie), *Le Tea party, Portrait d'une Amérique désorientée*, Paris, Vendémiaire, 2012.

GOLDNADEL (Gilles-William), *Réflexions sur la question blanche, Du racisme blanc au racisme anti-blanc*, Paris, Jean-Claude Gawsewitch, 2011.

GRACEFFA (Agnès), *Les historiens et la question franque, Le peuplement franc et les Mérovingiens dans l'historiographie française et allemande des XIXe-XXe siècles*, Turnhout, Brepols, 2010.

GUILLOT (Olivier), SASSIER (Yves), *Pouvoirs et institutions dans la France médiévale*, t. 1 : *Des origines à l'époque féodale*, Paris, Armand Colin, 2003.

GUILLOTEL (Hubert), « Les premières relations de l'Église avec le roi Clovis », in *Vu de haut*, 1987, 6, p. 51-63.

GUILLUY (Christophe), *Fractures françaises* [2010], Paris, Flammarion, 2013.

GUILLUY (Christophe), *La France périphérique, Comment on a sacrifié les classes populaires*, Paris, Flammarion, 2014.

GUIZOT (François), *Histoire de la civilisation en Europe, depuis la chute de l'Empire romain jusqu'à la Révolution française*, Paris, Didier, 6e éd., 1856.

HANNE (Olivier), FLICHY DE LA NEUVILLE (Thomas), *L'État islamique, Anatomie du nouveau Califat*, Paris, Giovanangeli, 2014.

HARRIS INTERACTIVE, *Vote au premier tour de l'élection présidentielle de 2012 selon la proximité syndicale*, Enquête pour *Liaisons sociales quotidien* (échantillon de 2 935 personnes), avril 2012.

HARRIS INTERACTIVE, *Qu'est-ce qu'une frontière pour les Français ?*, Enquête pour *Grenoble École de management* (échantillon de 1 029 personnes), février 2015.

HARRIS INTERACTIVE, *Le regard des Français sur le vote obligatoire comme moyen de favoriser l'engagement citoyen*, Enquête pour la *Fondation Jean Jaurès* (échantillon de 1 322 personnes), avril 2015.

HARRIS INTERACTIVE, *Qu'est-ce qu'être de droite aujourd'hui ?*, Enquête pour *Valeurs actuelles* (échantillon de 1 873 personnes), mars 2016.

HECQUARD (Maxence), *Les fondements philosophiques de la démocratie moderne*, Paris, Pierre-Guillaume de Roux, 2016.

HILLARD (Pierre), *Minorités et régionalismes dans l'Europe fédérale des régions*, Paris, François-Xavier de Guibert, 4e éd., 2004.

HOBBES (Thomas), *Léviathan, traité de la matière, de la forme et du pouvoir de la république ecclésiastique et civile*, éd. Fr. Tricaud, Paris, Sirey, 1971.

HOUELLEBECQ (Michel), *Soumission*, Paris, Flammarion, 2015.

IGOUNET (Valérie), *Le Front national de 1972 à nos jours, Le parti, les hommes, les idées*, Paris, Seuil, 2014.

IFOP, *Les Français et l'étourdissement des animaux avant leur abattage*, Enquête pour la *Fondation Brigitte Bardot* (échantillon de 1 015 personnes), décembre 2009.

IFOP, *Le vote des catholiques au premier tour de l'élection présidentielle*, Enquête pour la *Fondation de service politique* et *Famille Chrétienne* (échantillon de 3 007 personnes), avril 2012.

IFOP, *La position souhaitée de l'Église catholique sur différents sujets*, Enquête pour *Sud Ouest dimanche* (échantillon de 1 556 personnes), mars 2013.

IFOP, *Le vote des musulmans à l'élection présidentielle*, Focus n° 88, juillet 2013.

IFOP, *L'opinion face aux violences urbaines : une demande de sévérité accrue*, Focus n° 91, août 2013.

IFOP, *Réforme de la justice : les attentes des Français*, Focus n° 93, août 2013.

IFOP, *Front du Nord, Front du Sud*, Focus n° 92, août 2013.

IFOP, *Les Français et la délinquance*, Enquête pour *Sud Ouest dimanche* (échantillon de 1 556 personnes), septembre 2013.

IFOP, *Les Français et le financement de la sécurité sociale*, Enquête pour *Sud Ouest dimanche* (échantillon de 1 004 personnes), septembre 2013.

IFOP, *L'image de François Bayrou*, Enquête pour *Sud Ouest dimanche* (échantillon de 1 005 personnes), septembre 2013.

IFOP, *Les Français et l'immigration*, Enquête pour *Valeurs actuelles* (échantillon de 1 002 personnes), octobre 2013.

IFOP, *Les fermetures de sites industriels : quel impact sur le vote FN ?*, Focus n° 100, novembre 2013.

IFOP, *Les Français et les accords de Schengen*, Enquête pour *Atlantico* (échantillon de 968 personnes), février 2014.

IFOP, *Les souhaits d'alliance aux élections locales entre l'UMP et le FN*, Enquête pour *Atlantico* (échantillon de 466 sympathisants de l'UMP et de 279 du Front national), mars 2014.

IFOP, *Les listes FN aux municipales : un révélateur de l'implantation militante et de l'audience électorale du parti*, Focus n° 106, mars 2014.

IFOP, *Les Français et le libéralisme*, Enquête pour *l'Opinion*, *Génération libre* et *iTELE* (échantillon de 1 050 personnes), avril 2014.

IFOP, *Que voteraient les abstentionnistes aux élections européennes ?*, Enquête pour *Valeurs actuelles* (échantillon de 1 638 personnes), mai 2014.

Ifop, *Le vote des catholiques aux élections européennes*, Enquête pour *La Croix* (échantillon de 3 373 personnes), mai 2014.

Ifop, *Gendarmes mobiles et gardes républicains : un vote très bleu-marine*, Focus n° 115, juillet 2014.

Ifop, *L'audience de la Manif pour tous*, Enquête pour *Atlantico* (échantillon de 1 004 personnes), octobre 2014.

Ifop, *Les catholiques aujourd'hui*, Enquête pour *Atlantico* (échantillon de 1 761 personnes), octobre 2014.

Ifop, *Le regard des Français sur la fin de vie*, Enquête pour l'*ADMD* (échantillon de 977 personnes), octobre 2014.

Ifop, *Les Français et la fin de vie*, Enquête pour *Ouest France* (échantillon de 1 005 personnes), décembre 2014.

Ifop, *Les Français et la polémique des crèches de Noël dans les sièges des collectivités locales*, Enquête pour *Dimanche Ouest France* (échantillon de 1 008 personnes), décembre 2014.

Ifop, *Les priorités des Français et la question de l'immigration*, Enquête pour *Atlantico* (échantillon de 1 927 personnes), février 2015.

Ifop, *Le regard des habitants des communes FN un an après les élections municipales*, Enquête pour *iTELE*, *Sud radio* et *Paris Match* (échantillon de 911 personnes pour chacune des villes), mars 2015.

Ifop, *Qui sont les catholiques aujourd'hui ?*, Enquête pour *Pèlerin magazine* (échantillon de 2 450 personnes), avril 2015.

Ifop, *L'adhésion à différentes mesures des sympathisants de l'UMP et du Front national*, Enquête pour *Le Figaro magazine* (échantillon de 477 sympathisants de l'UMP et de 397 du Front national), avril 2015.

Ifop, *Les Français et la thématique républicaine dans le discours politique*, Enquête pour *Atlantico* (échantillon de 995 personnes), mai 2015.

Ifop, *Les Français et l'exclusion de Jean-Marie Le Pen du Front national*, Enquête pour *Le Figaro* (échantillon de 963 personnes), août 2015.

Ifop, *Être de gauche aujourd'hui*, Enquête pour *L'Humanité* (échantillon de 868 personnes), septembre 2015.

Ifop, *Les Français et l'immigration*, Enquête pour *Valeurs actuelles* (échantillon de 1 004 personnes), septembre 2015.

Ifop, *Les Français et l'autorité de l'État*, Enquête pour *Valeurs actuelles* (échantillon de 1 002 personnes), septembre 2015.

Ifop, *« Retrait républicain » ou maintien de la gauche au 2nd tour : quels enseignements tirer des précédents scrutins ?*, Focus n° 132, novembre 2015.

Ifop, *Les Français et la laïcité*, Enquête pour le *Comité national d'action laïque* (échantillon de 1 004 personnes), novembre 2015.

Ifop, *Les Français et la politique familiale*, Enquête pour la confédération nationale des *Associations familiales catholiques* (échantillon de 1 006 personnes), janvier 2016.

Ifop, *Les Européens et la crise des migrants*, Enquête pour la *Fondation Jean Jaurès* (échantillon de 1 005 personnes en France, 1 002 en Allemagne et 994 en Italie), mars 2016.

Ifop, *L'influence de l'isolement et de l'absence de services et de commerces de proximité sur le vote FN en milieu rural*, Focus n° 135, mars 2016.

Ifop, *Les priorités de l'électorat de la droite et du centre*, Enquête pour *Atlantico* (échantillon de 1 231 personnes), mars 2016.

Ifop-Fiducial, *Suivi barométrique de la primaire organisée par Les Républicains dans la perspective du scrutin des 20 et 27 novembre 2016*, Enquête pour *Paris Match* et *Sud radio* (échantillon de 768 personnes), mars 2016.

Ifop, *Les Français et la réforme du code du travail*, Enquête pour *Atlantico* (échantillon de 1 504 personnes), mars 2016.

Ifop, *Regards croisés sur l'islam en France et en Allemagne*, Enquête pour *Le Figaro* (échantillon de 1 008 personnes en France et de 989 en Allemagne), avril 2016.

Ifop, *Les jeunes et l'élection présidentielle de 2017 à un an du scrutin*, Enquête pour l'*ANACEJ* (échantillon de 1 202 personnes), mai 2016.

Ifop, *Les représentations associées aux principaux candidats de la primaire des Républicains*, Enquête pour *iTELE* (échantillon de 1 005 personnes), juin 2016.

Ipsos, *Fractures françaises 2016*, Enquête pour *Le Monde*, *SciencesPo* et la *Fondation Jean Jaurès* (échantillon de 1 013 personnes), avril 2016.

Israël (Lucien), « Causes et conséquences sociales de la revendication euthanasique », propos recueillis et appareil critique établi par Guillaume Bernard, in *Euthanasie et responsabilité médicale, Essais de philosophie pénale et de criminologie*, V, Paris, Eska, 2005, p. 49-63.

Jaume (Lucien), *Le religieux et la politique dans la Révolution française, L'idée d'une régénération*, Paris, PUF, 2015.

Jeanbart (Bruno), Ferrand (Olivier), rapporteurs, *Gauche : quelle majorité électorale pour 2012 ?*, Paris, Terra nova, s. d.

Johannet (René), *Le principe des nationalités*, Paris, Nouvelle librairie nationale, 1918.

Joslain (Évelyne), *Tea party, L'Amérique à la reconquête de ses libertés*, Paris, Picollec, 2012.

Joslain (Évelyne), *Trump, Pour le meilleur et pour le pire*, Paris, Presse de la délivrance, 2016.

Jouno (Thurian), dir., *Questions européennes*, Paris, PUF, 2009.

Jouvenel (Bertrand de), *Du pouvoir*, Genève, Bourquin, 1945.

Julliard (Jacques), *Les gauches françaises, Histoire, politique et imaginaire, 1762-2012*, Paris, Flammarion, 2012.

Koestler (Arthur), *Le zéro et l'infini* [1945 pour la trd. fra.], Paris, Le livre de poche, 1974.

Kraus (François), « Après Orlando… Le FN face aux enjeux du vote gay et des questions de société », in *La lettre de l'opinion*, juillet 2016, n° 99, p. 2-3.

Kravtchenko (Victor), *J'ai choisi la liberté* [1946], trad. de l'américain, Paris, Self, 1947.

Lacroix (Xavier), *La confusion des genres*, Paris, Bayard, 2005.

Lagrange (Hugues), *Le déni des cultures*, Paris, Seuil, 2010.

Lambert (Viviane), *Pour la vie de mon fils*, Paris, Plon 2015.

Latour (Xavier), Pauvert (Bertrand), *Libertés publiques et droits fondamentaux*, Levallois-Perret, Studyrama, 6e éd., 2016.

Laubier (Pierre de), *L'école privée… de liberté*, s.l., 2015.

Laurent (Annie), *Les chrétiens d'Orient vont-ils disparaître ?*, Paris, Salvator, 2008.

Laurent (Annie), *L'islam peut-il rendre l'homme heureux ?*, Perpignan, Artège, 2012.

LEGOUEST (Antoine), rapporteur, *L'axe UMPFN : vers le parti patriote ?*, Paris, Terra nova, s. d.

LE MÉNÉ (Jean-Marie), *Les premières victimes du transhumanisme*, Paris, Pierre-Guillaume de Roux, 2016.

LEVATOIS (Marc), *L'espace du sacré, Géographie intérieure du culte catholique*, Paris, L'homme nouveau, 2012.

LOCKE (John), *Deuxième traité de gouvernement civil*, éd. B. Gilson, Paris, Vrin, 2e éd., 1977.

LOISY (Anne DE), *Bon appétit !*, Paris, Presses de la Cité, 2015.

LOUCHET (André), *Atlas des mers et océans, Conquêtes, tensions, explorations*, cartographie de Frédéric Miotto, Paris, Autrement, 2015.

JOUBERT (Jean-Marc), « La sexualité comme réalité et comme métaphore, et ses limites », in *Le messager orthodoxe*, 2004, n° 141, p. 26-41.

KERROS (Aude DE), *L'imposture de l'art contemporain*, Paris, Eyrolles, 2016.

LEBOURG (Nicolas), BEAUREGARD (Joseph), *Dans l'ombre des Le Pen, Une histoire des numéros 2 du FN*, Paris, Nouveau monde éd., 2012.

LE GALLOU (Jean-Yves), dir., *La préférence nationale*, Paris, Albin Michel, 1985.

LE GALLOU (Jean-Yves), GEOFFROY (Michel), *Dictionnaire de novlangue, Ces 1000 mots qui vous manipulent*, Versailles, Via Romana, 2015.

LEJEUNE (Geoffroy), *Une élection ordinaire*, Paris, Ring, 2015.

LENTZ (Thierry), *Napoléon et la France*, Paris, Vendémiaire, 2015.

LERIDON (Henri), « Vieillissement démographique et migrations : quand les Nations unies veulent remplir le tonneau des Danaïdes… », in *Population & sociétés*, juin 2000, n° 358, 4 p.

LINDELL (Henrik), *Les veilleurs, Enquête sur une résistance*, Paris, Salvator, 2014.

MACHELON (Jean-Pierre), dir., *Les relations des cultes avec les pouvoirs publics*, Paris, La documentation française, 2006.

MADIRAN (Jean), *Les deux démocraties*, Paris, Nouvelles éditions latines, 1977.

MARTIN (Victor), *Les origines du gallicanisme*, Paris, Brulliard, 1939, 2 vol.

MARTIN (Xavier), *Naissance du sous-homme au cœur des Lumières, Les races, les femmes, le peuple*, Poitiers, DMM, 2014.

MARTINEZ (Jean-Claude), *Euthanasie, Stade suprême du capitalisme*, Versailles, Via Romana, 2013.

MASSENET (Michel), « Le totalitarisme tyrannie abstraite », in *Laval théologique et philosophique*, 1952, 8-1, p. 87-100.

MATTEI (Roberto DE), *Vatican II, Une histoire à écrire*, Paris, Muller, 2013.

MATTEI (Roberto DE), *Apologie de la tradition*, Chiré-en-Montreuil, Éditions de Chiré, 2015.

MAUREY (Hervé), *Les collectivités territoriales et le financement des lieux de culte*, Rapport d'information, Paris, Sénat, 2015.

MAXENCE (Philippe), dir., *Les nouveaux prêtres*, Paris, L'homme nouveau, 2007.

MAYER (Nona), PERRINEAU (Pascal), *Les comportements politiques*, Paris, Armand Colin, 1992.

MENDEL (Alexandre), *La France djihadiste*, Paris, Ring, 2016.

MILGRAM (Stanley), *Soumission à l'autorité, Un point de vue expérimental*, trad. de l'américain, Paris, Calmann-Lévy, 1979.

MILLET (Richard), *De l'antiracisme comme terreur littéraire*, Paris, Pierre-Guillaume de Roux, 2012.

MONTESQUIEU, *De L'esprit des Lois*, éd. J. Brethe de la Gressaye, Paris, Les Belles Lettres, 1950-1961, 4 vol.

MICHÉA (Jean-Claude), *L'empire du moindre mal, Essai sur la civilisation libérale*, Paris, Flammarion, 2010.

MICHÉA (Jean-Claude), *Les mystères de la gauche, De l'idéal des Lumières au triomphe du capitalisme absolu* [2013], Paris, Flammarion, 2014.

MIRKOVIC (Aude), *Droit de la famille et des personnes*, Levallois-Perret, Studyrama, 4e éd., 2014.

MIRKOVIC (Aude), *PMA, GPA, Quel respect pour les droits de l'enfant ?*, Paris, Téqui, 2e éd., 2016.

MONERA (Frédéric), *L'idée de République et la jurisprudence du Conseil constitutionnel*, Paris, LGDJ, 2004.

MOREAU (Michaël), GORIUS (Aurore), *Les gourous de la com', Trente ans de manipulations politiques et économiques*, Paris, La Découverte, 2011.

MOREAU (Michaël), GORIUS (Aurore), *Les gourous de la com' dérapent*, Paris, Fayard, 2016.

MOREL (Yves), VILLEFOLLET (Godefroy de), *En finir avec l'école républicaine*, Poitiers, DMM, 2015.

MOSSE (George Lachmann), *De la grande guerre au totalitarisme, La Brutalisation des sociétés européennes,* trad. de l'américain, Paris, Hachette, 1999.

MOUSNIER (Roland), *Les hiérarchies sociales de 1450 à nos jours*, Paris, PUF, 1969.

MOUSSALI (Antoine), *Judaïsme, christianisme et islam, Étude comparée*, Versailles, Éditions de Paris, 2000.

MOUSSALI (Antoine), *Musulmans, juifs et chrétiens au feu de la foi*, Versailles, Éditions de Paris, 2005.

MOUSSALI (Antoine), *La croix et le croissant, Le christianisme face à l'islam*, Versailles, Éditions de Paris, 2005.

MUSSET (Lucien), *Les invasions*, Paris, PUF, 2 vol. : t. I, 3e éd., 1994 ; t. II, 2e éd., 1971.

NOELLE-NEUMANN (Élisabeth), *The spiral of silence*, Chicago, University of Chicago press, 2nd éd., 1993.

OBERTONE (Laurent), *La France Orange mécanique* [2013], Paris, Ring, 2e éd., 2015.

ORGANISATION DE COOPÉRATION ET DE DÉVELOPPEMENT ÉCONOMIQUES, *Principaux résultats de l'enquête PISA 2012*, s. l. [Paris], 2014.

ODOXA, *Et si le FN arrivait au pouvoir ?*, Enquête pour *CQFD* sur *iTELE* (échantillon de 1 008 personnes), mars 2015.

ODOXA, *Les Français et les partis politiques*, Enquête pour *Le Parisien* (échantillon de 1 011 personnes), juin 2015.

OLIVIER-MARTIN (François), *Le régime des cultes en France du Concordat de 1516 au Concordat de 1801* [1927], réimpr. Paris, Loysel, 1988.

OLIVIER-MARTIN (François), *Les ordres, les pays, les villes et communautés d'habitants* [1949], réimpr. Paris, Loysel, 1988.

OPINIONWAY, LA LETTRE DE L'OPINION, *Législatives 2017 : vers une recomposition inédite*, s. l. [Paris], s. d. [juin 2016], 9 p.

PAGÈS (Guy), *Interroger l'islam, Éléments pour le dialogue islamo-chrétien*, Bouère, DMM, 2e éd., 2014.

PATRICOT (Aymeric), *Les petits Blancs, Un voyage dans la France d'en bas*, Paris, Plein Jour, 2013.

PAUVERT (Bertrand), *Droit constitutionnel*, Levallois-Perret, Studyrama, 6e éd., 2015.

PEILLON (Vincent), *La Révolution française n'est pas terminée*, Paris, Seuil, 2008.

PERETTI (Alain DE), dir., *Vérités sur la viande halal*, Paris, Godefroy de Bouillon, 2014.

PERRIN (Luc), « Des catholiques en manque d'église : le cas des traditionalistes », in *Les lieux de culte en France, 1905-2008*, J. Lalouette, Ch. Sorel, dir., Paris, Letouzey & Ané, 2008, p. 295-307.

PERRINEAU (Pascal), *La France au Front, Essai sur l'avenir du Front national*, Paris Fayard, 2014.

PERRON (Daniel), *Histoire du repos dominical, Un jour pour faire société*, Paris, L'Harmattan, 2010.

PICHON (Gérald), *Sale blanc !, Chronique d'une haine qui n'existe pas*, Nice, IDées, 2013.

PILHAN (Jacques), entretien avec, « L'écriture médiatique », in *Le débat*, novembre-décembre 1995, n° 87, p. 3-24.

PINA (Céline), *Silence coupable*, Paris, Kero, 2016.

POLIN (Claude), *L'esprit totalitaire*, Paris, Sirey, 1977.

POLIN (Claude), ROUSSEAU (Claude), *La cité dénaturée, Cité classique contre cité moderne*, La Roche-Rigault, PSR, 1997.

POMÈS (Éric), *Droit international public*, Levallois-Perret, Studyrama, 2012.

PRÉLOT (PIERRE-HENRI), « Le monopole de la collation des grades, Étude historique du droit positif et de ses évolutions contemporaines », in *RDP*, 2008, n° 5, p. 1264-1303.

PRUVOT (Samuel), *Le mystère Sarkozy*, Paris, Le Rocher, 2016.

PUPPINCK (Grégor), « L'arrêt Costa-Pavan c/ Italie et la convergence des droits de l'homme et des biotechnologies », in *Revue générale de droit médical*, décembre 2013, n° 49, p. 221-243.

PUPPINCK (Grégor), LA HOUGUE (Claire DE), « *The Right to assisted suicide in the case law of the European court of human rights* », in *The international journal of human rights*, juillet 2014, vol. 18, p. 735-755.

PUPPINCK (Grégor), « L'affaire *Vallianatos et autres c/ Grèce* et la dilution progressive de la notion de vie familiale », in *RLDC*, janvier 2014, 111, p.79-83.

PUPPINCK (Grégor), LA HOUGUE (Claire DE), « Cour européenne des droits de l'homme : vers la libéralisation de la GPA, À propos des affaires Mennesson c/ France et Labassee c/ France », in *RLDC*, septembre 2014, 118, p. 78-84.

PUPPINCK (Grégor), LA HOUGUE (Claire DE), « Paradiso et Campanelli c/ Italie : la CEDH entérine une *vente d'enfant par GPA* », in *RLDC*, mai 2015, 126, p. 41-45.

PUPPINCK (Grégor), *La famille, les droits de l'homme et la vie éternelle*, préf. de Mgr Aldo Giordano, Paris, L'homme nouveau, 2015.

RAICO (Ralph), *Les racines libérales classiques de la doctrine marxiste des classes*, trad. par Stéphane Geyres, Paris, Institut Coppet, s. d. [2011].

RAISON DU CLEUZIOU (Yann), *Qui sont les cathos aujourd'hui ?*, Paris, DDB, 2014.

RAMBAUD (Thierry), *Le principe de séparation des cultes et de l'État en droit public comparé, Analyse comparative des régimes français et allemand*, Paris, LGDJ, 2004.

RAMBAUD (Thierry), PAPAZIAN (Patrick), *Institutions européennes et principes généraux de droit européen*, Levallois-Perret, Studyrama, 3e éd., 2015.

RASPAIL (Jean), *Le camp des saints* [1972], précédé de *Big other*, Paris, Robert Laffont, 2011.

RAUFFER (Xavier), « Les malfaiteurs sont-ils des victimes de la société ?, Crime, professions de justice et *culture de l'excuse* », in *Tribune libre*, n° 1, novembre 2010, Paris, Institut pour la justice, 29 p.

RÉMOND (René), *La droite française de 1815 à nos jours, Continuité et diversité d'une tradition politique*, Paris, Aubier, 1954 ; réédition enrichie avec un titre passé au pluriel : *Les droites en France*, Paris, Aubier, 4e éd., 1982.

RÉMOND (René), *Les droites aujourd'hui*, Paris, Seuil, 2007.

RENAN (Ernest), *Qu'est-ce qu'une nation?, et autres écrits politiques*, éd. Raoul Girardet, Paris, Imprimerie nationale, 1995.

REYNIÉ (Dominique), *Populismes, La pente fatale*, Paris, Plon, 2011.

REYNIÉ (Dominique), dir., *L'opinion européenne en 2012*, Paris, Lignes de repères, 2012.

RÉVEILLARD,(Christophe), *La construction européenne*, Paris, Ellipses, 2e éd., 2012.

RIALS (Stéphane), *Le légitimisme*, Paris, PUF, 1983.

RIALS (Stéphane), *Révolution et contre-révolution au XIXe siècle*, Paris, DUC, 1987.

RIOCREUX (Ingrid), *La langue des médias, Destruction du langage et fabrication du consentement*, Paris, L'Artilleur, 2016.

RIOUFOL (Ivan), *La guerre civile qui vient*, Paris, Pierre-Guillaume de Roux, 2016.

ROBERT (Hervé), *L'orléanisme*, Paris, PUF, 1992.

ROBERT (Hervé), *Le second Empire, Métamorphose ou reniement?*, La Roche-sur-Yon, PU de l'ICES, 2011.

ROCHÉ (Sébastien), *Sociologie politique de l'insécurité*, Paris, PUF, nelle éd., 2004.

ROCHÉ (Sébastien), *Le frisson de l'émeute, Violences urbaines et banlieues*, Paris, Seuil, 2006.

ROLLAND (Patrice), *L'unité politique de l'Europe, Histoire d'une idée*, Bruxelles, Bruylant, 2006.

ROMIER (Lucien), *Nation et civilisation*, Paris, Simon Kra, 1926.

ROUSSEAU (Jean-Jacques), *Du contrat social*, éd. J.-L. Lecercle, Paris, Éditions sociales, 1963.

ROUVILLOIS (Frédéric), éd., *L'utopie*, Paris, Flammarion, 1998.

ROUVILLOIS (Frédéric), *Être (ou ne pas être) républicain*, Paris, Cerf, 2015.

RUDOLPH (Luc), SOULLEZ (Christophe), *Insécurité, La Vérité!*, Paris, Jean-Claude Lattès, 2002.

SABUY (Paulin), « La question du dualisme anthropologique, Une analyse d'après Robert Spaemann », in *Acta philosophica*, 2000, vol. 9, p. 241-265.

Sainte-Marie (Jérôme), *Le nouvel ordre démocratique*, Paris, Éditions du moment, 2015.

Salaün (Paul), Schweitzer (Pierre), *Droit et économie des médias et des univers numériques*, Levallois-Perret, Studyrama, 2015.

Sarkozy (Nicolas), entretiens avec Th. Collin, Ph. Verdin, *La République, les religions, l'espérance*, Paris, Cerf, 2004.

Salmon (Frédéric), *Atlas électoral de la France, 1848-2001*, Paris, Seuil, 2001.

Sauvy (Alfred), *Vieillesse des nations*, Paris, Gallimard, 2001.

Secher (Reynald), *Le génocide franco-français, La Vendée-Vengé*, Paris, PUF, 1986.

Secher (Reynald), *Vendée, Du génocide au mémoricide, Mécanique d'un crime légal contre l'humanité*, Paris, Cerf, 2011.

Serée de Roch (Ludovic), *Administration & fiscalité des biens d'Église*, Perpignan, Artège, 2012.

Sévillia (Jean), *Le terrorisme intellectuel de 1945 à nos jours*, Paris, Perrin, 2000.

Sévillia (Jean), *La France catholique*, Neuilly-sur-Seine, Michel Lafon, 2015.

Siret (Thomas), *L'action directe ou la confrontation de la violence extralégale à la violence légale en France (1871-1914)*, Thèse d'histoire, dir. Stéphane Courtois, Strasbourg, 2015, dactyl.

Sirinelli (Jean-François), dir., *Histoire des droites en France*, Paris, Gallimard, 1992, 3 vol.

Sirinelli (Jean-François), dir., *Dictionnaire historique de la vie politique française au xxe siècle*, Paris, PUF, 2003.

Smith (Géraldine), *Rue Jean-Pierre Timbaud, Une vie de famille entre bobos et barbus*, Paris, Stock, 2016.

Soljenitsyne (Alexandre), *Une journée d'Ivan Denissovitch* [1962], trad. du russe, Paris, Union générale d'éditions, 1970.

Soljenitsyne (Alexandre), *Le déclin du courage, Discours de Harvard, juin 1978*, trad. du russe, Paris, Seuil, 1978.

Sorel-Sutter (Malika), *Le puzzle de l'intégration*, Paris, Mille et une nuits, 2007.

Stainville (Raphaël), Trémolet de Villers (Vincent), *Et la France se réveilla, Enquête sur la révolution des valeurs*, Paris, Toucan, 2013.

Sturzo (Luigi), *L'Italie et le fascisme*, trad. de l'ital., Paris, Alcan, 1927.

Talmon (Jacob), *Les origines de la démocratie totalitaire*, Paris, Calmann-Lévy, 1966.

Tanoüarn (Guillaume de), *Délivrés, Méditations sur la liberté chrétienne*, Paris, Cerf, 2016.

Tarde (Gabriel), *Les lois de l'imitation*, Paris, Alcan, 1890.

Tawil (Emmanuel), *Laïcité de l'État & liberté de l'Église*, préf. Philippe Levillain, Perpignan, Artège, 2013.

Thibaudet (Albert), *Les idées politiques de la France*, Paris, Stock, 1932.

Thierry (Augustin), *Récits des temps mérovingiens*, précédés de *Considérations sur l'histoire de France*, Paris, Tessier, 1840.

Thierry (Augustin), *Essai sur l'histoire de la formation et des progrès du tiers état*, Paris, Furne, 1853.

TNS Sofres, *Les services publics vus par les Français et les usagers*, Enquête pour l'*Institut Paul Delouvrier* (échantillon de 2 501 personnes), décembre 2015.

TNS Sofres, *La confiance des Français dans les médias*, Enquête pour *La Croix* (échantillon de 1 061 personnes), janvier 2016.

TNS Sofres, *Baromètre d'image du Front national*, Enquête pour *Le Monde, France info* et *Canal +* (échantillon de 1 003 personnes), février 2016.

Trévidic (Marc), *Au cœur de l'anti-terrorisme*, Paris, Jean-Claude Lattès, 2011.

Trévidic (Marc), *Terroristes, Les sept piliers de la déraison*, Paris, Jean-Claude Lattès, 2012.

Tribalat (Michèle), *Les yeux grands fermés, L'immigration en France*, Paris, Denoël, 2010.

Tribalat (Michèle), *Assimilation, La fin du modèle français*, Paris, Toucan, 2013.

Troper (Michel), *La séparation des pouvoirs et l'histoire constitutionnelle française*, Paris, LGDJ, 1973.

Tuot (Thierry), *La grande Nation, Pour une société inclusive*, Paris, La documentation française, 2013.

Tzitzis (Stamatios), *La philosophie pénale*, Paris, PUF, 1996.

Tzitzis (Stamatios), *Introduction à la philosophie du droit*, Paris, Vuibert, 2011.

Upinsky (Arnaud Aaron), *La tête coupée ou la parole coupée*, Paris, ŒIL, 1991.

Urvoy (Dominique), Urvoy (Marie-Thérèse), *Les mots de l'islam*, Toulouse, Presses universitaires du Mirail, 2004.

Urvoy (Dominique), Urvoy (Marie-Thérèse), *L'action psychologique dans le Coran*, Paris, Cerf, 2007.

Urvoy (Dominique), Urvoy (Marie-Thérèse), *La mésentente, Un dictionnaire des difficultés doctrinales du dialogue islamo-chrétien*, Paris, Cerf, 2014.

Urvoy (Marie-Thérèse), *Christianisme et islam, Foi et loi*, Versailles, Éditions de Paris, 2010.

Urvoy (Marie-Thérèse), dir., *La morale au crible des religions*, Versailles, Éditions de Paris, 2013.

Vallançon (François), *Philosophie juridique*, Levallois-Perret, Studyrama, 2012.

Valls (Manuel), *La laïcité en face*, entretiens avec V. Malabard, Paris, DDB, 2005.

Van Gaver (Falk), Geffroy (Christophe), dir., *Faut-il se libérer du libéralisme?*, Paris, Pierre-Guillaume de Roux, 2016.

Véliocas (Joachim), *Ces maires qui courtisent l'islamisme*, Paris, Tatamis, 2e éd., 2015.

Verhaeghe (Éric), *Ne t'aide pas et l'État t'aidera*, Paris, Le Rocher, 2016.

Verpeaux (Michel), *La naissance du pouvoir réglementaire, 1789-1799*, Paris, PUF, 1991.

Verpeaux (Michel), Janicot (Laetitia), *Droit des collectivités territoriales*, Paris, PUF, 3e éd., 2015.

Viguerie (Jean de), *Christianisme et révolution*, Paris, NEL, 2e éd., 1988.

Viguerie (Jean de), *Les deux patries*, Bouère, DMM, 2e éd., 2003.

Villey (Daniel), Nème (Colette), *Petite histoire des grandes doctrines économiques*, Paris, Génin-Litec, nelle éd., 1996.

Villey (Michel), *Le droit romain* [1946], Paris, PUF, 9e éd., 1993.

VILLEY (Michel), *Le droit et les droits de l'homme*, Paris, PUF, 2e éd., 1990.

VILLEY (Michel), *La formation de la pensée juridique moderne*, Paris, nelle éd. par Stéphane Rials, Éric Desmons, Paris, PUF, 2003.

VILLIERS (Philippe DE), *Le moment est venu de dire ce que j'ai vu*, Paris, Albin Michel, 2015.

VOLKOFF (Vladimir), *Petite histoire de la désinformation, Du cheval de Troie à internet*, Paris, Éditions du Rocher, 1999.

WERNER (Karl-Ferdinand), *Les origines, avant l'an mil*, Paris, fayard, 1992.

YILDIZ (Tarik), *Le racisme anti-blanc, Ne pas en parler : un déni de réalité, Nîmes*, Éditions du Puits de Roulle, 2010.

YONNET (Paul), *Voyage au centre du malaise français, L'antiracisme et le roman national*, Paris, Gallimard, 1993.

YONNET (Paul), *Huit leçon sur le sport*, Paris, Gallimard, 2004.

YONNET (Paul), *Une main en trop, Mesures et démesure : un état du football*, Paris, de Fallois, 2010.

ZANAZ (Hamid), *L'islamisme, vrai visage de l'islam*, Paris, Les éditions de Paris-Max Chaleil, 2012.

ZANAZ (Hamid), *Islamisme, Comment l'Occident creuse sa tombe*, Paris, Les éditions de Paris-Max Chaleil, 2013.

ZEMMOUR (Éric), *Le suicide français*, Paris, Albin Michel, 2014.

Table des matières

Chapitre 8

Chapitre 9

Chapitre 10

Chapitre 20

Épilogue

Achevé d'imprimer en octobre 2016 sur rotative numérique Prosper
par Soregraph à Nanterre (Hauts-de-Seine).

Dépôt légal : octobre 2016
N° d'impression : 15454

Imprimé en France

L'imprimerie Soregraph est titulaire de la marque
Imprim'vert® depuis 2004.